蒙默　整理

蒙文通

中国古代史讲义

蒙文通（1894—1968）

中国现代历史学家，国学大师。历任成都大学、成都国学院、中央大学、河南大学、北京大学、四川大学教授。学识渊博，经史贯通。致力于经学、史学、理学、佛学、民族史的研究，在中国古代史及古代学术文化研究领域造诣很深，成就甚高。有《蒙文通文集》六卷传世。

图书在版编目（CIP）数据

蒙文通中国古代史讲义 / 蒙文通著；蒙默整理．—天津：天津古籍出版社，2012．2
（名师讲义）
ISBN 978-7-80696-995-3

Ⅰ．①蒙… Ⅱ．①蒙… ②蒙… Ⅲ．①中国历史：古代史 Ⅳ．①K22

中国版本图书馆CIP数据核字（2012）第004368号

蒙文通中国古代史讲义

蒙文通/著
蒙　默/整理

出版人/刘文君

＊

天津古籍出版社出版
（天津市西康路35号　邮编300051）
http://www.tjabc.net
唐山市天意印刷有限责任公司印刷
全国新华书店发行
开本880×1230毫米　1/32　印张 9　字数 200千字
2012年2月第1版　2012年2月第1次印刷
ISBN 978-7-80696-995-3
定　价：23.80元

蒙文通

《名师讲义》丛书

序

　　天津古籍出版社拟出版一套《名师讲义》丛书。从书名看,意思很清楚。他们来征求我的意见,我很赞成。

　　这些位名师,都是20世纪执教于中国各著名大学的知名学者,他们的学术地位早有定评。如闻一多、朱自清等位先生,都是一代人师;再如游国恩、雷海宗、周祖谟等位先生,也都是各自学术领域中的权威。他们虽都已去世多年，但薪尽火传，其衣被学人，早非一代。他们虽有许多传世之作，但也有大量当年以讲义形式行世的作品，不甚被人注意保存，极有流失之虞。据我看，其中蕴藏的精金美玉决不会少。

今天常常听到"抢救文化遗产"之类的呼声。天津古籍出版社要出版的这一套书，不正是此种功德之举的具体体现么？我认为，这些讲义是弥足珍贵的寿世之作，把它们成批整理出版，嘉惠学林，是做了一件大好事。

我听说此事正在进行，十分高兴。但因病中医嘱不宜长时间执笔，只写此短序，聊当前军旗鼓云耳。

季羡林

目 录

前言 /1

古史甄微

自序 /3
一 三皇五帝 /22
二 历年世系 /33
三 上古开化 /48
四 江汉民族 /60
五 河洛民族 /70
六 海岱民族 /78
七 上古文化 /88
八 虞、夏禅让 /101
九 夏之兴替 /112
十 殷之兴替 /131

| 十一　周之兴替 | /147 |
| 十二　三代文化 | /169 |

北宋变法论稿

一　北宋一代人民负担与熙丰变法	/179
二　熙丰新法之施行及其实效	/205
三　元祐更化、绍述之论与"党争"	/230
四　王安石其人其友	/239
五　北宋变法之史料问题	/245
整理《古史甄微》主要参考书目	/254
整理后记	/257

前 言

　　本集收录先君子文通公中国古代史讲义二种：一、上古史讲义《古史甄微》。二、中古史专题讲授讲义《北宋变法论稿》。

　　《古史甄微》作于1927年春，其秋即以教于成都大学、成都师范大学和敬业学院，曾印发讲义，三易其稿。1929年，又以教于中央大学，并将讲义发表于南京《史学杂志》(1929.8—1930.3)，与此同时又撰《三皇五帝探源》、《中国开纪于东方考》、《周初统治之法先后异术远近异制考》、《三代文化论》、《古史甄微后序》诸篇，发表于《史学杂志》及《中央大学半月刊》，皆为补《古史甄微》而作。商务印书馆1933年出版之《古史甄微》即就以上诸稿修改补充而成，前后历时五年，稿凡五易。若自廖季平先生1915年之提示进行思考算起则已十八年矣。《北宋变法论稿》，略作于1954年至1958年间，先后断续写成，原题《北宋变法批判七件》。故原稿前后颇不相属，各目之间亦详略不一，又偶有重复者。1957年春，曾以《北宋财经和熙丰变法》为题在川大历史系高年级作专题讲授。当时由吴天墀先生据手稿整理一份"报告大纲"，与部分手稿一并印发作为讲义。

先君审阅"大纲"手稿时曾亲笔添入保甲、保马及农田水利诸目数百言,此三问题皆为原稿所未曾论及者,幸于此得有所补充,然皆甚简略。愚于1995年整理此稿时,参考"大纲"另拟纲目,然后将手稿有关段落整理于相关纲目下,故本稿之编排组织与原稿颇有不同,并改题为《北宋变法论稿》,以之收入先君文集第五卷《古史甄微》,由巴蜀书社于1999年8月出版,是为此稿之首次公开发表,本《讲义》所收录即据此整理稿。

（一）《古史甄微》

《古史甄微》是先君的成名之作。那时,正当西洋学术大量涌进中国学坛之际,很多学科都受到冲击而发生变化,历史学也正处在从传统史学向现代史学转变的际会,学者有谓当时治史之家可以信史、疑古、考古、释古判为四派,而疑古一派以其立说新奇,又得到大牌学者胡适之流为之倡导,于是世之新进浮士多乐从之,俨然遂若大国;先君《甄微》之所论述或有与之貌似者,而其流辈遂或引为同道。如《甄微》之首章《三皇五帝》,其旨要即在打破旧史的三皇五帝体系。先君认为,三皇五帝之说起于晚周:"撮周秦书之不涉疑伪者而论之,孟子而上皆惟言三王,自荀卿以来始言五帝,《庄子》、《吕氏春秋》乃言三皇;以陆德明之言考之,《庄子》书亦多有非漆园作者杂出其间,则战国之初惟说三王,及于中叶乃言五帝,及于秦世,乃言三皇。"先君又说:五帝三皇皆本为神祇,"初谓神,不谓人也。"后世以古之帝王配神祇,神祇之帝既有五,相配的历史人物古帝无疑亦当有五;神祇之皇既有三,相配的历史人物古皇无疑亦当有三,但由于各家的配合不同,而各家所说的人五帝、人三皇也就各异,于是人三皇遂有五说,人五帝亦有四说,且有说五帝而竟有六人者,其说之谬不言而喻。三五之说尚无定论,而又有提出九皇六十四民之说者,则更是矛盾难通。因此,先君的结论是:"上古部落而治之时,各长其长,各民其民,乌有所谓三皇、九皇、盘古之说哉!"所谓三皇、五帝、九皇、六十四民等体系框架都是子虚乌有不可信从的。疑古派巨子童书业先生在其《三皇考·序》和《跋》中虽然未能完全接受先君之说,但他还是以推崇的口吻写道:"三皇的来源问题是蒙文通先生首先提出来的","在他以前没有人像他这样把三皇彻底研究过,所以他的劳绩是不能完全湮没的。"并且还认为:"这是蒙先生的'层累地造成的中国古史观'。"就这样把先君子也算作疑古派的一员了。其实,苟以四派之说而论,无宁说先君当属于释古派或考古派还接近实际一些。先君之所以要打破三五体系,与疑古派的意图是大不相同的。疑古派是想说明文献所载三皇五帝"直是作伪","一定不可信,万无维持其偶像之理。"(顾颉刚:《三皇考·自序》)也就是说,这些传说中的古代帝王完全是些宗教神话,是伪造的,只能把他们从历史上抹去。而先君则不然,他只是认为传说古史的三五体系是一个后起的虚构体系,这个体系是不足信的。其目的只是要把传说中的古帝王如伏羲、神农、女娲、祝融、共工、太皞、少皞、黄帝、炎帝等等历史人物从人为安排的体系中解放出来,从强加的传承授受关系中解放出来,从宗教神话的迷雾中解放出来,而一一还他们一个历史的本来面目,以恢复一个真实的传说古史。先君认为,究实而论,他们"若并世诸侯然,不必即先后相承,而为各长其长,各民其民,似为部落之峙立"。并又还进一步认为,这些峙立的部落或诸侯,并不是一盘散乱的散沙,而是可以根据他们的特点把他们归纳为三个"民族",或者如徐旭生先生说的"民族集团",或者如白寿彝先生说的"部落集团",从而梳理出他们的实际历史,这便是《甄微》一书的核心旨要。显然,这个研治古史的旨趣和方法,与疑古派是迥然不同的。但是,这本旨趣背反的作品竟然得到疑古大师顾颉刚先生的充分肯定。他在所写《当代中国史学》中说:"蒙文通先生的《古史甄微》也是一部极有见解的作品,他从地域上分剖古史异同,确也寻得了古史传说的一部分真相。"这应当是道出了当时学林的共识。

无可置疑的,《古史甄微》的古族三系说,对史学界产生了深远的影响。该书发表半个世纪后,白寿彝先生在上世纪八十年代初的一次民族关系史研究座谈会上说:"大约在三十年代,蒙文通先生写了《古史甄微》一书,是一本小册子。后来考古研究所的徐炳昶先生又写了《中国古史的传说时代》一书,后者显然是受到了前者的影响。两位老先生把各种传说资料汇集起来进行整理,认为中国古代传说中所反映的部落或部落集团的情况,大致可以理出一个眉目。最近,我和几位同志写了《中国通史纲要》一书,就吸收了两位老先生的见解。当然,这个看法是不是正确,还可以进一步研究。根据这个看法,中国古代传说部落大致有三个集团,第一个是一直世代相传,大家熟悉的,以黄帝为首的集团,第二个集团是东方夷人,第三个集团是南方苗蛮。"(《北京师范大学学报》1981 年第 6 号)在此之前,齐思和先生也曾说:"此书虽短,但征引渊博,亦有新见解,如分中国原始民族为江汉、河洛、海岱三系,颇有新见,在旧日讲论古代史的书中,为较有新内容者。"《江汉民族》、《河洛民族》、《海岱民族》三篇一直是《古史甄微》前几稿的开始篇目,1933年由商务出版时,才在这之前增写了《三皇五帝》、《历年世系》、《上古开化》三篇,这三篇显然都是作为论述古族三系的铺垫。既已打破了编排传说古帝的体系框架,又难于征信年纪世系,于是根据各帝的活动地域、经济生活、文化差异,以及他们的"姓",把他们归纳为三个民族,姑命名为炎族、黄族、泰族;炎族以炎帝、神农、共工、祝融、蚩尤为代表,以姜姓为主,主要活动在长江中游江汉地区,故又称江汉民族;黄族以黄帝、颛顼、帝喾、帝尧为代表,以姬姓为主,主要活动在黄河中游河洛地区,故又称河洛民族;泰族以燧人、伏羲、女娲、太皞、少皞、帝舜为代表,以风姓、偃姓为主,主要活动在黄河下游海岱地区,故又称海岱民族。徐炳昶先生的《中国古史的传说时代》初版是在1943年,增订再版是在1960年由科学出版社出版,1985年又由文物出版社重印。徐书的重点在第二章《我国古代部族三集团考》,约占全书的三分之二,徐书的三集团是华夏集团、东夷集团、苗蛮集团。徐先生在书中明确写道:"在我工作以前若干年,蒙文通、傅斯年已有相类似的看法,暗中摸索,大致相合。"并在注文中又明确指出:《甄微》的江汉民族大致等于他所说的苗蛮集团,河洛民族大致等于华夏集团,海岱民族大致等于东夷集团。而且还指出《甄微》发表于1930年。显然徐先生在写作《传说时代》时是见到《甄微》的,同时也承认两书在古族三系的划分上是大致相合的。但是文物版《序言》的作者竟然说:徐书古代部族三大集团的论述"为中国古史传说时代的研究,创立了一个新体系"。这就不免是过誉了。然而,尽管两书的古族三系说虽"大致相合",我们却不能轻率地说有什么承袭的问题,因为三系的划分虽大致相同,但各系人物的归属则有很大的不同,如《甄微》把炎帝、共工、祝融、蚩尤都归入江汉民族,而《传说时代》则把炎帝、共工归入华夏集团,把蚩尤归入东夷集团,而祝融则原属华夏集团,后来去到南方并同化于苗蛮集团。这些差异都是显然的。而且徐书在三大集团中又提出三个"亚集团",以处理三集团内自成单位的部分,甚至认为"即使分作五集团或六集团也未始不可"。这显较《甄微》有所扩充发展,更为灵活。徐书又以炎黄前的有巢、燧人、神农(其实,也应包括伏羲)诸名是战国时思想家根据社会发展的阶段而想出来的指示时代的名词,后来被转化为神或人了,从而把他们排除在三集团的古帝之外,而只作为指示社会进化阶段的代表,也是较《甄微》有所前进的看法。徐先生早年留学欧洲,对现代人文科学知识懂得较多,撰写《传说时代》较《甄微》晚很多年(特别是增订本),其时与古史研究关系密切的科学考古学在国内已有一定的发展,能够提出一些有所前进的看法,也可以说是时代的进步、学术的进步。当然,徐先生撰写此书确实还是付出了辛勤的劳动的,特别是解放后的增订重写本,是用白话文写的,可读性强,对很多史料不仅进行了考证分析,而且还进行了翻译,有时还发表一些评论,也比较平实稳妥。如果要我推荐读《甄微》时的参考书,徐书当是首选。

我对徐书虽然给予肯定的评价,但我却并不能同意徐书对三集团的人物归属,而仍基本信从《甄微》的意见。这问题比较复杂,不能详说,只简单谈谈我的基本观点,供读者参考。

第一,《甄微》划分古族的人物时,除了考虑他们的活动地域外,同时还考虑了他们的"姓"。在秦汉以前,人们的姓与氏是不同的,《左传》载春秋初年有人说:"因生以赐姓,祚之土而命之氏。"就是说姓是与生俱来的,是世世不变的;而氏则因封地而有,数代则变;所以姓是代表血缘关系的,而氏则是低一层次的。大家知道,在原始社会时代,社会组织由氏族而胞族、而部落、而部落联盟,然后才是国家的建立进入文明时代。恩格斯在《家庭、私有制和国家的起源》一书中一再指出氏族、胞族、部落甚至部落联盟都是血缘关系的组织,并明确地说:氏族、胞族及部落,"这三种集团代表着不同程度的血缘亲属关系。"又说:"亲属关系在一切蒙昧民族和野蛮民族的社会制度起着决定作用。"(人民出版社1972年版第93、26页)恩格斯的这些论断,在近代各种原始社会论著中都有阐述,可无庸多说。在我国,即使进入文明时代以后,不仅在殷周时代还存在严密的血缘的宗族组织(宗法制度),在秦汉以下,这种宗族组织与古代虽已有很大变化,但还是存在的,而成为我国二千多年封建社会的重要特点。有学者说中国社会是家族本位的社会;有学者说中国是以家族为社会生活的重心;在近代社会中仍然普遍存在着族权和家长制。不难看出我国血缘关系的影响是多么的深远和严重。即在现在,我国一些少数民族在落实民族政策时,还常常把共同祖先作为民族认同的依据。无可置疑的,这种重视血缘关系的传统显然是从远古氏族社会延续下来的,这种血缘关系在远古时代的重要性也就不难想见了。

《国语·晋语》中记载着传说时代关于血缘关系的一段论说:"昔少典娶于有蛴氏,生黄帝、炎帝,黄帝以姬水成,炎帝以姜水成,成而异德。故黄帝为姬、炎帝为姜,二帝用师以相济也,异德之故也。异姓则异德,异德则异类……同姓则同德,同德则同心,同心则同志。"前几句话经常被人引用,用以说明黄、炎二帝是兄弟关系。后面的话学者们却少注意,其实,后几句话更为重要,它给人们指示了古代人是如何辨识民族之间的差异:所谓"同姓"、"异姓"是指的相同血缘关系或不同血缘关系;"同德"、"异德"是指共同的心理素质(主要表现为文化习俗)或不同的心理素质;"异类"的"类"就是"非我族类,其心必异"的"类",就是"族类",也就是现代所说"民族"。串起来说,就是不同血缘关系的共同体,会发展成为不同心理素质的共同体,不同心理素质的共同体,将发展成为(或"就是")不同的民族。这几句话正好说明黄、炎二帝是两个不同血缘关系、不同心理素质的不同民族,所以他二人常常是"用师以相济也"。韦昭注说:"济当为挤,灭也。传曰:黄帝(与炎帝)战于阪泉。"就是说二帝经常以兵戎相见。古文献所载黄、炎之事,几乎都是指的二帝"用师相济",这哪里像是同父同母的亲兄弟呢?所以在《大戴礼·五帝德》、《帝系》、《史记·五帝本纪》虽同时都记载了黄、炎二帝,但都只载了黄帝是少典之子而没说炎帝也是少典之子,应当是西汉儒者已对这个兄弟之说表示怀疑了。我们若从近世我国民族调查资料考察,便不难看出黄、炎之说应当如何去理解了。不用太费事,只需翻一翻谷德明编的《中国少数民族神话》便可。书载:彝族传说,洪水滔天后,只剩下举木惹牛一个人,后娶天王恩体古之女为妻,生了三子,老大是汉族的祖先,老二是藏族的祖先,老三是彝族的祖先,因此各族人民是亲兄弟。傈傈族传说,洪水泛滥后,兄妹结为夫妻,生了六男六女,弟兄姐妹长大成人,各自谋生,一对往北走成了藏人,一对往南走成了白族,一对往西走成了景颇族,一对往东走成了汉人,一对往怒江走成了怒族,一对留在父母身边,就是傈僳族。纳西族传说,在天崩地裂洪水横流之后,只剩下从忍利恩一个人,后来和天神的女儿结婚,生了三个儿子,成为三种民族,长子是藏人,次子是纳西人,幼子是白族人。苗族传说,洪水过后,兄妹结婚,后怀孕生了一个肉团,他们把肉团切成许多小块,于是每个小块都变成一种人——汉人、傣人、苗人和其他各族人。其他如瑶族、土家族、黎族、基诺族等等也都有类似的传说,都是把几个不同民族的祖先说成是亲兄弟。但从现知的民族差别来看,这些被认为是"亲兄弟"的民族在民族语言上多数都是没有亲属关系的,因而这几"兄弟"多不可能是同一祖源的分化,而是各个民族已形成后的晚起创说,显然是不可信的。黄、炎兄弟之说也应是这样。丁山先生早就指出过黄、炎为兄弟的传说是姬、姜两族需要联合对付殷商王国时的历史反映。(《中国古代宗教与神话考》)总上所述,我们认为,传说中的兄弟民族关系多是不可信的,而用真实的血缘关系的姓来考虑古代的民族关系才是一个很重要的因素,但这一点却被不少学者忽视了。

第二,先君曾说,民族史与地方史二者是有联系但又是有区别的。地方史以地域为中心,是静止的,民族史以民族为中心,而民族则常是移动的,不能局限在某一地域,特别是在古代生产力还相当低下的时候更是如此。所以先君在研究民族史时都很重视它的活动迁徙,所写《周秦民族史》在这个问题上就非常突出。这本《甄微》虽是一本上古史,实际上也可说是一本上古民族史,对各民族部落的移徙活动也特别重视。共工、神农、炎帝、蚩尤皆属江汉民族,但都先后北上以争天下。黄帝兴于西北,却出师东向,据有冀州,且更东至于海、南至于江;颛顼更是向南发展,"遏绝苗民,无世在下";而尧、舜、禹更是三世征伐三苗。这是三族之间迁移流徙之荦荦大者。

先君又从古代五岳地域的变化从而推知古代文化、经济、政治中心的转移。《尔雅·释地》言"中有岱岳",这是以泰山为五岳的中岳;《释山》则以嵩高为中岳而泰山为东岳;《释山》又言:"河南华,河西岳,河东岱,河北恒,江南衡。"则又不以嵩高为中岳而以华山为中岳。这说明中国的中心前后有三,以次自东北而西南,事至显然。《汉书·郊祀志》说:"昔三代之居,皆河洛之间,故嵩高为中岳,而四岳各如其方。"则嵩高为中岳为建都河洛之事,华山为中岳则周都丰镐之事,泰山为中岳则上世帝王神农、少皞居鲁卫之事,说明古代帝都也是自东北而西南移的。从传说中的行政区划考察,旧说舜时分天下为十二州,较相传夏、周时的九州多出并、幽、营三州,位于冀州北面及东北,表明其东北较《禹贡》东北为辽阔,营州自山东跨勃海而有辽东,而幼海为内海。以《职方》与《禹贡》相较,相应各州都有西南移的趋势。这都说明华夏民族自东北而西南移。《甄微》一则说"中国文化起于勃海,盛于岱宗,光大于三河"。二则说:"中国古代之文化,创始于泰族,导源于东方。"并认为自乐浪渤海达于江淮都是泰族活动地区,而岱宗河海为古代政治、文化、军事、商业之中心。泰族初起在黄河入海处,所谓旸谷九河之域。先君当时提出这些观点时,曾说:"惟我华族之自东而西,安见所谓自西而东者耶!"这是针对当时流行一世的中国文化西来说进行态度鲜明的批评。还没有意识到这一观点同时提出了一个中国古文化的早期起源地问题。这个问题因去世于1997年的考古学大师苏秉琦先生在逝世前不久把辽西古文化区(包括京津地区在内的燕山南北地带)强调指为中国国家起源最早的地区,是国家起源发展模式的原生型,从而在考古学界被凸显了出来。当然,这个问题还存在争议,需要继续探讨和研究,但先君子却不幸而成为提出这一学术问题的先行者。

第三,《甄微》对古族三系的区分除了根据他们的活动地区和他们的"姓"而外,又特为重视三族文化上的差异,"三方原始生活与环境既殊,其发生的文明各异,固必然之势也。"《甄微》就三方山川气候之异,论其经济生活之不同,再进而论其文化之异同,指出:"比其同异论之,泰族为长于科学哲学之民族,俨然一东方之希腊,炎族为长于明妖祥、崇宗教之民族,颇似印度,黄族为长于立法度、制器用之民族,颇似罗马也。"用三方文化思想的差异以说明三方民族的不同,与近世学者以民族文化是民族特点的重要内容的说法基本相合。《甄微》在论析三族文化时,颇涉及先民生产、生活中制度文物的创造问题,而文献所载此等创造又颇有同一事物而发明于不同地区之数人者。先君当日基本是以文化传播视之,认为中国文化导始于泰族,而炎、黄二族应多所承袭;炎族建国又先于黄族,故黄族又多所承袭,故似黄族之创造发明独多。及至先君撰《略论〈山海经〉的写作时代及其产生地域》时,见《山经》之事物创造者颇与《世本》不同,而以二书各代表一个文化系统,《山经》所载为南方文化系统,《世本》所载则为北方文化系统,其文化传统不同,故同一事物之创造者常非一人。其实,除南北二系统外,未尝不可再提一个东方系统,在人类社会发展上,若其发展大致相同,社会生活上有大致相同的需求,而又具有大致相同的前提条件,则在异地发明相同的事物是很自然的事,近世之研究原始民族文化者类能言之。我国古代既同时存在南、北、东三个地区的不同民族,则在大致同时出现南、北、东三方(民族)的异地发明,也当是很自然的。如《海内经》以"般为弓矢",《世本》以"挥作弓、夷牟作矢",而《墨子·非儒》则"羿作弓",正是三方各是一人。又如《海内经》以"番禺始为舟",《世本》以"共鼓、货狄始作舟",《非儒》则"巧倕作舟",又为南、北、东各是一人。《大荒北经》以"叔均为田祖",《诗·毛传》以神农为田祖,《左传》言:殷以周弃为后稷(田神),也是三方所言田祖各异。这些出现于异地的相同发明都当表明是不同民族文化的同时并存。其他出现于不同两方的异地发明,文献所载也不少,如《世本》言"禹作宫室",《淮南·修务》言"舜作室,筑墙茨屋,各有室家"。显然北、东二方各有不同的宫室发明者。又《非儒》和《荀子·解蔽》都言"奚仲作车",而《海内经》则言"吉光始以木为车",是南、北二方作车之人各不同。类此情况尚多,这里就不赘述了。这些不同地区的异地发明,都当是古代不同民族文化多元并存的有力说明。也正从文化上说明中国古族的南、北、东三系。

  正由于《甄微》的古族三系说既考虑了传说古帝的活动地域,又考虑了他们作为血缘关系的姓,并考虑了古代民族的流动性以及民族文化的差异性,这样考虑是较为全面的,因而这一说法能得到一些历史学家的认同并不是偶然的。这里还应指出,除了历史学家外,自近代考古学在我国逐渐发展以来,有些考古学家也注意到了《甄微》这一古族三系的说法,前中国科学院考古研究所所长尹达先生就是一位。在上世纪五十年代，先君在北京的一个学术会议上和他相遇，尹自称在河南大学上学时曾听过先君讲上古史，他认为先君古族三系之说与近世新石器时代考古所提出的仰韶文化（彩陶文化）、龙山文化（黑陶文化）和印纹陶文化颇有契合之处。到了八十年代，先君晚年的学生、新一代的考古学家童恩正先生，他从近期发现的对商周文化影响巨大的新石器文化进行考察，发现正好可以分为北、东、南三个系统，它们的发展各自源远流长，而其内容又互相渗透，它们可能就是传说中的华夏、东夷、苗蛮三个民族集团，"这与蒙先生的推测若合符节。"他又根据体质人类学的研究成果，认为创造这支文化的种族虽然同属蒙古人种，但其间却存在明显的区别，表示他们分属不同的民族分支，"这又是与蒙先生的预见一致的。"他还从考古学论证了先君后此所写各民族史论文的论断，认为都是一些科学预见，从而把所写怀念先君的纪念文章径直题名为《精密的考证　科学的预见》，其推崇景仰之情不难概见。（文载《蒙文通学记》，三联书店出版）考古学家们的评论启发了我们，要对《甄微》有深透的理解，或者超越性的理解，不仅应熟读有关古代文献，同时还应熟悉近世各地出土的无字天书，并结合近代人类学、民族学的研究成果及调查资料，把几者结合起来进行研究，真正肩负起老一辈学者所提出的"重建中国上古史"的任务，那种"见物不见人"的讲史时代已接近应该结束的时候了。

三族并列的前期，是部落并峙的时期，其时，部落之间除因血亲复仇而外，基本上是没有战争的。及至私有制、阶级及剥削关系产生和发展后，为了扩大土地、掠夺财富，部落之间的矛盾和斗争便日益频繁和剧烈。据诸书所载,在黄帝以后,民族部落之间的争战日烈,黄帝与炎帝战于阪泉,又与蚩尤战于涿鹿,是最著名的。据说与黄帝战于涿鹿的还有两皞(太皞、少皞),都被黄帝杀掉。又有说"黄帝凡五十二战而天下大服"。可见黄帝时战争之酷烈。而南方的共工部落也不断向北发展,于是帝颛顼杀一共工,高辛氏也杀一共工,帝尧也诛一共工,大禹也曾伐共工。据说颛顼曾诛九黎,而尧、舜、禹三人都曾征讨过作为九黎之后的三苗。是北南之争最为长久激烈。这些战争除为了争夺土地财富外,还有一个争夺目标,就是当天下的共主。诸书载:共工与颛顼就是"争为帝",另一共工与高辛氏也是"争而王",《吕氏春秋》更大言"五帝固相与争也"。可见为争当共主的斗争也是相当激烈的。但在这些为共主地位的争夺中,除了使用武力外,也还得根据诸侯的向背。史载:"黄帝之时,神农世衰",他除了"振兵"进行了战败炎帝、蚩尤等等一系列战争,同时还进行了"修德",而后"诸侯咸尊轩辕为天子代神农,是为黄帝"。诸书又载:帝喾崩,子挚代立,不善,"唐侯德盛",得到诸侯拥护,"诸侯归之",帝挚乃禅以帝位,而尧在即位后,也还"战于丹浦,以服南蛮",又"攻丛枝、胥敖",都也是以武功立威,而且在很多重大问题上都还得征求并尊重作"长率诸侯"的四岳的意见,可见当时四方诸侯对共主还有相当的牵制影响。尧举舜后,摄行政事,不仅举用八元八恺,还"流四凶族","投诸四裔",又流放迁殛"四罪",以变四夷,"而天下咸服",被赞为"慎徽五典,五典克从,纳于百揆,百揆时序,宾于四门,四门穆穆"。已是威信很高了,但在尧死后,"三年之丧毕,舜避尧之子于南河之南,天下诸侯朝觐者不之尧之子而之舜,讼狱者不之尧之子而之舜,讴歌者不讴歌尧之子而讴歌舜,然后之中国践天子位焉。"据说,舜死后,禹的情况也是这样。说明自传说中的神农、黄帝而下,天下不时已有共主出现。神农是南方民族(江汉民族),黄帝是北方民族(河洛民族),帝尧也是北方民族,而帝舜则是东方民族(海岱民族),大禹又是北方民族,而禹欲禅位的皋陶则又是东方民族。说明当时虽不时出现天下共主,但这个共主并不必然固定出自哪个民族,而要看他的威和德,要看诸侯的向背。有的虽已得到共主的地位,但后来他的威德衰落了,诸侯不拥护了,不听从了,其共主地位便自然不存在了。如"神农世衰,诸侯相侵伐,而神农不能征"。便也不成其为共主了;到黄帝兴起,"修德振兵","诸侯咸尊轩辕为天子代神农氏"。于是黄帝便代为共主了。共主既为天下诸侯所拥戴,他所统辖的部落也就自然跨越族界。所以在三族并峙时期,三族虽然时相争战,但其间偶也时相接近亲睦。共主与诸侯、诸侯与诸侯的关系虽颇松散疏稀,但也随着时代的进展,经济、社会的发展而会渐渐亲近密切起来,而一些重大的历史事件又将起到推动和促进作用。先君子认为大禹治水便是这样的极其重要的事件:"伯禹治水,而共工从孙四岳佐之,长帅诸侯,佐禹治水,命以侯伯,盖炎、黄二族以是之故,和乐日臻……姜姓而国于北,姬姓而国于南,不可胜计,炎、黄二族遂渐混为一家。"其实,据《古地甄微》所论,《禹贡》所载,黄河中下游南北地区颇多沮洳湖泽之地,若逢雨水较多,就会出现"洪水横流,泛滥于天下"的状况,故古代洪水为灾,绝不仅是尧时才有的事,治水也当不始于尧时,治水的人也绝不限于大禹一人。这次治水至少要从禹父鲧算起,甚至还可上推到共工。所以治水的人绝不止鲧、禹一族,《周语》就明载共工从孙四岳佐禹治水,共工是南方民族,《汤诰》说到治水,也以皋陶与禹并举,显然皋陶也是治水要员。从尧到禹的洪水和治水,是一次历时长久、涉地辽阔、参与人员众多的巨大工程,必然会导致有关民族、部落的接触交流。《甄微》指出:"自炎、黄以迄庚、虞,始则南北各族文化各异,及接触既久,渐以孕育新文化。及于伯禹,遂大成熟,风、姜、姬氏,融合为一,统曰诸夏。"先君把这次治水事件看作是促成三个古代原始民族发展融合形成为稳定的夏族(或华夏族,汉族前身)的契机,我认为是很有道理的。苏秉崎先生在《中国文明起源新探》中说:"从文献与考古结合考察,洪水与治水传说是至关重要的。……中原地区的文明起源要从洪水到治水说起。"由处理重大繁复的公共事务,从而促进公共权力机构的形成和发展,以进入文明时代,我认为这也是顺理成章的说法。两位老先生把洪水与治水看作是促进夏民族形成和中原文明起源的论断,与近世民族学理论"从部落发展成民族和国家"的说法是一致的,民族和国家是大致在同时形成的。民族的形成和文明的起源都是人类历史发展上的大事,不是三言两语可以说清楚的。很遗憾的是,两位老先生都只点出问题的关键,而没对它的历史进程进行具体的考论和阐述,这都只有留待后人的努力了。

据《史记》载:诸侯既尊黄帝为天子代神农氏,为天下共主,于是置左右大监监于万国,又举风后、力牧、常先、大鸿以治民,说明这时已有简单的官僚机构以管理内外公共事务。到尧、舜之时,有四岳,为四方诸侯之长;有十二牧,为天子监外之官;又有九卿为政教之官,是官僚机构已较密于黄帝时。至三代以下,当又有进展,当更为严密。据《左传》所载:少皞氏以鸟名官,一正四司,五鸠鸠民,五雉为五工,九扈为九农正,各司其职。说明三代以上各大诸侯也各有其官僚机构。这些都是当时有关人类社会、政治以及生产组织的机构,虽然是书缺有间,不得其详,但也还不是不可言说,且又还为某些学者所津津乐道,是皆多与社会发展、国家产生相关涉者,而先君在《甄微》中皆未言及。当是其时先君认为这些典章制度是属于古代礼制的问题,准备另作专门研究,写一本《古礼甄微》(见《甄微》第十二《三代文化》末"笔者附识")。但这本《古礼甄微》,只写了一篇《先秦职官因革考》(收入《蒙文通文集》第五卷),而未能继续对古礼进行全面考论,实为憾事。古文献中有关古礼的资料极为丰富,内容也极为复杂,但记载中常存异说,颇为参差混乱,研究的难度极大。西汉的礼学大师孟卿以礼经多而烦难不以教子,而命其子学《易》,其烦难程度不难想见。但这个方面确实蕴藏着研究古代社会的重要内容,近二三十年在考古学界兴起了一股中国文明起源研究的热潮,就是和古礼制密切相关的,但学者们多是从事"见物不见人"的讨论,很少有结合文献进行探究者,且还有人提出中国文明起源问题应该由考古学研究来解决,看来可能还是疑古辨伪的流毒在作祟。要搞清楚中国文明起源问题,离开了对古代礼制的研究,将是十分困难的。最好还是摆脱疑古辨伪的乌云迷雾,安安静静地坐下来,踏踏实实地读读书,既不要迷信书本,又不能虚无主义地对待典籍,结合考古学的资料、人类学的原理,认认真真地对古礼进行深入的探究,我想一定是会有收获的。

《古史甄微》既成,先君见出《甄微》所述多同《韩非》之意而同汲冢之书,于儒家外显见别有信史可稽;后又悟《楚辞·天问》所陈复又不同,而《山海经》雅与符会,嗣有《天问本事》之作;又以孟子书证孟子书,见孟子所称述颇足怀疑,而孟子所非斥者翻为可信;于是提出古史传说三系之说:"今以孟子书为宗,以上合六经,而邹鲁之言史者莫之能异也;以韩非为宗,以上合《汲冢纪年》,而三晋之言史者莫之能异也;……以屈原、《庄子》为宗,以上合《山海经》,则南方之言古史者亦莫之能异也。"乃有《论先秦传述古史分三系不同》之作,翌年加以补充作为《甄微》之《自序》,提出古史中十四事皆有三种不同之传说,有力地证明了这一论点。同时又指出:"鲁人宿敦礼义,故说汤、武俱为圣智;晋人宿崇功利,故说舜、禹皆同篡窃;楚人宿好鬼神,故称虞、夏极其灵怪。三方所称述之史说不同,盖即原于其思想之异。《古史甄微》备言太古民族显有三系之分,其分布之地域不同,其生活与文化亦异。六经、汲冢书、《山海经》三者称道古事各判,其即本于三系民族传说之史固各不同耶!"也就是说,三方都各有在民族、经济、文化上各具特点的不同历史文化传统。历史文化传统是有相对独立性的,是有其深远影响力的,故先君对历史上诸多文化现象常用不同地区的不同文化传统来进行理解。在《自序》中又指出:"纵横法家,固三晋北方之学;道家如《老》、《庄》,词赋家如屈、宋,并是南人,则辞赋道家固南方之学也;六经儒墨者流,固东方邹、鲁之学也。此又三方思想学术之不同也。三方文物之各殊,在在可见,固非言史一端而已。"先君后此之据三方历史文化传统之不同以立论创说者,何可以屈指数。对这些论说可以有不同意见,也可以继续讨论,但在上世纪二三十年代提出我国古代有三个不同历史文化传统长期并存的观点,不能不说是一项创见,不能不说是对历史文化一元论的传统观点的重大突破,这一见解至今犹熠熠发光。先君子对学术的这种勇于创新破除迷信的治学精神,是值得后学们继承和发扬的。但本书毕竟作于八十多年前,所论早已多成刍狗陈迹,读者苟能遗其迹而犹忆其所以迹,则幸甚幸甚。

(二)《北宋变法论稿》

长期以来,学术界所称的"王安石变法",是件历史大事,而且几乎都是给予肯定的评价。先君子对此历来有不同的看法。首先,他认为北宋变法是历史的必然,不仅王安石主张变法,司马光也主张变法,只是各自的办法不同而已。而且主持变法的主脑是宋神宗而不是王安石,元丰时王安石已罢相,变法仍在继续进行,故实当称之为熙丰变法,不应太突出王安石个人,这不符合历史。至于对变法的评价,先君更是与众不同,主张应当根据变法的实行效果作为评价的基础,而不能只从变法者的主观愿望出发。先君在《北宋变法论稿》的序言中说:"历史记载之互异,不仅存于宋代,然以宋代为最甚。北宋有变法派之史料,有反对派之史料,是非异同至为难定。南宋有主战派之史料,有主和派之史料,其互相矛盾亦如北宋。然论史要在观其全体,究其始终,若自后来之实效求之,则得失是非之故亦未尝不可明也。……北宋书言荆公变法之善者有之,言不善者亦有之,即如《宋史纪事本末》,专言变法之短,此何足以难荆公。至清蔡上翔,以荆公乡人,为荆公作《年谱》,专收称颂荆公之空文以为书,又何足以为益。新会梁氏,以主张变法,于是略取蔡氏之书作荆公《评传》,赞扬变法不已。然从未求其实效,综其始终,书行四十年,似已成定论。蒙少年时读其书,信其说者十数年,年将四十,以所见史料核之多不合,于是始疑之。盖新法重在理财,熙宁、元丰之间行之十余年,其收支数目大致可考,总合宋开国以来收入数字,与靖康祸发时收入数字,一一相比,再以新法施行之措施求之诸《会计录》及各朝《会要》,事实显然,罕有不同。是影响于国计民生者皆一一能验。……今悉弃爱憎之辞,而一究其施行之措施及其实效与结果,此亦犹南宋考战场移动之意。以不可移易之事实,衡反复好恶之虚辞,重其同者而略其不同者,此诚空言不如行实、事实胜于雄辩者也。"故《论稿》首章即用各朝数字以考"北宋一代人民负担与熙丰变法"。指出"仁宗为北宋(前期)收入最高之时,不过三千六百万贯,当时民户为一千二百四十万户,每户平均(赋税)负担略为三千文左右;熙丰时收入达六千余万贯,当时民户为一千七百余万,每户平均负担略为三千六百文左右。自货币视之,人民负担仅增百分之二十,如折为实物计算……(则仁宗时)每户平均负担为三石到三石七斗(米),而熙丰时每户平均负担高达七石,则是增加了一倍左右。"大家知道,当时赋税的主要负担者是农民,农民的主要收入是农产品,先君这样折合为农产品计算,显然是十分合理的。先君又考熙丰时"每户平均负担商税不过五百文,合米约一石,较仁宗盛时人民每户平均可负担商税合米二石或二石五斗者相去远矣,是人民此时(日用生活品)购买力降低一半有多,显然是由新法行后人民负担加重之故。"这个分析显然也是合理的。对各项新法的评论,先君也都是就其施行效果进行考察。现仅就主要变法项目免役、保甲、保马、市易、青苗诸法各举一个论据来看看它的施行实效:变法骨干章惇曾说:"言(免役法)便者多上三等人户,言不便者多下等人户。"免役法是变法中的重要项目,争论也最为剧烈,然其施行效果则:受益者是上三等的富人,受害的倒是贫穷的下等人户。章惇又说:"保甲、保马,一日不罢即有一日之害。"其后果自不言而喻。变法主子神宗说:"市易之法,本欲为平准之法以便民,今正尔相反,使中下之民如此失业。"是市易法之利害得失也很清楚。青苗法也是争论激烈的变法项目,其本意在把常平仓变为现钱借与人民以"惠恤贫乏",但施行的实况则是富民本不须钱,却得多借,贫民须钱,反限以少借。韩琦当时即指出:"乡村三等并坊郭有物业人户,乃从来兼并之家,今皆多得借钱,与初折兼并、济困乏之意绝相违戾。"而下户贫民不但借少,且又还难。苏辙指出:"小民闻官中支借青苗,竞欲请领,及至纳官,贱卖米粟,浸及田宅,以致破产。"所以连神宗皇帝也不得不承认:"天下之民,所纳二税至有十七八种,吾民安得泰然也。"像这样的论据还有很多,这里就不一一列举了。熙丰变法究竟对谁有利,显然是不言而喻的。应当承认,从实施效果看,先君认为变法没有起到"抑兼并、恤贫弱"的作用,当是无可置疑;而梁任公之赞扬荆公,是片面的,是有其政治意图的。先君此意虽涵淹已数十年,唯于1937年致李源澄先生函中(载《论学》第五期)略抒微旨外,终未落笔,至1954年,始断续有所论列,然无全盘规划,终为零散篇章,故于第一次结集时题为《王安石变法批判七件》。1958年后未再续写,故此稿终为未竟之作,保甲、保马、农田水利诸端皆旧稿所未及,为仓促所补,故皆简略。且此稿之作以论为主而略于述,故于诸法之内容及其施行之过程亦皆甚略。愚于纂辑先君文集时乃就此散篇整理而成;且默疏于宋史,不敢保其尽符先君遗旨,然于先君据施行实效以为衡论准则则坚持不移,而他事之疏误漏失,当作难免,幸读者能本此意参考他家之书,宜当有助于对本稿之理解也。

蒙 默

古史甄微

古 史 辨

自 序

乙卯春间,蒙尝以所述《孔子古文说》质之本师井研廖先①,廖先不以为谬。因命曰:"古言五帝疆域,四至各殊;祖孙父子之间,数十百年之内,日辟日蹙,不应悬殊若是。盖纬说帝各为代,各传十数世,各数百千年。五行之运,以子承母,土则生金,故少昊为黄帝之子。详考论之,可破旧说一系相承之谬,以见华夏立国开化之远,迥非东西各民族所能及。凡我国人,皆足以自荣而自勉也。"蒙唯诺受命,已十余年,终未遑撰集。丙寅夏间适蓉,趋谒罗江叶秉老世丈②。叶丈博物能文,淹贯史乘,讯蒙于乙部曾用何功。仓皇之间,无以为答,支吾数语,惭悚无似。盖学殖荒落,根底未充,一遇通人,辄瞠目无对,固其宜也。丁卯岁首稍暇,遂发愤撰集,谋以酬廖师之命者、应叶丈之责。搜讨既终,疑文猬集。爰原本遂古,迄于春秋。撰为此篇,本为究论史乘,而多袭注疏图纬之成说,间及诸子,殆囿于结习而使然也。稿既脱,凡十二篇,约六万言;即以教于成都大学,再教于成都师范大学,稿又易;三教于四川大学及敬业学院,增补益多。洽岁之间,稿凡三易。于是文通将有金陵之游,践师门五

---

① 乙卯为1915年,时先君文通公就读于四川国学专门学校,廖平(季平)先生任校长,并讲授经学,先君作《孔氏古文学》一文,得廖先生赞赏,以之刊于当年《国学荟编》第八期。

② 丙寅为1926年,先君任教于成都佛学院,移居成都。罗江叶秉诚先生时任国立成都大学教授,并任教务长兼历史系主任。

年之约。南充张方老世丈①曰：且稍留，试为我写定之。则又淹迟成都三阅月而四定稿又毕。《经学抉原》②、《天问本事》③初稿，亦次第录出，约四万言。《经学抉原》一篇，犹是旧作《导言》④之旨。盖以《天问本事》一篇，以见楚人一派之学。三篇循环相通，而文通年来言学大意，备于是矣。稿稍成而群盗阻兵，烽火突起，欲行不得，东望江表，愤怼何如！士贵久要不忘平生之言，吾行已先不信，尚何冀人之信吾言，而况此非毁尧舜，讥短汤武，狂悖之论哉！则草定此篇之意，不可以不叙也。

叙曰：晚近言学，约有二派：一主六经皆史，一主托古改制。二派根本既殊，故于古史之衡断自别。数十年来，两相诋諆嘲嚷，若冰炭之不可同刑。言今、古学者且复以是为判。然苟今、古学之义不明，则古史正未易理。今世之言今、古学者，固自与古不同。在昔两汉言学，严守师法，各有义类、统归，于同道则交午旁通，于异家则不相杂越，笃信谨守，说不厌详。而晚近言学则异是。刘（逢禄）、宋（翔凤）、龚（自珍）、魏（源）、崔（适）、康（有为）之流，肆为险怪之辩，不探师法之源，徒讥讪康成、诋讦子骏，即以是为今文。至若詈《伪孔书传》而曲信皇甫士安，究不明两家之说为同为异，斯谓之能讪郑则可，谓之今文则不可。惠（士奇）、金（锷）、陈（奂）、邹（汉勋）其陈说礼数，亦何尝不征

---

① 南充张澜字表方，时任国立成都大学校长。
② 《经学抉原》发表于1930年南京《史学杂志》，题为《经学抉原处违论》。1933年由商务印书馆出版。2006年重编增订，由上海世纪出版集团出版。
③ 《天问本事》1932年由开封河南《民国日报》卢冀野主编之副刊《会友》多期连载，题为《天问比事》。
④ 《经学导言》1923年重庆自印本。以上三著均收入巴蜀书社出版之《蒙文通文集》第三卷《经史抉原》，1995年出版。

之先秦以易后郑,途径岂出龚、魏下,彼则不自命为今文,此乃张惎纬以骇俗。董、伏、韩、杨之术,岂其若斯。若张惠言、陈寿祺之述论,则庶有当于今文家法之学。是前代之今文惟一,近代之今文有二,鱼目混珠,朱夺于紫,其敝也久矣。今文之末流如是,而古文之讹惑亦莫不然。徒诋谶纬,矜苍、雅,人自以为能宗郑,而实鲜究其条贯。交口赞康成、毁范宁,于其旨义之为一为二,乃未之详察。至若刘、贾、马、郑①之或变或合,更莫探其原委,谓之能阿郑则可,讵何关于古文。今文、古文之界别且不明,徒各据纬、候、《苍》、《雅》为根实,以讪郑、阿郑为门户,则今世言今、古学之大本已乖,又何论于改制托古、六经皆史之谈。盖此二说者,文无征于古,义或爽于正,固未可依之以断义。惟一舍此末世之浮辞,守先师之遗训,考其家法,推其条例,以致其密,说虽难备,义尚有归。如北学言史,要不远于谯周(《古史考》)②,南学言史,终未越乎皇甫(《帝王世纪》)③。古文学既南北异趣,今文学亦齐鲁殊致,适海适岱,言各有宗,触类而通,然后于汉师之学,古史之事,庶可略知方轨。然此犹局乎孔氏一家之言,班、马以来之说,未可以上穷古史之变也。古史奇闻,诸子为详,故训谶纬,驳文时见。比辑验之,则此百家杂说,自成统系,若或邻于事情。而六艺所陈,动多违忤,反不免于迂隔。搜其散佚,撰其奇说,自足见儒家言外若别有信史可稽。经史截分为二途,犹泾清渭浊之不可混。故方《古史甄

---

① 刘,刘歆;贾,贾逵;马,马融;郑,郑玄。
② 《古史考》,三国蜀人谯周作,已佚,清章宗源有辑本(平津馆丛书),黄奭亦有辑本(汉学堂丛书)。
③ 《帝王世纪》,晋人皇甫谧作,已佚,清宋翔凤有辑本(《指海》、《训纂堂丛书》)。

微》初稿之成,则于托古改制之说,虽欲不信而不得。更后读《楚辞·天问》,见其持说乃又不同。王逸《序》言:屈原"见楚有先王之庙,及公卿祠堂,图画天地山川神灵,琦玮僪佹,及古圣贤怪物行事。因书其壁,呵而问之"。是《天问》所陈,皆楚人相传之史;《山海经》雅与符会,谅同本于楚人之旧传①;既大异于六经,复不同于诸子。乃恍然于《古史甄微》所述,多本韩非之意,同符汲冢之书,别是北方三晋所传。而儒家六经所陈,究皆鲁人之说耳。盖鲁人宿敦礼义,故说汤、武俱为圣智;晋人宿崇功利,故说舜、禹皆同篡窃;楚人宿好鬼神,故称虞、夏极其灵怪。三方所称述之史说不同,盖即原于其思想之异。《古史甄微》备言太古民族显有三系之分,其分布之地域不同,其生活与文化亦异。六经、《汲冢书》②、《山海经》,三者称道古事各判,其即本于三系民族传说之史固各不同耶!晋之《乘》、楚之《梼杌》、鲁不修之《春秋》③,其文寥落不可知。其义则彰然可识也。况《天问》所述,托始女娲。而《庄子》称赫胥、狶韦④,《周易·系辞》始自伏羲,而子思称东扈⑤,《韩非·五蠹》始自遂人、有巢,

---

① 关于《山海经》,先君写有《略论〈山海经〉的写作时代及其产生地域》,认为系蜀楚南方文化的作品,可参。

② 《汲冢书》,泛指晋武帝时在汲郡魏襄王墓所出土竹简古书,朱希祖著有《汲冢书考》(中华书局1960年北京出版),考论颇详。除《穆天子传》、《周书》外,余皆已佚。其中以《竹书纪年》最著,有传世本,一般称为今本;有多种辑本,一般称为古本。又常以《汲冢书》、《汲冢古文》称之。

③ 《孟子·离娄》下载:"孟子曰:晋之《乘》、楚之《梼杌》、鲁之《春秋》,一也。其事则齐桓、晋文,其文则史,孔子曰:其义则丘窃取之矣。"《乘》、《梼杌》皆早佚,鲁之《春秋》指孔子未修前之《春秋》原本,一般称"鲁不修之《春秋》",亦早佚。

④ 见《庄子》之《马蹄》、《大宗师》二篇。

⑤ 《汉书·艺文志》载儒家有《子思》二十三篇,已佚。清洪颐煊《经典集林》辑有《子思子》一卷,此条见《初学记》九。

而《商君》称昊英①，所陈不同，非苟而已。《山经》颇称帝俊，而北人之传无之；郯子称道少昊②，《大戴礼记》、《吕氏春秋》述五帝皆不之及，两家所说盖本之荀卿、李斯者耶！是三方言首出之王既殊，言继世之王又各异也。余旧撰《经学导言》，推论三晋之学，史学实其正宗；则六经、《天问》所陈，翻不免于理想虚构。则六经皆史之谈，显非谛说，托古改制之论，亦未必然。诚以今文家改制之言，以经之所陈，作自孔氏，然终无以解于《左》、《国》之书。以《左书》多符六经，安得曰不祖孔子。《左书》而非祖孔子，则孔子所改制而《左》、《国》能偶同之者何耶？傥东方之旧传实然，故《左》孔同符，而别异于晋、楚人之说也。此改制之说所由难通，而推本于邹鲁、晋、楚三方传说之殊，理或尔也。改制所本，依于《春秋公羊》，说者谓隐公改元，既为"王鲁"之证；然天子改元，即事天地，诸侯改元，即事社稷，礼家断其义。《左氏》纪惠公之元，《国语》晋依献公、文公纪元，《春秋》述其事。安在隐公元年，即为《春秋》当新王之义。"素王"之说既摇，即改制之说难立。至刘知几之《惑经》、《疑古》③，更足征经、史之分途。晚近六经皆史之谈，既暗于史，尤病于史。似于刘氏所惑所疑，盖已了无疑沮，而于孔子所传微言大义，更若存若亡。此六经皆史、托古改制两说之所不易明，而追寻今、古之家法，求晋、楚之师说，或有当也。然《天问》、《山经》争涉神话，语多灵怪，民神糅杂，其可据以说南人之史耶？盖《山经》

---

① 《商君书·画策》。
② 《春秋左氏传·昭公十七年》。《春秋左氏传》亦省称《左传》、《左书》、《左氏》。
③ 刘知几《史通》二篇名。

之作,五篇之文最先,而《海内外》、《大荒》皆属后起。在后篇言之神怪者,在《山经》皆为朴略之人,亦犹世传关羽事多异闻,乃非陈寿所宜知也。知《天问》、《山经》所述,自为楚之史文;《九歌》①所咏云中君、少司命之类,乃楚之神鬼耳。而《天问》所陈,雅不涉于《九歌》;《九歌》所颂,复不涉及《天问》;则楚人神之与史,其辨本明,持此以验三方传说之殊,傥未为失。推此以寻,则见晋、楚之史,不与邹鲁同科。三系之说明,而古史大略或可求也。请姑就孟子书证之。孟子之书,尽人所信,今以孟子书证孟子书,见儒家言外,显有异家之史存于其间,孟子所称述者若可疑,而孟子所斥责者翻若可信。试列陈之:(一)万章问曰:"人有言,伊尹以割烹要汤,有诸?"孟子曰:"否,不然。伊尹耕于有莘之野,而乐尧、舜之道焉,汤三使往聘之,故就汤而说之以伐夏救民。"②孟子所陈,与万章所问各异。而《韩非·难言》:"汤,至圣也。伊尹,至智也。夫以至智说至圣,然且七十说而不受,身执鼎俎为庖宰,昵近习亲,汤乃仅知其贤而用之。"则《韩非》之说,足证万章之非诬,固别一说也。若《天问》说伊尹之事又自不同。其曰:"成汤东巡,有莘爰极,何乞彼小臣,吉妃是得,水滨之木,得彼小子,夫何恶之,媵有莘之妇。"说既荒唐,异于孟子、韩非所论。《吕氏春秋·本味篇》:"有侁氏女子采桑,得婴儿于空桑中,献之其君,察其所以然。曰:其母居伊水之上,孕,梦有神告之曰:臼出水而东走。母顾明日视臼出水,告其邻,东走十里,而顾其邑尽为水,身因化为空桑,故命曰伊尹。伊尹长而贤,汤闻,使人请之有侁氏,有侁氏不可。伊尹亦

---

① 《天问》、《九歌》皆《楚辞》篇名。
② 《孟子·万章》上,节引。

欲归汤,于是请娶妇为婚,有侁氏喜,以伊尹为媵送女。汤得伊尹,设朝而见之,说汤以至味。"此又一说也。《吕览》所言,即述《天问》之事,又连及鼎俎庖宰并为一说。盖后起之书,兼备众议矣。是伊尹要汤之事惟一,而孟子、韩非、《天问》三家之说不同。《墨子》:"汤将往见伊尹,令彭氏之子御。彭氏之子曰:伊尹,天下之贱人也,君欲见之,亦令召问焉,彼受赐多矣。"①则孟子之说,惟墨翟与合,岂以邹鲁所传自相同,而与晋、楚之说各异耶!孟子言:"伊尹五就汤五就桀。"②则非耕于莘野之人也。治亦进,乱亦进,圣之任者。《墨子》亦言:成汤举伊尹于庖厨③。则割烹之说反若可信。以《孟子》证《孟子》,则《韩非》之说有征,而《孟子》之说可疑也。(二)"万章问:或曰百里奚自鬻于秦养牲者五羊之皮,食牛以要秦穆公,信乎? 孟子曰:否,不然,好事者为之也。百里奚知虞公之不可谏而去之秦,年已七十矣。"④《史记》赵良说:"百里奚,荆之鄙人也。自鬻于秦客,被褐食牛。"⑤《吕氏春秋•慎人》:"公孙枝以五羊皮买之而献诸缪公。"《韩非•说林》:"公孙枝自刖而尊百里。"《庄子》:"奚饭牛而牛肥,缪公忘其贱,与之政。"⑥此又一说也。皆足证万章所问不虚。孟子曰:"百里奚举于市。"⑦是亦说自鬻食牛事。以孟子

---

① 《墨子•贵义》。
② 《孟子•告子》下。
③ 《墨子•尚贤》中言:"伊挚,有莘氏女之私臣,亲为庖人,汤得之举以为己相。"
④ 《孟子•万章》上,节引。
⑤ 《史记•商君列传》。
⑥ 《庄子•田子方》。
⑦ 《孟子•告子》下。

之言足证孟子之言可疑也。(三)孟子以文王为以德行仁者王①,孔子亦赞文王:"三分天下有其二,以服事殷,可谓至德。"②凡孔、孟之称美文王者至矣。然《韩非·内储》言:"文王资费仲而游于纣之旁,令之间纣而乱其心。"③《喻老》言纣索玉版事,谓周恶贤者之得志也。《淮南·道应训》言:"文王为玉门,筑灵台,相女童,以待纣之失。"此又一说也。与孔、孟之言迥别。《天问》则曰:"伯昌号衰,秉鞭作牧,何彻彼岐社,命有殷之国。"正纬书所谓赤雀衔丹书降周之岐社④,而文王制命称王。此又一说也。而屈子亦深以周之代殷为疑。孟子曰:"取之而燕民不悦则勿取,古之人有行之者文王是也。"⑤既言"文王犹方百里起",又曰"汤以七十里,文王以百里"⑥。则文王之受封可知。复言"文王之囿方七十里,民犹以为小"⑦,则太王、文王翦商之志不尤显耶! 以孟子书证孟子书,亦足见《韩非》所言文王之积虑处心邻于实,而孔、孟所言为疏,斯皆文饰之迹,有所不能全泯者也。(四)孟子曰:"太公避纣,居东海之滨,闻文王作,兴曰:盍归乎来,吾闻西伯善养老者。"⑧此一说也。而《离骚》则

---

① 《孟子·公孙丑》上载:孟子曰:"以德行仁者王,王不待大,汤以七十里,文王以百里。"
② 《论语·泰伯》。
③ 《韩非子·内储说》下。
④ 《史记·周本纪·正义》引《尚书·帝命验》云:"季秋之月,甲子,赤爵衔丹书入于酆,止于昌户。其书云:……"他如《御览·时序部》引《尚书中候》略同。《墨子·非攻》下载:"赤乌衔珪(或作书)降周之岐社,曰天命周文王伐殷有国。"实为诸书所本。
⑤ 《孟子·梁惠王》下。
⑥ 二引并见《孟子·公孙丑》上。
⑦ 《孟子·梁惠王》下。
⑧ 《孟子·离娄》上,又同书《尽心》上。

云:"吕望之鼓刀兮,遭周文而得举。"《天问》曰:"师望在肆昌何识。鼓刀扬声后何喜。"此又一说也。《齐世家》谓"太公以钓鱼奸周西伯。"《吕氏春秋》:"太公望,东夷之士也,欲定一世而无其主,闻文王贤,故钓于渭以观之。"①《韩非·喻老》说:"文王举太公于渭滨。"《史记》范雎说秦王曰:"吕尚之遇文王也,身为渔父,而钓于渭滨耳。"②此又一说也。皆与孟子不合。《尚书大传》③言:"散宜生、闳夭、南宫括,三子者学于太公,太公见三子知为贤人,遂与三子见文王于羑里。"《史记》言:"吕尚处士,隐海滨,周西伯拘羑里,散宜生、闳夭素知而召吕尚。吕尚亦曰:吾闻西伯贤,又善养老,盍往焉。"④史公之说,即本之《大传》,与孟子同。又足见太公之事惟一。而孟子、《韩非》、《天问》三家之说又各不同。范雎,魏人,故与《韩非》合;伏生与孟子同为东方儒家之说,又能自相合也。(五)孟子曰:"傅说举于版筑之间。"⑤而《韩非》言:"傅说转鬻。"⑥与孟子之说不同。《墨子》:"傅说被褐带索,筑乎北海之洲。"⑦异乎《韩非》北方之传,而合于孟子,同为东方之说。若《庄子》则云:"夫道无为无形,傅说

---

① 《吕氏春秋·首时》。
② 《史记·范雎蔡泽列传》。
③ 《尚书大传》,汉伏胜作,今佚,清陈寿祺有辑本,《续清经解》及《四部丛刊》初编并收有此书。皮锡瑞据之重加厘定补辑著《尚书大传疏证》。师伏堂有刻本。以下皆此不另注。此条二书皆辑有文字相近者数条,此处盖以意整合者,与辑本不同。
④ 《史记·齐太公世家》。
⑤ 《孟子·告子》下。
⑥ 《韩非子·难言》。
⑦ 《墨子·尚贤》下:"昔者傅说居北海之洲,圜土之上,衣褐带索,庸筑于傅岩之城。"此事亦见《史记·殷本纪》,《集解》引徐广曰:"《尸子》云:傅岩,在北海之洲。"引文盖据此整合改字。

得之以相武丁，奄有天下，乘车维，骑箕尾，而比于列星。"①斯南方之说又自殊也。（六）孟子曰："伯夷，圣之清者也。"②孔子曰："伯夷、叔齐饿于首阳之下。"③此邹、鲁之言也。《韩非》则曰："伯夷以将军葬于首阳之下。"④而《汲冢书》言："伯夷、叔齐去隐于首阳山。或告伯夷、叔齐曰：胤子在郲，父师在夷，奄孤竹而君之，以夹煽王燼，商可复也。"⑤则夷、齐岂肥遁自甘者耶！此三晋之说又不同也。《天问》言："惊女采薇鹿何祐。"说者引《古史考》、《列士传》释之。《古史考》言："夷、齐采薇而食，野有妇人谓之曰：子义不食周粟，此亦周之草木也，于是饿死。"⑥《列士传》言："二人遂不食薇，天遣白鹿乳之，得数日，夷、齐私念此鹿肉，食之必美，鹿知其意，不复来，二子遂饿而死。"⑦此又《天问》楚人荒唐之说，与三晋、邹鲁又不同也。（七）孟子曰："舜生于诸冯，迁于负夏，卒于鸣条，东夷之人也。"⑧《淮南子》以"舜征三苗，道死苍梧。"⑨则舜以征三苗不死于东而死于南也，异于孟子。而《鲁语》展禽谓"舜勤众事而野死"。此又以舜非死于征三苗，意与孟子合。则邹鲁所传自相同，而与《淮南》、《檀弓》等异家之说殊也。（八）"咸邱蒙问：语云：盛德之士，君不得而臣，父

---

① 《庄子·大宗师》。
② 《孟子·万章》下。
③ 《论语·季氏》。
④ 《韩非子·外储说》左下。
⑤ 马骕《绎史》卷二十引。骕，清初人，所引古典间有为近世所不见者。
⑥ 《文选·辨命论·注》引。
⑦ 《列士传》，《隋书·经籍志》载刘向撰，早佚。此文见《绎史》卷二十引，有删节。
⑧ 《孟子·离娄》下。
⑨ 《淮南子·修务》。

不得而子,舜南面而立,尧帅诸侯北面而朝之,瞽瞍亦北面而朝之,舜见瞽瞍,其容有蹙。孔子曰:于斯时也,天下殆哉岌岌乎。孟子曰:否,此非君子之言,齐东野人之语也,尧老而舜摄也。"①然《吕氏春秋》说:"尧传天下于舜,礼之诸侯,妻以二女,臣以十子,身请北面朝之。"②《韩非子·忠孝》称《记》曰:"舜见瞽瞍,其容造焉。孔子曰:当是时也,危哉天下岌岌,有道者父固不得而子,君固不得而臣也。"则咸邱蒙所持以问,固孟子而外、异家所述之史文也。(九)孟子曰:"尧崩,三年之丧毕,舜避尧之子于南河之南。"③而《汲冢古文》云:"昔尧德衰为舜所囚。又云舜囚尧复偃塞丹朱,盖囚尧、偃朱二城,是南河之南处也。"④与孟子不合。《韩非子·难三》则曰:"夫尧之贤,六王之冠也,舜一从而咸包,而尧无天下矣。"亦与孟子不合,而与《汲冢古文》合。孟子曰:"舜崩,三年之丧毕,禹避舜之子于阳城。"⑤《韩非·说疑》则曰:"舜逼尧,禹逼舜,汤放桀,武王伐纣。"《符子》曰:"舜禅夏禹于洞庭之野。"⑥则征三苗道死苍梧时也,亦与孟子不同。孟子曰:"禹崩,三年之丧毕,益避禹之子于箕山之阴。"⑦《韩非子·外储说》右下则曰:"禹爱益而任天下于益,已而以启人为

---

① 《孟子·万章》上,有删句。
② 《吕氏春秋·求人》。
③ 《孟子·万章》上。
④ 《史记·五帝本纪·正义》引《括地志》并及《竹书》。引文以意调整,改动较大。
⑤ 《孟子·万章》上。
⑥ 《太平御览》卷八十一引《符子》。符子名朗,见《晋书·符坚载记》。《符子》早佚,马国翰《玉函山房辑佚书》有《符子》。商务版《古史甄微》误为《管子》,巴蜀版亦误,今改正。
⑦ 《孟子·万章》上。

吏,及老而传天下于益,而势重尽在启也。已而启以友党攻益,而夺之天下。"又与孟子不合。若《庄子》则曰:"尧让天下于许由,许由曰:予无所用天下为。又让天下于子州支父,子州支父曰:我未暇治天下也。舜以天下让北人无择,北人无择因自投清泠之渊。舜以天下让石户之农,石户之农夫负妇戴携子以入于海。"①是道家者流、南方之说,既异于韩魏之传,复异于邹鲁之说也。《汲冢古文》言:"益干启位,启杀之。"②与《韩非》合。《汲冢》,魏书,与《韩非》同为三晋北方之说,故能自相同耶!《墨子·尚贤》上云:"古者尧举舜于服泽之阳,授之政,天下平。禹举益于阴方之中,授之政,九州成。"《墨子》所言乃能与孟子合者,亦以同为东鲁之说,故又自相同也。(十)"万章曰:象日以杀舜为事,立为天子则放之,何也?孟子曰:封之也,或曰放焉。"③而《韩非·忠孝》说:"瞽瞍为舜父而舜放之,象为舜弟而杀之,妻帝二女而取天下。"孟子、《韩非》说象事又各不同。(十一)孟子曰:"太甲悔过,自怨自艾。三年以听伊尹之训己也,复归于亳。"④而《汲冢古文》言:"太甲潜出自桐,杀伊尹。"⑤《韩非·说疑》又称《记》曰:"尧有丹朱,而舜有商均,启有五观,商有太甲,武王有管、蔡。五王之所诛者,皆父兄子弟之亲也。"则谓太甲之事与五观、管、蔡同也。是孟子、《韩非》说太甲又不同。(十二)"万章问:人有言,至于禹而德衰,不传于贤而传于

---

① 《庄子·让王》,引文于原文有增删调整。
② 《晋书·束晳传》引,一般引称古本《竹书纪年》。
③ 《孟子·万章》上。
④ 《孟子·万章》上,有删节。
⑤ 《文选》陆士衡《豪士赋·注》引《纪年》。

子。孟子曰：否，不然也。"①而《新序·节士》"禹问伯成子高曰：及吾在位，子辞诸侯而耕何？子高曰：昔尧举天下而传之他人，舜亦犹然。今君之所怀者私也，贪争之端自此始，德自此衰，刑自此繁也。"《淮南子》说："有扈氏为义而亡。"《高诱注》谓："有扈氏以尧舜举贤，而禹独与子，故伐启。"②则万章所问又上合于伯成子高与有扈氏之义，而异于孟子之说也。（十三）万章曰："杀三苗于三危。殛鲧于羽山。"③此谓诛有罪也。《史记》云："流共工于幽陵以变北狄，放驩兜于崇山以变南蛮，迁三苗于三危以变西戎，殛鲧于羽山以变东夷。"④此谓以成化也。《晋语》五臼季曰："舜之刑也殛鲧。"《韩非子》说："尧不听，举兵而诛共工于幽州之都，诛鲧于羽山之郊。"⑤则诛讨有罪者三晋之说也。《左氏文十八年传》："季文子曰：舜臣尧，流四凶族，投诸四裔，以御魑魅。"《鲁语》展禽以"鲧障洪水而殛死"，与舜勤众事而野死、稷勤百谷而山死并举。则以教民成化者，鲁人之说，而《史记》用之也。若《天问》则曰："永遏在羽山。夫何三年不施。"又曰："鸱龟曳衔，鲧何听焉。化为黄熊，巫何活焉。"则诬怪之说，固不足论。是伯鲧之事惟一，而楚人与邹鲁、三晋所道又各异也。（十四）孟子曰："由尧、舜至于汤，五百有余岁。由汤至于文王，五百有余岁。由文王至于孔子，五百有余岁。"⑥又曰："由

---

① 《孟子·万章》上。
② 《淮南子·齐俗》。
③ 《孟子·万章》上。
④ 《史记·五帝本纪》。
⑤ 《韩非子·外储说》右上，引文有调整删节。
⑥ 《孟子·尽心》下。

周而来,七百有余岁也。"①此《鲁世家》、刘歆、班固之所本。马迁、班固又言:夏十七王,殷三十一王②。即本之《三朝记·少间》:"禹崩十有七世有桀,成汤崩二十二世有武丁,武丁崩九世有纣。"③此邹、鲁之说也。而《韩非》说:"虞、夏二千余岁,殷、周七百余岁,而不能定儒、墨之真,乃欲审尧舜之道于三千岁之前。"④与孟子殊。而《汲冢古文》言:"夏年多殷。"⑤与《韩非》合。《律历志》言:"张寿王治黄帝调历。言黄帝至元凤三年,六千余岁。又移帝王录,舜、禹年岁不合人年。"寿王又言:"伯益为天子代禹。"⑥同于《韩非》、《竹书》。此又三晋之说也。神农作太初历,而《律历志》言:"前历上元太初四千六百一十七岁至于元封七年。"此当即宝、长安单安国治终始言"黄帝以来三千六百二十九岁"之说所由本。黄帝调历为晋人之说,神农太初为楚人之说可知。由此见即孟子之书,显有矛盾不同之史存于其间。韩非、汲冢之书皆与孟子异而自相同,惟墨子、展禽等鲁人之说能与孟子合,而异于白季、《韩非》三晋之说。《离骚》、《天问》楚人之说,又自差殊;然荒唐悠谬,置之可也。以孟子书证孟子书,或时又自相违反,足证北方三晋之学邻于事实。《韩

---

① 《孟子·公孙丑》下。
② 马迁语见《史记》夏、殷本纪。班固语见《汉书·律历志》下。
③ 《汉书·艺文志》载《孔子三朝》七篇。《史记·五帝本纪·索隐》引刘向《别录》:"孔子见鲁哀公,问政,比三朝退而为此记,凡七篇,并入《大戴记》。"孔广森《大戴礼记补注》谓《千乘》、《四代》、《虞戴德》、《诰志》、《小辨》、《用兵》、《少间》七篇即是。此系节引《少间》文。
④ 《韩非子·显学》。
⑤ 《晋书·束皙传》。
⑥ 并见《汉书·律历志》下。前引多删节,后引"伯益"原作"化益",师古注:"化益即伯益。"

非·难一》言:"历山之农者侵畔,舜往耕焉,期年甽亩正。河滨之渔者争坻,舜往渔焉,期年而让长。东夷之陶者器苦窳,舜往陶焉,期年而器牢。仲尼叹曰:耕渔与陶,非舜官也。而舜往为之者,所以救败也,舜其信仁乎!或问儒者曰:方是时也,尧安在?其人曰:尧为天子,然则仲尼之圣尧奈何?圣人明察在上位,将使天下无奸也,今耕渔不争,陶器不窳,舜又何德而化!舜之救败也,则是尧有失也。贤舜则去尧之明察,圣尧则去舜之德化,不可两得也。且舜救败,期年已一过,三年已三过,舜有尽,寿有尽,天下过无已者,以有尽逐无已,所止者寡矣。"是不特三晋所传之史与邹鲁不同,韩非且进而击儒者之传,侮孔子之说,已开《惑经》、《疑古》之端也。仲尼祖述尧、舜,宪章文、武①,而《十过》述由余之言曰:"昔者尧有天下,饭于土簋,饮于土铏,其地南至交趾,北至幽都,东西至日月之所出入者,莫不宾服。尧禅天下,虞舜受之,作为食器,斩山木而财之,削锯修其迹,流漆墨其上,输之于宫以为食器,诸侯以为益侈,国不服者十三。舜禅天下而传之于禹,禹作为祭器,墨漆其外而朱画其内,缦帛为茵,蒋席颇缘,觞酌有采,而樽俎有饰,此弥侈矣,而国之不服者三十三。夏后氏没,殷人受之,作为大路而建九旒,食器雕琢,觞酌刻镂,四壁垩墀,茵席雕文,此弥侈矣,而国之不服者五十三。"②是韩非以尧、舜、禹、汤胥不得为恭俭之主。

---

① 《礼记·中庸》,自朱熹取出作为"四书"之一,后遂多只知其为"四书"之一。
② 《十过》为《韩非子》之一篇。

周监二代,郁郁其文,而武王征四方,凡憝国九十有九国①。周公东征熊盈族十有七国②。由韩非视之,将周之益侈而国之不服者弥多耶!《韩非·外储说》右下:"尧以其天下让许由,许由必不受也,则是尧有让许由之名,而实不失天下也。"是唐、虞之禅让其名,而舜、禹之攘夺其实也。《说林上》言:"汤已伐桀而恐天下言己为贪也,因乃让天下于务光,而恐务光之受之也,乃使人说务光曰:汤杀君而欲传恶声于子,故让天下于子。务光因自投于河。"③《殷祝》言:"桀三致国于汤,一徙于不齐,再徙于鲁,三徙于南巢,然后汤即天子位。"④是汤之让务光也为伪,实已伐桀,而仍伪为禅让之迹以饰之。《奸劫弑臣》言:"古有伯夷、叔齐者,武王让以天下而弗受,饿死首阳之陵。"⑤夫伯夷扣马之谏不售,耻周而逃之,而武王反以天下让伯夷者何耶!孟子言:"伯夷不立于恶人之朝,不与恶人言。"⑥则其求仁得仁,饿于首阳之下,武王、周公,正伯夷之所谓之恶人耶!足知三晋史文,比于邹、鲁六艺,非徒节末之殊,而实根本之异,其君则汤、武、尧、舜,其臣则伊、周、禹、稷,固无殊于五霸六国之人。人类自有史以来,古今一揆,上古不为治,季世不为淫。韩非所论,固迥别于孟子、屈原所闻,三方史说互异,即本孟子书可推而见

---

① 《周书》载《汉书·艺文志》六艺《尚书》类中,七十一篇,班自注:"周史记。"师古曰:刘向云:"周时诰誓号命也,孔子所论百篇之余也。"以汲家曾出此书,故又或称《汲家周书》,许慎《说文》又称之为《逸周书》,朱右曾虽讥其以不逸而逸,然其著书仍以逸为名为《逸周书集训校释》,为此书之校释善本。"憝国"事载《世俘》。

② 《周书·作雒》。

③ 《说林》,《韩非子》篇名。

④ 《殷祝》,《周书》篇名,此处以意节引,与原文差异较大。

⑤ 《奸劫弑臣》,《韩非子》篇名。

⑥ 《孟子·公孙丑》上。

之，北人所传近真，亦本孟子书可推而见之，此较明之证也。知斯旨也，则于同一事而后人传说各异，莫可考其出于周秦何派者，亦可以义推而得之。试再于《孟子》求之：若万章曰："父母使舜完廪，捐阶，瞽瞍焚廪。使浚井，出，从而掩之。"《赵岐注》谓："捐阶，舜即旋从阶下，瞽瞍不知其已下，故焚廪。浚井，舜入而即出，瞽瞍不知其已出，从而盖其井。"①此一说也。《史记》说："使舜上涂廪，瞽瞍从下纵火焚廪，舜乃以两笠自扞而下去。又使舜穿井，舜穿井为匿空旁出，舜既深入，瞽瞍下土实井，舜从匿空出去。"②此又一说也。沈约注《竹书》、梁武帝作《通史》，及《宋书·符瑞志》，并云："使舜涤廪，二女曰：鹊汝衣裳，鸟工往，得飞去。又使浚井，二女曰：去汝裳衣，龙工往，自旁而出。"③郭璞注《山海经》云："二女灵达，能以鸟工、龙裳救井廪之难。"④《列女传》（《索隐》引）："二女教舜鸟工上廪。"此又一说也。三说虽见于汉人，然既知晚周三方立说之殊，则足见汉人三说之各有所本。史公所取，显为北方三晋之言，刘、郭则南方楚人神怪之说，而赵氏则为东方邹鲁儒者之说可明也。再推此例以究，则凡后世儒者所述异闻，皆略可推见所本。百家杂说虽繁，未尝不可分析以究之，使各就条理。盖在战国以前，三方传说，本自分明，述文者各守所闻，不相淆乱。自吕不韦使宾客人人著所闻，集论以为《吕氏春秋》，糅合众说，号为杂家。太史

---

① 《孟子·万章》上。
② 《史记·五帝本纪》。
③ 坊本《竹书纪年》有题沈约注者。《四库总目提要》言：约注虽见《隋志》，以内容核之，多与古注所引不同，实为后人依托。梁武帝《通史》见《隋志》，亦早佚。此处指《五帝本纪·正义》所引《通史》，此引文即删节《通史》参以沈注整合而成。
④ 《山海经·中山经》。

公、《淮南子》、韩婴、刘向继之,而先秦旧史统系乃不可理。盖亦犹郑康成糅合今、古两学,以意取舍,而两汉师法在昔粲若列眉者,是后遂不可理也。今以孟子之说为宗,以上合六经,而邹、鲁之言史者莫之能异也。以韩非为宗,以上合《汲冢纪年》,而三晋之言史者莫之能异也。《经典释文·庄子叙录》谓:"庄子书凡诸巧杂,十分有三,《汉书·艺文志》《庄子》五十二篇,即司马彪、孟氏所注是也,言多诡诞,或似《山海经》,或类占梦书,故注者以意去取。"今庄子书非完帙,不能考见其所述古事何如,而据陆氏所言,则《庄书》雅与《山海经》相合,则以屈原、庄子为宗,以上合《山海经》,则南方之言古史者亦莫之能异也。此论明,则三方之史不同,定可知之也。倪亦如本师廖先以《周官》统古学、以《王制》统今学之意乎!余作《经学抉原》,深信齐鲁学外,而古文为三晋之学,则经术亦以地域而分。余旧读西汉之文,以为刘向、匡衡、董仲舒,此出于鲁人六经者也;邹阳、枚乘、王褒,此出于楚人词赋者也;贾谊、晁错、贾山,陈论政事,此出于三晋纵横法家者也。西汉文章之变,略尽于是,而亦以此三系文化为本,此又三方文章之不同也。自邓析、李悝、吴起、商鞅、申不害、韩非之徒,并是北人,太史公曰:"三晋多权变之士,夫言从横强秦者,大抵皆三晋之人也。"[1]则从横法家,固三晋北方之学。道家如《老》、《庄》,词赋家如屈、宋,并是南人,则辞赋道家固南方之学也。六经儒墨者流,固东方邹、鲁之学也。此又三方思想学术之不同也。三方文物之各殊,在在可见,固非言史一端而已。余之撰《经学抉原》,专推明六艺之归,

---

[1] 《史记·张仪列传》。

惟鲁学得其正。又成《天问本事》，亦可以窥楚学之大凡也。兹重订《古史甄微》，则晋人言学旨趣所在，亦庶乎可以推征。三篇循环相通，而文通年来言学大意，备于是也。然《经学抉原》所据者制也，《古史甄微》所论者事也，此皆学问之粗迹。制与事既明，则将进而究于义，以阐道术之精微，考三方思想之异同交午，而衡其得失。如持孟子之说以视荀卿，而东方之儒、北方之儒，持论迥异。持宋玉《大小言赋》①以视荀卿《云》、《蚕》各赋②，而晋、楚词人思想之别，亦灼然可知。有东方之墨、秦之墨、南方之墨，而墨分为三。有巨子、有公孙龙，而坚白别盈离之辩。例是以推，义类深广，校其长短，则《庄》、《老》沈疴，若在膏肓，荀、韩所陈，有同废疾，思、孟深粹，墨守无间。必读而辨之，而后知东方文化中之东方文化，斯于学为最美，则此区区之谈制与史者，琐末支离，固无当于高明之旨也。

---

① 宋玉《大言赋》、《小言赋》并载《古文苑》。
② 荀卿《云赋》、《蚕赋》载《荀子·赋篇》。

【一】 三皇五帝

　　谷永言："夫周、秦之末,三、五之隆。"师古曰："三谓三皇,五谓五帝。"①则三皇、五帝之说,起自晚周,汉师固已言之也。《郊祀志》有"梁巫、晋巫、秦巫、荆巫,晋巫祠五帝"。亳人谬忌奏祠泰一方曰："天神贵者泰一,泰一佐曰五帝。"是五帝本神祇,而赤熛怒、白招矩等则其帝之名也②。郑玄以"太一者,北辰之

---

①　《汉书·郊祀志》,《通鉴》系谷永上言于成帝永始三年。
②　《周礼·小宗伯》:"兆五帝于四郊。"郑注:"五帝:苍曰灵威仰,太昊食焉。赤曰赤熛怒,炎帝食焉。黄曰含枢纽,黄帝食焉。白曰白招拒,少昊食焉。黑曰汁光纪,颛顼食焉。"

【一】三皇五帝

神名"①。宋均谓是"北极神之别名"②。是北辰之神一,而五帝之神佐之。武帝时人有上书言:"古者天子三年一用太牢祠神三一:天一、地一、泰一。"③是天地之神又并北辰之神而三。秦博士言:"古者有天皇、有地皇、有泰皇,泰皇最贵。"④则三皇之说,本于三一,五帝固神祇,三皇亦本神祇,初谓神,不谓人也。世或据《春秋后语》,欲易泰皇为人皇⑤,而不知泰皇之说,出自泰一,人皇之名,又出自泰皇耳。郑玄注《中候》言:"德合北辰者称皇,德合五帝佐星者称帝。"⑥尤为三五之说本于天神之显证。帝之与皇,固无关于人事也。方皇帝说之起初,皇则一而帝五,及郑注《中候》,又列少昊于五帝,则又皇三而帝六,弥附会而弥离本也。撮周秦书之不涉疑伪者而论之,孟子而上,皆惟言三王,自荀卿以来,始言五帝,《庄子》、《吕氏春秋》乃言三皇。以陆德明之言考之,则庄子书亦多有非漆园作者杂出其间。则战国之初,惟说三王,及于中叶,乃言五帝,及于秦世,乃言三皇。在前世皆言忠、敬、文三统,子、丑、寅三正,谓王者三

---

① 《易纬·乾凿度》郑玄注。史载图纬成于汉哀平之际,据顾颉刚先生的考查,其名目之可考者约有二百多个,皆依河洛六经、孝经、论语来分类命名,现虽多遗、佚,但其佚文之可见者颇多,故明清以来辑本亦多,互有详略。1994年上海古籍出版社收集各家辑本十三种及有关资料五种总为《纬书集成》,前有总目,颇便检阅。因此,于《古史甄微》所引纬书文字,仅注明其属于何类纬书,即可在《集成》中检查,不再另注其在何种辑本中。

② 《乐汁征图》或作《乐叶图征》。此引见《史记·封禅书·索隐》引:"乐汁征图曰:天宫紫微北极天一太一。宋均云:天一太一北极神之别名。"

③ 《史记·封禅书》"三一"上有"神"字,《汉书·郊祀志》无。

④ 《史记·秦始皇本纪》。

⑤ 《路史·前纪》二泰皇氏,罗苹注:"按孔衍《春秋后语》,泰皇乃人皇。"

⑥ 《中候》为《尚书纬》之一,郑玄有注。清人有数种辑本,皮锡瑞有《尚书中候疏证》,考证颇详,评价亦高。

而复,自不容有五运说、五而复之义以间之。言五帝当自驺衍氏之后也。

《诗》、《书》中自昔称上帝,盖皆谓昊天上帝也。尧、舜、帝乙之称帝,则皆殁而臣子尊之,史氏述之,然后王者有帝号,谓配天耳。故曰稽古同天,以称帝为同天,是帝为天之专名,而假之以尊王者耳。《尚书大传》言:"维十有三祀,帝乃称王入唐郊,犹以丹朱为尸。"是舜自称王不称帝,于时天子尚无帝号。而《尧典》已言"肆类于上帝",审帝本天名在先,王者配天称帝在后也。昊天上帝惟一,而古之王者备五帝,于义何居?昔者周公宗祀文王于明堂以配上帝,亦帝一而配一。则天有五帝,古之王者有五帝,皆非西周之说可知也。又与三统之说不并容。是不特皇之说原始为一而非三,即帝之说在上世亦为一而非五也。自驺子言五德之运,盖五帝之说因之而兴。五运之说与三统之说不并行,则五帝之说与三王之说不两立也。《郊祀志》言:"自齐威、宣时,驺子之徒论著终始五德之运,及秦帝而齐人奏之,故始皇采用之。"又言:"秦始皇帝既即位,或曰黄帝得土德,夏得木德,殷得金德,周得火德,今秦变周,水德之时。"此即始皇之所采用,知即齐人之所奏,驺子之说也。《淮南·齐俗训》高诱注引《邹子》曰:"五德之次,从所不胜,故虞土、夏木、殷金、周火。"《文选·注》亦引之[1],此即齐人说之所本。驺子并黄帝、夏、殷、周以言五运,知驺子据三王以言五运,当是以五运之说易三统,故曰五帝三王之说不并容。先五帝而以夏商周三王属于其后,外三王而言五帝者,后起之讹说也。据三王以言

---

[1] 《文选·魏都赋·注》引《七略》:"邹有《终始五德》,言土德从所不胜,木德继之,金德次之,火德次之,水德次之。"

五运,不数颛顼、帝倍、尧、舜,此《白虎通》五帝无有天下之号之说①,《大戴礼》五帝皆同姓之说也②。列颛顼、帝倍于五帝,此《白虎通》五帝皆有立天下之号之说,《命历序》五帝各传十数世之说也③。外三王而言五帝,非驺子之说,驺子之说五运据三王,则五运之说自驺子,而五帝之说且不必自驺子。知孟子以前言三王,自不宜言五帝又审矣!

自驺子五运之说起,而五帝之说兴。秦襄公作西畤祠白帝少昊,秦宣公作密畤祠青帝,秦灵公作上畤,祭黄帝,作下畤,祭炎帝。逮秦之亡,而五帝之祠未具,备五畤自高帝,见秦人五帝说之以渐而起也④。方秦祠未具五畤之时,而晋之巫祠五帝。荀卿为赵之儒者言五帝,《周官》亦言五帝⑤,吾故曰,《周官》,三晋之书也,是亦一证也。东方之人言王者五德终始,而西方则谓既以王者配上帝,王者五而复,则上帝亦五其神。天有五帝,上世之王者亦五帝,巫之五帝、史之五帝,乃次第起也。李斯言:"古者五帝,地方千里。"⑥是于时五帝已皆为古天子也。《月令》,吕不韦作⑦,秦人之学,于时求五帝于五畤不能备,则以颛顼承之。旧盖有以共工当黑帝者,以居水火之间,非序而绌之。既承以颛顼,则一姓而再兴也。勾芒、蓐收之属,实颛顼之六官,于是亦为祠享之神。《吕氏》、驺子所述各不同,其所自来者

---

① 《白虎通德论·号》。
② 《大戴礼记·帝系姓》。
③ 《命历序》为《春秋纬》之一,所载古史之说颇多。
④ 并见《史记·封禅书》、《汉书·郊祀志》。
⑤ 《周礼·春官大宗伯》外史"掌三皇五帝之书"。
⑥ 《史记·秦始皇本纪》。
⑦ 《月令》,《礼记》篇名。蔡邕以为周公所作,郑玄以为本《吕氏春秋》十二纪之首章,是汉代已有异义。

本各异，东西固殊途也。陈为太昊之虚，鲁为少昊之虚，卫为颛顼之虚，晋为夏虚，而《吕氏》则西少昊、北颛顼，若《山海经》则又颛顼之国在南，西轩辕、东少昊。是巫与史之说既异，楚与秦之文又别也。《孙子·行军篇》："凡此四军之利，黄帝之所以胜四帝也。"《蒋子万机论》："黄帝初立，不好战伐，而四帝各以方色称号，交共谋之。"①此以黄帝与四帝并时有五帝，此五帝说之最早者，与齐、秦之说各不同，别为吴楚之说。五帝说始见《孙子》，三皇说始见《庄子》②，岂三五皆南方之说，驺子取之而别为之释，乃渐遍于东方北方耶！秦之五畤本以渐起，而上兼三皇，驺衍之说，下据三王，则晋人之言五帝，其即杂取齐、秦之说以立义耶！《荀子·成相》言："文、武之道同伏戏。"而《非相》言："五帝之外无传人，非无贤人也，久故也。"伏戏之为传人，知不在五帝之外。是荀说五帝亦上兼三皇，与秦人五畤、《月令》同也。《大略》言："诰誓不及五帝，盟诅不及三王。"③《非相》言："五帝之中无传政，非无善政也，久故也，禹、汤有传政。"是荀别禹、汤三王于五帝之外，秦、晋北方之说自为同也。帝固独贵之神，今乃有五，则不能不有尤贵者焉。《周官·春官·司服》："王祀昊天上帝，则服大裘而冕，祀五帝亦如之。"则五帝之外更有上帝，五帝、上帝之说，自三晋始也。又一变而为泰一，为三一，为三皇，又去古义益远也。

三皇之说既起，前世既以古之王者配五帝，则又自然必以古之王者配三皇。黄帝为五帝之本，不可以配三皇，惟伏羲、神

---

① 《太平御览》卷七九皇王部引，原作"黄帝之初，养性爱民，不好战伐……"
② 《庄子·天运》。
③ 《非相》、《大略》皆《荀子》篇名。

【一】 三皇五帝

农前乎此,可以为皇耳。故《淮南子》称:"泰古二皇,得道之柄。"①说者谓二皇羲、农也。而三皇终缺其一。巫则三皇,史则二皇,于是各家以意取古王者补之。自《潜夫论》、《白虎通》、《风俗通》以观②,诸家言三皇皆称伏羲、神农,此诸家之所同;其一则或曰女娲、曰遂人、曰祝融、曰共工,遂各不同,此诸家之所异也。其同其异之间,而三皇说逐渐发展之迹可求也。帝本为昊天之神,而皇不过赞天神之词耳,《诗》曰:"有皇上帝"③"皇矣上帝"④,后乃帝前有皇号,诚可哂也。羲农既跻于三皇,则《月令》之五帝俄空焉,则以帝喾、尧、舜备之;故《尚书中候》五帝有六。五帝终不可有六也,则又绌少昊,故《大戴》、史公五帝之说,此诚源秦、晋而次第转变最后之说,既有三皇说以后之五帝说也。及《伪孔安国》、皇甫士安乃以羲、农、黄帝言三皇,少昊、颛顼、帝喾、尧、舜言五帝⑤,至是而三皇五帝之说乃略定;然其无当于义犹昔也。《郊祀志》言:"武帝欲仿黄帝以接神人,道蓬莱,高世比德于九皇。"是当时三皇之说未定,而九皇之说又起。《郊祀志》:"雍有日、月、参、辰、风伯、雨师、四海、九臣、十四臣、诸布、诸严之属,百有余庙。"皮鹿门以十四臣为六十四臣之脱

---

① 《淮南子·原道》。
② 《潜夫论》,东汉王符作,其说三皇见《五德志》。《白虎通》是东汉章帝会诸儒讲论五经,以其结论著为《白虎通德论》,由班固执笔,又称《白虎通义》。《风俗通》全名《风俗通义》,东汉末应劭作,《隋志》载三十一卷,现存传世本仅十卷,遗佚颇多,清人、近人皆有辑补。
③ 《诗经·小雅·节南山之什·正月》。
④ 《诗经·大雅·文王之什·皇矣》。
⑤ 《伪孔安国》指传世所称孔安国所传《古文尚书》及孔安国《注》(《十三经注疏》所用即此),因其为后人伪作,故称《伪孔》,其三皇五帝说见伪《古文尚书序》。皇甫士安即皇甫谧,其三皇五帝说见所著《帝王世纪》。

误①,当是九皇之臣,六十四民之臣。是知九皇、六十四民,在秦本属雍庙,入汉亦为古之王者也。董仲舒据三皇以言九皇,故神农在九皇②,亦犹驺衍据三王以言五运。以九皇之说代三皇,九皇、三皇说不两立,亦犹五德、三正说不并容。自汉以来,序三王于五帝之后,入东汉,又叙九皇于三皇之前,是并不正义耳!然自魏晋以来,九皇六十四民之说,又已久湮而无知者也。

序论皇帝之说,在汉时凡有二派,持说不同。一主三皇,详于伏生;一主九皇,本之董子。董子之义,谓汤受命而王,应天变夏作殷号,时正白统,亲夏,故虞、绌唐,谓之帝尧,以神农为赤帝。周人之王,亲殷、故夏、绌虞,而号舜曰帝舜,改号轩辕谓之黄帝,尚推神农以为九皇。以圣王生则称天子,崩迁则存为三王,绌灭则为五帝,下至附庸绌为九皇,下极其为民(此为节取《春秋繁露·三代改制》篇文。中复间以己意校补)。则王、帝、皇、民以次推迁,故礼家继之有六十四民之说,皆谓古易姓之王者也。诸书亦有谓太昊为仓帝、泰帝者,《月令》即曰"其帝太昊",知伏羲古亦在五帝列,岂谓夏人亲虞故唐而绌高辛之遗说乎?自九皇以上曰六十四民,遂古之初,则未究其始,此齐学者之说也。伏生等说三皇之义与此不同,以"遂人为遂皇,遂人以火纪,故托遂皇于天。伏戏为戏皇,伏戏以人事纪,故托戏皇于人。神农为农皇,神农悉地力,故托农皇于地。"自郑玄、宋

---

① 皮鹿门即皮锡瑞,说见王先谦《汉书补注》引。
② 《春秋繁露·三代改制质文》。

均①、谯周,及《命历序》、《含文嘉》、《甄曜度》、《雒书》②,说三皇皆与伏同。郑玄注《通卦验》云:"燧皇谓遂人,在伏羲前,风姓,始王天下。"③谯周《古史考》亦说:"太古之初,有圣人以火德王,号曰遂人。"明郑、谯二氏皆以燧人为百王之首。郑玄以"遂皇之后,六纪九十一代至伏羲(此据《礼运》疏引《六艺论》④文,《曲礼·疏》别引《六艺论》文云:'燧人至伏羲一百八十七代。'与此不同。《路史》云:'马总之徒,俱谓十纪通百八十有七代。'⑤《曲礼·疏》所引,或即本郑说通十纪之文而有误,马总之说当本之郑说)。羲皇其世有五十九姓,而神农有七世,轩辕十三世。"⑥谯周则说:"遂人次有三姓至伏羲,伏羲以次有三姓至女娲,女娲之后五十姓至神农,神农至炎帝一百三十三姓,炎帝之后凡八代,轩辕氏代之。"⑦宋均又以为"女娲至神农七十二姓。"⑧此三家说三皇虽同,而三皇之间,易姓而王者几代,则各不同,盖所据又各异也。而三皇非其人身自相接,其间代之易姓而王者

---

① 《隋书·经籍志》著录:"《诗纬》十八卷,魏博士宋均注。"清赵在翰《七纬》中辑存三种。姚振宗《考证》引《唐会要》谓宋均于《诗纬序》中称我先师北海郑司农,则均为玄之传业弟子。

② 《含文嘉》系《礼纬》,《甄曜度》系《洛书纬》。

③ 《通卦验》系《易纬》。

④ 《六艺论》系郑玄所作,已佚,《经典集林》有辑本。

⑤ 《路史·前纪》二罗苹注。

⑥ 三事见于《六艺论》之不同段落,此只摘取此三事。

⑦ "遂人……次有三姓至伏羲",见《礼记·正义》大题引谯周《古史考》。"伏羲以次有三姓始至女娲,女娲之后五十姓至神农,神农至炎帝一百三十三姓",见《礼记·曲礼·正义》引"谯周以为",皆章宗源《古史考》辑本所无。刘恕《资治通鉴外纪·庖牺纪》中皆引为谯周《古史考》。"炎帝之后凡八代五百余年,轩辕氏代之",见司马贞补《三皇本纪·注》,此处系据三引文整合而成。

⑧ 《礼记·曲礼·正义》上引宋均注《文燿钩》云:"女娲以下至神农七十二姓。"

名师讲义
蒙文通中国古代史讲义

实多,则三家并同。是此一派不谓皇帝为以次推迁,其义甚显。通三家之说观之,自遂人至黄帝,其间易姓而王者殆三百姓,而遂皇有天下一百五十六代[1],有巢氏有天下百余代[2]。《尸子》曰"神农氏七十世有天下"[3],则三皇三百姓间将及万代,此鲁学者之说也。二派立说,一以皇帝为推迁,一以为固定,义已不同。以神农为九皇,则九皇之说所以易三皇,两说不能并行,亦犹五运说之易三统,两说本不能并行者也。

董、伏而后,说三皇、九皇者又复别出,郑司农《小宗伯·注》云:"三皇、五帝、九皇、六十四民,咸祀之。"[4]《汉旧仪》亦云:"祭三皇、五帝、九皇、六十四民,皆古帝王,凡八十一姓。"[5]贾公彦《周官正义》引《史记》云:"九皇氏没,六十四民兴,六十四民没,三皇兴。"[6]又引《史记》云:"伏羲以前,九皇六十四民。"[7]是则三皇之前,复有九皇,与伏义不合。六十四民在九皇之后,又与董义不合。《贾疏》所引《史记》,今司马迁书无其文,则是后儒别一家书。五帝之说与三王之说不并存,及后遂叙五帝于三王之先,九皇与三皇不并存,及此又序九皇于三皇先也。《雒

---

[1] 《通鉴外纪·庖牺纪》载,或云:人皇各一百岁一百五十六代。《路史前纪》二罗苹注引《三五历》云:"人皇百五十六代。"郑玄说:"遂人即人皇。"见下。
[2] 《通鉴外纪·庖牺纪》:"有巢氏有天下百余年,或云百余代。"
[3] 《汉书·艺文志》著录《尸子》二十篇,已佚,清汪继培有辑本,有湖海楼本,1989年上海古籍出版社有影本《诸子百家丛书》本。
[4] 郑司农即郑众,《后汉书·儒林传》有传,曾任大司农,故称郑司农,然《传》不言众注《周官》。贾公彦《序〈周礼〉废兴》引郑玄云:郑兴及子众、卫宏、贾逵、马融皆作《周礼解故》,各书皆佚,郑玄注中常引。
[5] 《汉旧仪》,东汉卫宏撰,早佚,清孙星衍有集校本,平津馆刊。《四部备要》有排印本。
[6] 《周礼·小宗伯·正义》引。
[7] 《周礼·都宗人·正义》引。

【一】三皇五帝

书》:"三皇号九头纪,人皇兄弟九人。"①韦昭说:"人皇兄弟九人,所谓九皇。"张晏说:"三皇之前有人皇九首。"②《通卦验·注》说:"遂人即人皇。"③此是以三皇即九皇,而伏羲、神农之前别有三皇也。或又别遂皇、遂人为二。凡此皆欲调处九皇、三皇为一说,牵合以成义,遂致触处皆难通也。《命历序》诸书云:"天地初立,有天皇、地皇、人皇。"而以遂人、羲、农,为后之三皇。三皇之外,复有三皇。则五帝之外,宜复有五帝,岂黄帝、尧、舜之前,又别有苍帝灵威仰、赤帝赤熛怒、黄帝含枢纽、白帝白招矩、黑帝叶光纪,亦实有其人,而尝王天下耶?《通卦验》云:"太皇之先,与燿合元。"《郑注》:"燿魄宝,北辰帝名。"《帝王世纪》言:"天地开辟,有天皇氏、地皇氏、人皇氏,或冬穴夏巢,或食鸟兽之肉,天皇大帝曜魄宝,地皇为天一,人皇为太一。"夫北辰惟一曜魄宝,而此又益之以天一、太一。《始学篇》又以天皇号天灵,不曰曜魄宝④,其说又更妄也。自是历魏、晋以下,徐整、任昉又采俗说作为盘古之名⑤,语益荒唐。赵宋而后,述史者莫不首盘古而次以天地人皇,最为戏论,何其迷妄不谕,乃至如此。《庄子》谓:"昔者容成氏、大庭氏、伯皇氏、中央氏、栗陆氏、骊畜氏、轩辕氏、赫胥氏、尊庐氏、祝融氏、伏羲氏、神农氏,

---

① 《雒书》,纬书之一,雒又作洛。
② 二说皆见《通鉴外纪·庖牺纪》注引。韦昭说文字稍不同。
③ 《通卦验》系《易纬》之一,《注》为郑玄所作。
④ 《绎史》卷一引项峻《始学篇》:"天地立,有天皇十三头,号曰天灵。"不如郑玄以天皇为曜魄宝。唐时更分天皇、曜魄为二(《唐书·礼乐志》),此项峻所以不言曜魄耶!
⑤ 吴徐整《三五历记》始言盘古。书已佚,见《艺文类聚》卷一引。任昉,《梁书》有传,所著《述异记》在《汉魏丛书》中,其首章即采徐整盘古说。皆以盘古为开天地者。其后乃有三皇,然二书所述又各异。

当是时也,民结绳而用之,乐其俗,安其居,邻国相望,鸡犬之音相闻,民至老死而不相往来。"①既曰邻国相望,则十二氏若并世诸侯然,不必悉先后相承,而似为部落之峙立也。《商君·画策》言:"昔者昊英之世,以伐木杀兽,人民少而木兽多。"《韩非·五蠹》言:"有巢氏构木为巢以避群害,燧人氏钻燧取火以化腥臊。"是北人言其上世之王,皆勤于功利者也。《天问》言:"女娲有体,孰制匠之?"《庄子》言:"赫胥氏之时,民居不知所为,行不知所之。"②又言混沌氏、豨韦氏,是南人言其上世王者,皆慌忽而诞者也③。《子思子》以"东扈氏之时,道上雁行而不拾遗,余粮宿诸亩首。"《易·系辞》首称:"伏羲通神明之德,类万物之情。"则东方言其上世王者,皆仁智而信者也。则上古部落而治之时,各长其长,各民其民,乌有所谓三皇、九皇、盘古之说哉!

---

① 《庄子·胠箧》,节引,个别文字有异。
② 《庄子·马蹄》。
③ 混沌氏见《庄子》《应帝王》及《天地》,豨韦氏见《大宗师》。

【二】 历年世系

　　《三代世表》曰:"余读《谍记》,黄帝以来,皆有年数,稽其《历》、《谱谍》、《终始五德》之传,古文咸不同,乖异。"① 盖史迁所见春秋《历》、《谱谍》及公孙臣之《终始五德传》②,并《谍记》,咸不同。则记叙古代岁年,谅有多家,而黄帝以来皆有年数可记,史迁固见其说。其作《五帝本纪》,则不记年数,夏、殷、周本纪亦然。《年表》自共和始,乃可记焉。班固《世经》,始太昊,不记年,唐、虞、夏乃有年岁可纪。谓"夏后氏十七王,四百三十二

---

① 《三代世表》,《史记》篇名。
② 《汉书·张苍传》:"鲁人公孙臣上书陈《终始五德传》。"《史记·历书》亦载此事,唯言"以终始五德上书",不言《终始五德传》。

岁"、"殷三十一王,六百二十九岁"、"周三十六王,八百六十七岁。"①《帝王世纪》以下均用之,此固一家之言,未可据为征信也。若《韩非子·显学篇》说:"殷、周七百余岁,虞、夏二千余岁,而不能定儒墨之真,乃欲审尧、舜之道于三千岁之前,意者其不可必。"是韩非以尧、舜至周末三千余岁,与班氏所记相乖颇远也。王隐《晋书》云:"《汲冢纪年》:夏年多殷。"②韩非所云似与《纪年》合。《三朝记·少间》云:"禹崩,十有七世乃有末孙桀即位。成汤卒崩,殷德小破,二十二世乃有武丁即位,武丁卒崩,殷德大破,九世乃有末孙纣即位。"徐广曰:"从禹至桀十七君、十四世。"③此与《史记》、《世经》合。《六韬·大明》说:"禹之德流三十一世,至桀为无道,汤得伊尹,一举而放之。"④与《三朝记》、《世经》不合,或与《韩非子》合,而王则不可考也。今本《竹书纪年》云:"夏十七世,有王与无王,用岁四百七十一年。""商二十九王,用岁四百九十六年。"夏年不能多殷,当非古《竹书》束皙所见者。而《易纬·稽览图》言:"夏年四百三十一,殷年四百九十六。"与后本《竹书纪年》合。然未足据也。《魏世家·集解》引荀勖、和峤并云:"《纪年》起自黄帝。"杜预、束皙并云:"自

---

① 《世经》,一般认为刘向、歆父子所作,此云"班固",盖以载《汉书·律历志》之故。

② 王隐,东晋人,《晋书》有传,为著作郎,奉令撰晋史,《唐书·艺文志》著录王隐《晋书》八十九卷,后佚,清汤球辑有《九家旧晋书》,中有王隐书。

③ 《隋书·经籍志》著录《史记音义》十二卷,宋中散大夫徐野民撰。野民即徐广。广书唐后已佚,裴骃《史记集解》征引颇多。此条见《史记·夏本纪·集解》。

④ 《汉书·艺文志》载《周史六弢》六篇,师古以为即"今之《六韬》"。《四库提要》谓传世六卷本为依托伪撰,多与古籍所引不合。清黄奭《子史钩沉》中有辑本,在《汉学堂丛书》中。

夏、殷、周。"①盖黄帝以来皆可名夏，犹尧、舜之书皆称虞夏书。或以伯夷初作史，故古史并谓之夏也。邹子曰："虞土、夏木、殷金、周火。"②《郊祀志》以为"黄帝土、夏木、殷金、周火。"③并是黄帝得称虞夏之证。然韩非云："尧、舜三千年。"④则虞、夏二千余岁不计黄帝以来可知也。《殷本纪·正义》引《纪年》："自盘庚徙殷，至纣之灭，七百七十三年。"傥《古竹书》之实，唐人所见者尚然乎！韩非曰"殷、周七百余岁"，而此则曰盘庚至纣七百余岁，则《竹书》与韩非亦未合也。《通鉴外纪·注》引作二百七十年。则今本《正义》言七百，或文又误也⑤。

《世经》称《殷历》曰："当成汤方即世用事十三年十一月甲子朔旦冬至，终六蔀首当周公五年，则为距伐桀四百五十八岁，少百七十一岁，不盈六百二十九。"《鬻子》言："汤之治天下也。二十七世，积岁五百七十六岁至纣。"⑥《左氏》宣三年传："鼎迁

---

① 杜预说见《春秋经传集解·后序》："纪年起自夏、殷、周。"束皙说见《晋书》本传："记夏以来至周幽王为犬戎所灭。"

② 邹子指邹衍。《史记·孟荀列传》对邹子三弟兄皆略载其事。《汉志》阴阳家有《邹子》四十九篇。班注："名衍。"又《邹子终始》五十六篇，师古注："亦邹衍所说。"书皆早佚。严可均辑《全上古三代秦汉文》中有《邹子》。

③ 《汉书·郊祀志》：秦并天下称皇帝，秦始皇既即位，或曰："黄帝得土德，黄龙地螾见；夏得木德，青龙止于郊，草木畅茂；殷得金德，银自山溢；周得火德，有赤乌之符；今秦变周水德之时。昔文公出猎，获黑龙，此其水德之瑞。"引文系据节略。

④ 《韩非子·显学》。

⑤ 《殷本纪·正义》引《竹书纪年》，殿本等皆作"七百七十三年"。近世研究古本《竹书纪年》者皆以此数有误。日本泷川资言《史记会注考证》本作"二百七十五年"，与下《集解》引《汲冢纪年》"汤灭夏以至受用岁四百九十六年"乃合。先君据《通鉴外纪·注》引《纪年》盘庚至纣共二百七十年，与泷川本大合。巴蜀版误作二百八十。

⑥ 《汉志》道家、小说家皆有《鬻子》，宜汉前当有托名鬻熊之书，今传世本一卷，《四库提要》以为唐以来所赝。

于商,载祀六百。成王定鼎郏鄏,卜世三十,卜年七百。"《晋语》亦曰:"商之享国三十一王。"是《世经》与《左氏》合,而《殷历》反与《左氏》不合。然迩日西人说《左氏》历法,皆西汉末年之说。则《世经》、《左氏》商年六百之说可疑①,而《殷历》言商年四百,多与他家合,为可信也。《史记·匈奴列传》言:"夏道衰,公刘失其稷官(与桀同时),变于西戎,邑于豳。其后三百余岁,戎狄攻太王亶父;其后百有余岁,周西伯昌伐畎夷氏;后十余年,武王伐纣营雒邑;武王放逐戎夷;其后二百有余年而穆王伐犬戎;穆王之后二百有余年,申侯与犬戎攻杀幽王于骊山之下。"②是史公说商年亦四百余耳。而说西周竟亦四百余年,校《鲁世家》,斯为大异。《律历志》言:"张寿王及待诏李信治《黄帝调历》,言黄帝至元凤三年六千余岁。……长安单安国、安陵桮育治《终始》,言黄帝以来三千六百二十九岁。"斯数说者并与《世经》不合。然以《春秋命历序》③所记五帝用岁,下合韩非所说虞、夏之年,则张寿王六千余岁之说,不几于有证欤。

《前汉书·律历志》言:"《春秋》、《殷历》皆以殷、鲁自周昭王以下亡年数,故据周公、伯禽以下为纪。"然以《三统历》④校《鲁世家》⑤,炀公六年,《三统》以为十六年;献公三十二年,《三统》以为五十年;武公九年,《三统》以为二年。然以《三统》都数

---

① 《殷本纪·集解》引谯周曰:"殷凡三十一世六百余年。"《夏商周断代工程》阶段成果报告认为商代总积年当为五五三年,与《鬻子》之说接近,《左传》"载祀六百"可理解为约数。
② 此文系节引。
③ 《春秋命历序》系《春秋纬》之一种。
④ 《三统历》为西期历法,详见《汉志·律历志》,下引皆见《汉志》。
⑤ 《鲁世家》即《史记·鲁周公世家》。

推之,《三统》以为炀公十六年,应是六十年;武公二年,应是九年。则《三统历》长于《鲁世家》七十二年。孟子说"由周而来,七百有余岁也。"《赵岐注》:"七百有余岁,谓周家王迹始兴,太王、文王以来。"①孟子去齐,在燕人畔之后,当周赧王三年己酉。以《三统历》计之,上至周武王伐殷己卯,则八百一十一年;再益以太王、文王之年,显非七百余岁。除去刘歆误衍之七十二年,实得七百三十九年,则孟子书与《鲁世家》合。盖《鲁世家》本之鲁史,而孟子邹人,邹、鲁所传自合故也。孟子曰:"尧、舜至于汤,五百有余岁;由汤至于文王,五百有余岁;由文王至于孔子,五百有余岁。"②此并邹、鲁所传,异于众家之说者也。韩非说"虞夏二千余岁,殷周七百余岁。"与《竹书》所谓"夏年多殷"合。韩非则韩之诸公子,而《竹书》得之魏冢,则三晋所传又自相同也。刘道原说:"《汲冢纪年》:西周二百五十七年,而《三统历》:西周三百五十二年,演百年。"③《三统》既多于邹、鲁所传,又多于三晋之说也,说殷年又多于《殷历》、《史记》、《竹书》也。《律历志》说:"前历上元泰初四千六百一十七岁,至于元封七年。"此谓前历太初,当即神农始作之《太初历》。又云:……长安单安国等治《终始》,言黄帝以来,至元凤三年,三千六百二十九岁。则自前历泰初至黄帝,尚有一千一十四年,更在炎帝以前也。张寿王治《黄帝调历》,而说"伯益为天子代禹",知《黄帝历》本之晋,此《神农历》其本之楚乎!盖晋、楚、邹、鲁说前历各异,而又自相同也。

---

① 《孟子·公孙丑》下。
② 《孟子·尽心》下。
③ 《通鉴外纪·周纪》周公摄政七年下刘恕语,此节引。

刘昭《补后汉书律历志》言："冯光、陈晃以为获麟至汉百六十二岁。"①史公《六国表》固云："起周元王讫二世凡二百七十年也。"史公之《表》因《秦记》②，固若有征。然《始皇本纪》说："右秦襄公至二世，六百一十岁。"征之《秦本纪》，自襄公至二世，则五百七十六岁。征之《年表》，自襄公至二世，则五百六十一岁。此三事均应本之《秦纪》，而史公一手所录，已若是其差异。史公亦谓："《秦纪》又不载日月，其文略不具，然战国之权变，亦有颇可采者。"③是《秦纪》亦如《国策》、《国语》记言之书，非若《春秋》记事之书，是难据以定年岁。史公已憾其文略不具，则《六国年表》亦非有甚确之据。《始皇本纪》(《秦纪》)以为"简公享国十五年生惠公"，而《索隐》称王邵案《纪年》云："简公后次敬公，敬公立十三年，乃立惠公。"则《秦纪》之不为确史，其缺略可见也。《律历志》言："光、晃各以庚申为非，甲寅元为是。"案历法：黄帝、颛顼、夏、殷、周、鲁凡六家，各自有元。光、晃所本，盖《殷历》元也。光、晃各有所据，非必史公独是，光、晃遂非也。

班固《汉书》云："魏文侯最为好古，孝文时得其乐人窦

---

① 坊刻范晔《后汉书》皆附刻八志。此志系司马彪所著《续汉书》之志，梁刘昭病范书阙志，乃取司马彪书之八志析为三十卷注而补之。自宋以后以刘昭《注补》与范书合刻，然仍题刘昭注补，故此称刘昭《补后汉书律历志》。此志共三卷，引文在中卷《熹平论历》目中。

② 《秦记》，秦之国史，梁玉绳认为《史记·秦始皇本纪》末"襄公立"以下，古本低二格，即古之《秦记》。《表》指《史记·六国年表》，学者认为《六国表》颇据《秦记》。《秦记》亦或作《秦纪》。

③ 《史记·六国年表序》。

公。"①桓谭《新论》云:"窦公年百八十岁,两目皆盲,文帝奇之。"②齐召南曰:"魏文侯在位三十八年而卒,时周安王十五年。自安王十五年计至秦二世三年,即已一百八十一年也,又加高祖十二年、惠帝七年、高后八年,而孝文始即帝位,则是二百零八年也。窦公在魏文侯时已为乐工,则其年必非甚幼,至见文帝又未必即在元年,则其寿盖二百三四十岁矣。"③依此则桓谭谓之百八十岁可乎?然则据此桓谭所说窦公之年,益足证《六国年表》之不实也。刘向说:"孙卿后孟子百余年。"④然韩非说:"燕王哙贤子之而非孟卿。"⑤而孟子曰:"子哙不得与人燕,子之不得受燕于子哙。"⑥刘向说:"苏秦、张仪以邪道说诸侯,以大贵显,孙卿退而笑之曰:'夫不以其道者进者,必不以其道亡。'"⑦而孟子书曰:"公孙衍、张仪岂不诚大丈夫哉!"⑧斯皆足证孟子、苏秦、张仪、公孙衍、子哙、子之,与荀卿时之相及,不必后百余年。《盐铁论》载:荀卿丑秦氏之坑焚⑨。是荀卿亦下及秦之坑焚,皆足证获麟以来迄于汉兴,其年历不如《史记》及《三统历》

———

① 《汉书·艺文志》六艺略乐类。
② 《新论》,两汉之际桓谭作。谭,《后汉书》有传,其书早佚,清人有辑本,以严可均《全上古三代秦汉文》所辑较善,1977年上海人民出版社出版由黄霖、李力所作校点补遗本《新论》。
③ 《汉书·艺文志》王先谦《补注》引。
④ 此刘向校雠《荀卿新书》叙录语。叙录载《荀卿子》末作为附录。此等叙录学者或以为不足信。
⑤ 《韩非子·难三》。
⑥ 《孟子·公孙丑》下。
⑦ 此刘向校雠《荀卿新书》叙录语。叙录载《荀卿子》末作为附录。此等叙录学者或以为不足信。
⑧ 《孟子·滕文公》下。
⑨ 《盐铁论》无此明言。《毁学篇》载文学言:"方李斯之为相也,始皇任之,人臣无二,而荀卿为之不食。"坑焚正李斯为相时事,是荀卿所以为之不食。

之长也。

《律历志》言:"张寿王挟甲寅元以非《汉历》。"光、晃亦以甲寅元为是,则光、晃与寿王同,各有所本。《前书·律历志》言:"寿王历乃太史官《殷历》也。"则光、晃、寿王与《殷历》同。延光元年,谒者亶诵上言:"当用《命历序》甲寅元。"①《晋书·律历志》姜岌称《命历序》曰:"孔子为治《春秋》之故,退修殷之故历,使其数可传于后。"则《命历序》固亦甲寅元而殷之故历也。则张寿王黄帝至元凤三年六千余岁之说,与《命历序》五帝各十数世、数百千年之说通。《殷历》商人享国四百五十八岁之说,亦有合于韩非殷、周七百余岁之说。韩非虞、夏二千余岁之说,亦可取证于《六韬》夏有天下三十一世。冯光所言,则《周历》固短可知。转展证成,黄帝以来之年,说若可求。黄帝、《殷历》,尚略相近;而《世经》之说,于古无征。《后汉书·律历志》尚书令忠言:"五纪论推步行度,当时比诸术为近(刘向作),然犹未稽于古,及向子歆欲以合《春秋》,横断年数,损夏益周,考之表记,差谬数百。"②则《殷历》所传,自为信说,《竹书》、韩非皆足取征。自刘歆横断年数,损夏益周,而五帝、三王用岁乱也。班固《世经》即本之刘歆《三统历》,自为妄书,不足为据。《晋书·律历志》亦云:"刘更《三统》,以说《左传》,辨而非实,班固惑之。采以为《志》。"则刘歆颠倒五经,毁坏师法,不又增一证耶!独《左氏》言殷、周之年足为歆证,岂亦其处者为刘氏一言之比乎?张寿王言:"历者天地之大纪,上帝所为传,黄帝调律历,汉元年以

---

① 《续汉书律历志》中《延光论历》。
② 《续汉律历志》中《延光论历》。

来用之,安得五家?"①是《殷历》之人自以为所传为古法,不信有五家历,以为皆妄作也(《秦历》用甲寅元)。本师仪征刘生谓:"何休《公羊》用《殷历》。"又曰:"《三统》独协于壁经,殷术恒通夫纬候。"②则与《三统》抗衡者独为《殷历》,治今、古学者宜各知所尚也。惜蒙不谙推步,未能深究,多能君子,傥论而谕之则幸也。

《韩诗外传》云:"孔子升泰山,观易姓王,可得而数者七十余,不可得而数者万数。"③《管子·封禅》云:"古者封泰山、禅梁甫者七十有二家,而夷吾所记者十有二焉。昔无怀氏封泰山、禅云云,宓犠氏封泰山、禅云云。"无怀已在伏羲之先,乃其前更有六十代,乃至万数。《庄子》亦言:"易姓而王,封太山、禅梁甫者,盖七十有二代,其有形兆垠堮者,千八百余所。"④持此以较伏、郑、宋、谯诸家之说,则古代年世之远,颇可想见,惟载籍不详耳。《庄子·胠箧》称:"古之王者,有容成氏、大庭式、柏皇氏、中央氏、栗陆氏、骊畜氏、轩辕氏、赫胥氏、尊庐氏、祝融氏、伏羲氏、神农氏。"《商君书》有昊英氏⑤,韩非书有有巢氏⑥,《吕

---

① 《汉书·律历志》。
② 刘师培字申叔,江苏仪征人,故称仪征刘生。生,先生之省称。前引见所著《古历管窥》上,后引见《古历管窥·后序》。《管窥》收入《刘申叔先生遗书》。
③ 《史记·封禅书·正义》引《韩诗外传》云:"孔子升泰山,观易姓而王可得而数者七十余人,不得而数者万数也。"字略异。与陈立《白虎通疏证·封禅》所引全同。传世本《外传》缺此文。
④ 《路史·前纪》二略条刺十纪,疏佗纪引庄周之说。今存《庄子》无此文。
⑤ 《商君书·画策》。
⑥ 《韩非子·五蠹》。

名师讲义
蒙文通中国古代史讲义

氏春秋》有朱襄氏、葛天氏、阴康氏①,管子书有无怀氏②,此数十家殆皆易姓之王,三皇之间、三百姓中帝王之可言者,而他则湮灭不可考也。《命历序》有黄神氏、钜神氏、辰放氏、离光氏,《洛书》有次民氏③,庄子书复有冉相氏④、浑沌氏、豨韦氏,《鹖冠子》有成鸠氏⑤,《亢仓子》有几蘧氏⑥,《子思子》有东扈氏,凡他《山海经》诸书所言诸氏,不可胜纪,皆古易姓之王,特年世先后不可具知。《路史》自谓得《金壶》之书,然文无所取证,其说可疑。要皆《三坟》⑦之例,杂取古书以为文。《汉书·人表》盖即本《庄子》群书之文,列十九氏于羲、农之间;《六韬·大明》即剿袭班氏之说⑧,《帝王纪》因《人表》之文,遂又谓自女娲以下皆

---

① 《吕氏春秋·古乐》。《后汉书·马融传·注》引《吕氏春秋》此引"陶唐"作"阴康"。

② 《管子·封禅》。

③ 《洛书》,纬书之一种。

④ 《庄子·则阳》。

⑤ 《鹖冠子》王铁第九。此书《汉志》著录,班自注:"楚人,居深山,以鹖为冠。"《通志·氏族略》引《风俗通》:"鹖人,以鹖冠为姓。鹖冠子著书。"据《华阳国志·巴志》,今川东渠县地区,古有鹖国,汉晋犹有鹖城,学者认为古鹖人居住古巴和楚汉中郡地区,故鹖人也有部分是楚人。其书今存,出土竹简亦有其书。

⑥ 《亢仓子》署庚桑楚撰,不见于《汉志》、《隋志》,柳宗元尝辨其伪。《四库提要》谓刘恕以为唐王士元採庄子书补葺而成之说可信。几蘧氏又见《庄子·人间世》,当即王士元所据。

⑦ 《三坟》之名见于《左传》昭十二年。然不见于《汉志》。宋张商英称得《三坟》于民家,晁公武《郡斋读书志》谓为商英所伪。明程荣刻入《汉魏丛书》,题晋阮咸注,显不足信。《四库》未收,《存目》亦未录。

⑧ 《六韬》,《四库》有其书,然不见于《汉志》、《隋志》始有著录。《四库提要》谓"今考其文,不类古书,依托之迹,灼然可验。"而《通鉴外纪》庖牺氏下所引《六韬·大明》及《文选·注》所引,并不见于今本,是唐宋人所引当为别本,故黄奭《子史钩沉》辑其佚文,而伪今本者盖于唐宋人所引亦不知也。

袭包犧之号者(《遁甲开山》①亦然),是可谓勇于傅会也。至炎帝以下始有年世可纪,而世多又合炎帝于神农,异于谯周之书②,与《管子》所称亦不合。齐,姜姓之国而炎神之裔,《管子》说"神农封泰山、禅云云,炎帝封泰山、禅云云",析为二家,盖本其先世旧说,较可信耶!

《命历序》自炎帝、黄帝、少昊、颛顼、帝俈皆各传十数世,各数百千年。而马迁作《史记》,采《世本》、《国语》为世表,言其系姓,五帝以来皆黄帝子孙,悉可表见,与诸旧说不同。《三国志·秦宓传》言:"宓辨五帝非一族。"其说显与史迁违也。若迁之书,自相抵牾者,亦复太多。自黄帝至尧五世,而至舜则九世。舜盖尧群从玄孙属也,则二女之妻,不几于嬻姓乱序乎?自颛顼至舜七世,至禹才三世耳。尧、舜、禹时则相及,而言世则相去已远,则三代世系之不足据,事甚明凿。《夏本纪》言"鲧之父曰帝颛顼",《律历志》引《帝系》曰"颛顼五世而生鲧"。则《史记》之多所遗漏,诚不容讳。《五帝本纪》言黄帝子:"其一曰元嚣,是为青阳。"《世本·宋衷注》说:"元嚣青阳,是即少昊。"《帝王世纪》说:"少昊帝名挚,字青阳。"《左传》昭十七年传郯子曰"我高祖少昊挚之立也",是少昊帝挚即青阳。而《律历志》引《考德》则谓"少昊曰清",清者黄帝之子青阳也,其孙名挚,则挚又不得为黄帝子也。《五帝本纪》言:"自元嚣、蟜极,皆不得在位。"然群书言少昊帝则又何耶?且即《迁书》言之,其自为抵

---

① 《遁甲开山》当即《隋志》所载《荣氏遁甲开山图》,清王谟《汉唐地理书钞》辑其佚文数十条,中华书局1961年曾影印王书出版。

② 《礼记·曲礼·正义》及《通鉴外纪》庖牺纪引谯周《古史考》皆以神农、炎帝别为二人。

牾,亦复不少。在《世表》曰:"蟜极生高辛,高辛生帝俈。"①放勋、契、后稷,并高辛子。在《本纪》则高辛即帝俈,帝俈生放勋,其自为违异。若是者多,不能缕举,则据《迁书》为典要难也。抑少昊氏有天下,其后有帝挚,高辛有天下,其后有帝俈。杜预说"帝鸿为黄帝",而干宝言:"鸿、黄世及。"是亦黄帝有天下,其后有帝鸿,斯则又转足以证《命历序》之说为可质信也。《古史考》说:"按《国语》云:'世后稷以服事虞、夏。'言世稷官,是失其代数也,若以不窋亲弃之子,至文王千余岁,惟十四代,实亦不合事情。"②谯周盖据《三代世表》,黄帝至纣四十六世,黄帝至武王才十九世,时代相同而传世则相差倍蓰,故疑史公所序为遗佚,未足征也。《毛诗·正义》申之云:"虞及夏殷共有千二百岁,每世在位皆八十年,乃可充其数耳。十五世君,在位皆八十许载,子必将老始生,不近人情之甚。"③则《周本纪》之差误,谅无疑也。《吴越春秋》言:"公刘避夏桀于戎狄。"④明公刘与桀同时。《鬻子》言:"汤治天下得伊尹、庆节。"明公刘子庆节与商汤同时。《世本》言:"不窋生鞠,鞠生公刘。"是不窋显非亲弃之子。娄敬说:"周自后稷封邰,十有余世,公刘避桀居豳。"⑤则自弃至公刘,已十余世,汉初固有其说,马迁之误,可以知也。《周

---

① 《世表》指《史记·三代世表》。"蟜极生高辛,高辛生帝俈。"盖据殿本。《会注考证》本作"蟜极生高辛,为帝俈"。《考证》云:"《索隐》本作'蟜极生帝喾'是也。"则是三本各不同,而殿本《考证》竟对此未置一辞,是参与校雠辨伪别异之史臣未见原文,则作"高辛生帝俈"之本颇众也。

② 《史记·周本纪·索隐》引谯周。

③ 《诗·大雅·生民之什·公刘》《小序·正义》语。《史记·周本纪·正义》亦引此,仅称"毛诗疏"。此引有删节。

④ 《吴越春秋·吴太伯传第一》。

⑤ 《汉书·娄敬传》。

【二】历年世系

语》太子晋曰:"自后稷之始基靖民,十五王而文始平之,十八王而康克安之,其难也如是。"又卫彪傒见单穆公曰:"昔孔甲乱夏,四世而殒。元王勤商,十有四世而兴,帝甲乱之,七世而殒。后稷勤周,十有五世而兴。"①《史记》言:"公刘复修后稷之业,周道之兴自此始。"②所谓后稷勤周,始基靖民,谓公刘非谓弃也。班固《古今人表》:公刘子庆节,庆节子皇仆,皇仆子差弗,差弗子毁隃,毁隃子公非,公非子辟方,辟方子高圉,高圉子夷竢,高圉子亚圉,亚圉弟云都,亚圉子公祖,公祖子太王亶父,亶父生王季,王季生文王,所谓十五王也。《世本》亦有公非、辟方、高圉、侯俟、亚圉、云都,与班固同。独《周本纪》言公非卒,子高圉立,高圉卒,子亚圉立,亚圉卒,子公叔祖类立,无复辟方、侯俟、云都。盖史迁以不窋亲弃之子,而鞠,而公刘,自弃而文十五王,益者三人,故损亦三人。《帝王世纪》乃以公非字辟方,云都为亚圉字,又瞽说之不足辩者也。史迁于后稷封邰,后十余世,不能详序,公刘以下,又割裂如此,则他之不足据,又可知也。《殷本纪》:昌若卒,子曹圉立,曹圉卒,子冥立。而《祭法·疏》③引《世本》云:"曹圉生根国,根国生冥。"是《殷本纪》亦视《世本》少一世也。祭公谋父曰:"昔我先王世后稷以服事虞、夏,及夏之衰也。弃稷弗务,我先王不窋用失其官,而自窜于戎狄之间。"韦昭以夏衰为太康失国④,则不窋即弃子,而公刘必须不窋之子审矣。

---

① 两引皆见《国语·周语》下。
② 节引《史记·周本纪》。
③ 《祭法》,《礼记》篇名。《疏》指唐孔颖达《礼记疏》,在《十三经注疏》。
④ 祭公言及韦昭《解》并载《国语·周语》上。

名师讲义
蒙文通中国古代史讲义

谯周《古史考》说:"契生尧代,舜始举之,必非喾子,以其父微,故不著名。其母有娀氏女,与宗妇三人浴于川,玄鸟遗卵,简狄吞之,则简狄非帝喾次妃明也。"又曰:"弃为帝喾之胄,其父亦不著。"①是谯氏深信《玄鸟》、《生民》之诗,执五帝感生之说。史公于《世表》则契、弃皆帝喾之子,《殷、周本纪》则不言有父,惟称"玄鸟堕其卵,简狄取吞之,因孕生契";"姜嫄见巨人迹,践之,而身动如孕者则生弃";是史公于《世表》则从《世本》,于《本纪》则从《诗传》②,亦不孤信《世本》也。本师仪征刘生曰:"稷、契为帝喾子,恐不足信。盖上古人民,知有母不知有父,故一则托言吞燕卵而生,一则托言履人迹而生。至于汤祖帝喾,文武亦祖喾者,由于得天下后之饰词,犹之汉高祖自称尧后也。如以稷、契为帝喾子,何以《史记》只言帝喾娶陈锋氏、娵訾氏,而不言其娶有娀氏、姜源哉? 如以帝喾为稷、契之父,何以殷、周二代行禘天之礼,以天为始祖所自出,而托为无父而生之说哉?"③斯则《世本》之说,本不足据也。张夫子问褚先生曰:"《诗》言契、稷皆无父而生,今按诸传记咸言有父,父皆黄帝子也。得无与《诗》谬乎?"④斯则先汉经师,固已守经义以非传记也。今据诸纬书《诗含神雾》言"大人迹出雷泽,华胥履之生宓牺"。《钩命诀》言"任己感龙生帝魁(炎帝也)"⑤"附宝出降大雷

---

① 《史记·殷、周本纪·索隐》引。
② 《诗传》即《汉志》之《毛诗故训传》,一般称《毛传》,郑玄《诗谱》谓"鲁人大毛公为《诂训传》于其家"。此即《十三经注疏》之《诗毛传》。
③ 说见《刘申叔先生遗书·古政原始论》,然文字则大不同。文中称"详见旧作《溯姓篇》"。然《遗书》未收此篇,不审是否引自此篇。
④ 《史记·三代世表》褚先生补。
⑤ 《钩命诀》为《孝经纬》之一。

生帝宣";《含神雾》言"瑶光如蜺,贯月正白,感女枢生颛顼";《合诚图》言"赤龙与庆都合,有娠生尧"①;《宋书·符瑞志》言"握登见大虹,意感而生舜";《帝命验》言"修己见流星,意感而生禹"②;斯则与《生民》、《玄鸟》之诗,同条共贯,上世帝王并感生无父,不独稷、契为然也。则《世本》之说,根本与今文家不符;《命历序》、《含神雾》各篇,皆守今文师法,自相扶同。郑玄、谯周皆信《生民》、《玄鸟》之《诗》,共言五帝三皇传世之远,诚能执《诗传》以为衡,知上世皆托为感生无父之说,则于《世本》众家所说之纷纭缴绕,如斩乱丝,廓清摧陷而无遗也。

---

① 《合诚图》为《春秋纬》之一。
② 《帝命验》为《尚书纬》之一。

【三】 上古开化

《尔雅·释地》言:"中有岱岳,与其五谷,鱼盐生焉。"以岱岳为中,而以医无闾为东,斥山为东北,霍山为西,华山为西南,梁山为南,则见上世华族聚居偏在东北,故泰山为中。东北及医无闾,则土宇固辽,而西则仅及霍太山,南及梁山,犹未及于江汉,则疆理固蹙也。又谓:"东至于泰远,西至于邠国,南至于濮铅,北至于祝栗,谓之四极。"注者谓:"濮为百濮,祝栗为涿鹿。"① 亦东辽而西蹙之证。而《释山》言五岳则:"泰山为东岳,华山为西岳,霍山为南岳,恒山为北岳,嵩高为中岳。"泰山不为

---

① 邵晋涵《尔雅正义·释地》,郝懿行《尔雅义疏》同。

中而嵩为中,南日辟而及淮南之霍,东日蹙仅及岱耳。又言:
"河南华,河西岳,河东岱,河北恒,江南衡。"此五山之方域,则
嵩高不为中而华为中,西及岳山,而南又更进而及沅湘之衡,则
中国之中心前后有三,以次自东北而西南,事显然也。《郊祀
志》言:"昔三代之居,皆河、洛之间,故嵩高为中岳,而四岳各如
其方。"①则嵩高为中岳者,都河、洛之事,而华山为中岳者,宅
酆、鄗之事,泰山为中岳者,居鲁、卫之事也。《帝王世纪》言:
"神农都陈,徙曲阜;黄帝自穷桑登帝位,后徙鲁曲阜;少昊邑于
穷桑以登帝,都于曲阜,于周为鲁。穷桑在鲁北,颛顼始都穷
桑,后徙帝丘,于周为卫。"则上世帝王多作都于鲁。颛顼徙帝
丘,葬濮阳;《水经注》:帝喾都亳殷(在邺),葬濮阳②。帝都至是
乃自鲁而徙于卫。及尧居平阳,舜居蒲坂,禹居安邑,帝都至是
乃自卫而徙于晋。《货殖列传》言:"唐人都河东,殷人都河内,
周人都河南。"③则至是而三河为王京;文武宅酆、鄗,而三辅又
为王京。则上世都鲁、卫而泰山为中,东土固辽;中世都三河,
周世居三辅,嵩、华为中,而西南辟地日广。是以五岳与王都言
之,惟见我华族之自东而西,安见所谓自西而东者耶!

　　以五岳帝都考汉族自东而西之迹,其事已彰,再考之九州,
则尤明凿。古文家说肇十有二州,解肇为始,谓尧、舜始分九州
为十二州。清儒江艮庭等不以为是④。今文家作兆有十二州,
谓不自舜始分,则唐虞以前疆土,北有并、幽,而东越海有营,东

---

① 《汉书・郊祀志》。
② 参《水经注》之《谷水注》、《淇水注》。
③ 《史记・货殖列传》。
④ 江声字艮庭,著有《尚书集注音疏》,收入《清经解》,说详该书《尧典》篇。

北土宇固视《禹贡》为辽。岱岳既为中央,则上古汉族聚居之地偏于东北可知也。《禹贡》,夏制也,《职方》,周制也①。以二者相较,则见所谓汉族者,历三代益复西南移。以山川泽薮考之:○《禹贡》扬州北距淮,至周则淮入于青,扬虽逾江而不及淮也。○《禹贡》岱山大野在徐,至周以徐为青,而岱山大野入于兖,青北不及岱而南则逾淮。○《禹贡》、《尔雅》自河东至济为兖州,而济东至海为徐,周则兖州跨济而南有岱也,东南又侵《禹贡》青州地而有潍。○古之幽州在燕北,而周以青北为幽,其川河、济,其浸菑、时,皆《禹贡》青州地,并侵兖东方滨海之地,而燕北为瓯脱也。○《禹贡》荆州之地,在大别以西、汉水之东者,至周皆入于豫;《尔雅》曰:汉南曰荆州,则汉东不属于荆也。《王制》曰:自南河至于江千里而近②,似又指豫州南侵而及于江也,故郑注此曰豫州域。○《尔雅》两河间曰冀州,而《穀梁》桓五年传:郑,同姓之国也,在乎冀州。是冀又南侵豫州之北而跨有河南也。此皆九州封域逐渐南移之证也。○《禹贡》豫州东有孟诸,至周而孟诸入于青,而西侵梁州汉北之地。○《禹贡》荆州大别以东、江南之地,至周遂入于扬。而西侵梁州大别以西、嶓冢以东、汉南之地。梁州之地既蹙,而雍州之西,没于戎狄,亦西南侵梁嶓冢以西之地,此又九州封域以次西移之证也。○《吕览》言九州③,大同《职方》,《职方》有并州而无徐州,以徐州为青,以青为幽,而燕北为瓯脱。《吕览》有徐州,而幽州在

---

① 《禹贡》,《尚书》篇名。《职方》,《周礼·大司马·职方氏》文,《逸周书》亦有《职方》篇,文句稍有异同。
② 《王制》,《礼记》篇名。
③ 《吕氏春秋·有始》略言其概。

燕，不复举并州，则是亡冀北也。《尔雅》说九州，略同《吕览》，无青州而有营州，其营固即青州，在齐而不越海也。《尔雅》尚保有燕之幽州，至周有并州而亡燕，幽州又西南移侵青、兖二州地。此皆自东北而西南之说也。以唐、虞十二州之说校之《禹贡》，则东北故地，失之者多。以《禹贡》九州疆界校之《职方》，其以次西南迁徙之迹，明如指掌。则十二州之建，其即帝都在鲁、泰山为中岳时事也。周秦而下，汉族西南徙益著。盖汉、唐世之行政区划。皆黄河下游之南北为密，而黄河上游及江淮以南皆疏。宋元以来，黄河上游及江淮以南之政治区划渐密，而东北始疏。此皆可见汉族之继续日益西南进，则上古泰族之出自东方，显有其实。故方帝都在鲁，则封颛顼于高阳在开封，封帝喾于高辛在归德，后并为天子。方帝都在卫，则封尧于唐，虞幕封虞。及唐虞之间帝都在晋，封国益以西进，契稷三公，自为大国，而舜又益其土地，契封商，后稷封邰，又西进而入雍州。是上古之日益西进，而又以大国先之，则汉族之自东而繁荣于西，其事审矣。非惟汉族，即在夷狄亦多自东而西。《史记》言："黄帝北逐荤粥，合符釜山。"[①]知荤粥在古代之处于北。孟子言："太王居邠，狄人侵之，"又曰："太王事獯鬻。"[②]则于时之荤粥已徙而西也。《逸周书·王会》以"大夏、月氏、莎车皆在北"，知商时诸国并在北方，入汉则皆各徙于西极也。汉、魏而下，其事尤多，王静庵《东胡考》推论之也。

郑玄注《尚书》十有二州，以为"青州越海，分齐为营州，冀

---

① 《史记·五帝本纪》。
② 《孟子·梁惠王》下。

州南北太远,分卫为并州,燕以北为幽州。"①营州既于古不属于燕而属于齐,则营青间之有海道交通,由来已久,而穷桑为上古交通之中枢可知,泰山为中央之理亦明也。《禹贡》扬州"浮于江海,达于淮泗"。则泗上至扬越,古固取道于海。《左氏哀十年传》:"吴之伐齐也,徐承帅舟师自海入齐。"《国语》哀十三年:越之入吴也,"范蠡、后庸帅师自海泝淮,以绝吴路。"②此亦春秋时利用海道之证,则古之必有海上交通可决也。《元命苞》言:"神农图地形,脉海道。"③《吕览·慎势》:"神农分海上之国,有十里与二十里。"夫宿沙氏煮海为盐,固海上之国,其民自攻其君而归神农,则神农已奄有海上,其分海上之国而脉海道固宜,而海道交通之早可信也。《沟洫志》王璜言:"往者天尝连雨,东北风,海水溢西南出,浸数百里,九河之地为海所渐。"④则少海至汉而西南始益阔也。《水经注》张折言:"碣石在海中,盖沦于海水也。昔燕、齐辽阔,分置营州,今届海滨,海水北侵,城垂沦者半。"⑤则少海至六朝而东北又益阔也。推而上之,则古代少海之小,可以想见,一苇之航,自属易事。《山海经》有幼海,有渤海,《郭注》:"渤海,海岸曲崎头也。"⑥此则惟成山角、威海卫及旅顺西指,足以当之。《说文》:"渤,海也,一曰地之起者曰

---

① 《尚书》十二州之说载在《尧典》。郑注《尚书》早佚,清人多有辑者,载两《清经解》中,一般以孙星衍《尚书今古文注疏》最为方便。引文载《经典释文》《尔雅·释地·释文》引,此引有删节。
② 《国语·吴语》。
③ 《元命苞》,《春秋纬》之一种。
④ 《沟洫志》,《汉书》篇名。
⑤ 《水经·河水注》五。
⑥ 幼海见《东山经》,渤海见《南山经》、《海内西经》、《海内东经》。此郭注见《南山经》。

渤。”此盖古代海小，庙群岛隆起海面为土股，此所谓勃也。则渤海者两半岛间之海，而幼海者则此海口以内之海也。中国地形，古盖北高而南低，北高则海自小，南低则《山经》以瓯、闽皆在海中[①]。入后乃北日降而南日升，曰康回冯怒，地东南倾，岂太古南方固亦高耶！历汉唐而后南方乃日渐升。《汉志》阳羡以东惟一县[②]，后则一大平原也。则古时北方之地形可见，而自营州越海之交通亦明也。则鲁之为走集之午道，亦战伐之中心，固事理之必然，无足怪者。盖自乐浪沿渤海以达于江淮，皆古泰族之地，而伏羲、神农皆尝都陈。曲阜则据四走之枢，西达宛丘而东达胶莱，其当交通之街路而为战伐所必争固宜。黄帝既胜于涿鹿，又胜于阪泉，然必至曲阜始登帝位，而复还都有熊，亦以得穷桑而天下定也。《尸子》曰：“遂人之世，天下多水，故教民以渔；伏羲之世，天下多兽，故教民以猎。”非时多水、时多兽也，盖遂人处旸谷、九河，栖迟海滨，故曰多水。伏羲都陈，已驰逐于大陆，故曰多兽。而泰族之初实居海上，其情亦可见也。方其居于海上，北自九河、旸谷，南至江、淮；及入大陆，盖溯黄河而西走，此以五岳帝都考之，其事最显。就《尔雅·释地》九府言之，东北及医无闾及斥山，东南则会稽山，此沿海之所至也。北幽都、西霍山、西南华山及梁山，此溯黄河之所至也，则泰山之为中央审也，而昆仑又涉于神话也。《淮南·地形》既取是九山之说，又曰“何谓六水，河水、赤水、辽水、黑水、江水、淮水”，则亦与九府并时之古说也。赤水、黑水，亦属神话，此溯河西进而言者也；江水、淮水，则遵海而南所知者也；辽

① 《山海经·海内南经》。

② 阳羡县在《汉书·地理志》会稽郡。

水,则遵海而北所知者也。遂人出于旸谷、九河,此泰族初起于黄河入海处也。入后更南至会稽,西至华岳,乃以泰山为中,殆又伏羲以后之事。古之黄河下游,皆夹泰山南北以入于海,是泰山者河萦其西,以达于华岳,海环其东,北达医无闾,南达会稽。彼其初距河海稍远者,皆华族之所未至也。此之形势明,而泰山之为中更足见也。刘左菴师言:"古代多居曲阜,故以齐州称中国,黄帝、尧、舜都冀州,则以冀州称中国。"①都曲阜者,正以其为古代天下之中,都冀州,则华族日益西渐之迹也。

《沟洫志》言:"禹以为河所从来者高,水湍悍难以行平地,数为败,乃灑二渠,以引其河,北载之高地,播为九河,入于渤海。"又云:"荥阳下引河东南为鸿沟,以通宋、郑、陈、蔡、曹、卫,与济、汝、淮、泗会。于楚西方则通渠汉川、云梦。东方则通沟江、淮。"见古水道之密,而黄河下游交通之便也。《水经注》:"禹塞淫水,于荥阳下引河东南以通淮、泗。"②是鸿沟者,固禹迹也。论者或以鸿沟为战国以来开之,然《礼》"诸侯祭其域内名山大川"③,春秋鲁之三望,谓泰山、河、海也,必禹河自古南通淮、泗,然后鲁得祭之也。管仲言鲁"使海于有弊"④,则鲁固接于海,知亦通于河也。徐偃王率九夷以伐宗周,通沟陈、蔡之

---

① 《中国历史教科书》第九课《古代之地理》下,文作"神农居曲阜,地邻齐鲁,则以齐州称中国"。与此引略异。《古政原始论》亦大同。二书皆收入《刘申叔先生遗书》。
② 《水经·济水注》一。
③ 《礼记·王制》作"诸侯祭名山大川之在其地者",引文略异。
④ 《国语·齐语》。

间,欲舟行上国①。使非鸿沟之水于古南流,则偃王何能舟行陈、蔡,西至河上。孟子以决汝汉、排淮泗而注之江为禹功,而后人以为吴通沟江淮;浮于淮泗达于河亦禹事,而后人以为梁凿鸿沟;其误一也。文颖说:"鸿沟即今之官渡水,盖为二流,一南经阳武为官渡水,一经东大梁城即河沟,今之汴河是也。"②《续述征记》云:"汳、沙到浚仪而分,汳东注,沙南流。""渠水于此有阴沟、鸿沟之称。"③《渠水注》云"渠水(蒗荡渠水)北屈分为二",盖一汳水,即汴河,以东通河于泗;一沙水,即官渡水,以南通河于淮、于汝。顾栋高云:其受蒗然水,出蒗荡渠之北而东注者,为汳水。汳水至徐州入泗。其由蒗荡渠南流者为沙水,睢水分沙水于陈留,东南入泗,涡水分沙水于扶沟,东南入淮,而沙水则入颍、入汝、入淮④。则鸿沟者诚淮北、河南诸水通沟之纲纪也。王先谦说:"济水至定陶为荷水,又至湖陵入泗,《书》曰浮于淮泗、达于菏,是其道也。其余枝渎互通,不可悉记。"⑤盖禹之瀍二渠,则漯川与莽河故渎是也。播九河则徒骇、太史、马颊、覆釜、胡苏、简、洁、句盘、鬲津是也。是禹瀍二渠播九河于北,为鸿沟通济、汝、淮、泗于南。孟子亦曰:"禹疏九河、瀹济

---

① 《后汉书·东夷传》载:"徐夷僭号,乃率九夷以伐宗周,西至河上。(周)穆王畏其方炽,乃分东方诸侯命徐偃王主之。"晋张华《博物志·异闻》载:"……偃王既(袭)其国,仁义著闻,欲舟行上国,乃通沟陈、蔡之间……"

② 《史记·河渠书·索隐》引。

③ 《续述征记》、《水经·渠水注》引,武英殿聚珍版《水经注》并作"汳",杨守敬《水经注疏》并作"汴"。

④ 据顾栋高《春秋大事表·春秋舆图》图释之睢水条,摘取其关涉鸿沟语连缀以意述之。

⑤ 《汉书·沟洫志》"以通……与济汝淮泗会"句下,王先谦《补注》,引文有删节。

瀿而注诸海,决汝汉、排淮泗而注之江。"①是亦江淮河济于古通流之证。《书》曰:"予决九川距四海,浚畎浍距川。"②是禹固导畎浍之水以汇于川。又导九州之川以入于海,则古时水道之便利可知,而黄河下游支渠交灌之情亦明也。又征之《禹贡》九州之贡道,于兖州则曰浮于济漯,达于河;于青州则曰浮于汶,达于济;于徐州则曰浮于淮泗,达于河;于扬州则曰沿于江海,达于淮泗;于荆州则曰浮于江、沱、潜、汉,逾于洛,至于南河;于豫州则曰浮于洛,达于河;于梁州则曰浮于潜,逾于沔,入于渭,乱于河;于雍州则曰浮于积石,至于龙门、西河,会于渭汭;则彼时之交通专恃水道,又可知也。而交通之便,齐、鲁为最,故齐鲁于古为军事政治商业之中心,亦遂为最古文化之发祥地也。

　　穷桑之地,外则溟、渤环其东,内则黄河枝渎萦其西,遂成为政治交通之中枢。孟子以鸡鸣犬吠相闻为齐颂,孔子适卫而叹其庶矣哉。吴起以荆所有余者地也,所不足者民也;商君亦谓秦民之不足实其土,韩、魏则土狭而民众;则知黄河下游为丁户最繁之地。梁惠王以邻国之民不加少、寡人之民不加多为忧,知于时所须于民口之急,而黄河枝渎所注之域,即肩摩毂击之邦;秦、楚则泰半旷土;则上古中原之所在,文化之所萃,可知也。孔子删《诗》、作《春秋》,他方则唯录大国,于鸿沟流域则小国并详,其周游所经,亦西不至秦,北不至晋,终身所徘徊者亦鸿沟流域;孟子亦然;此无他,三古文化之存,在此而不在彼也。而禹之治水,自四渎之外,惟弱、黑、济、洛、渭五水耳,黑之与弱,类于神话,若济,若洛,若渭,正人民之所群居,河之北、江之

---

① 《孟子·滕文公》上。
② 《尚书·皋陶谟》。

南,土旷民稀,故未施功耳。《拾遗记》言:"轩辕去蚩尤之凶。迁其民善者于邹、屠之地,迁恶者于有北之乡,后分邹氏、屠氏。"①《黄帝本纪》亦言:"迁其善者于邹、屠之乡,其不善者以木械。"②是向化率义者即居之邹、屠,其梗顽怙恶则木械流于有北。邹、屠即邹、鲁也,邹、鲁于上世固礼义之邦,君子之国,盖泰族之走集而文明之泉源也。

在昔共工、女娲之战,蚩尤、神农、黄帝之战,并在东北。《尚书大传》言:"汤放桀居中野,桀南徙止于不齐,再徙于鲁。"③《书序》言:"战于鸣条,夏师败绩,汤从之,遂伐三朡。"④《吕氏春秋》云:"汤以戊子战于郕。"⑤《淮南子》云:"败桀于历山。"⑥是桀汤战处,亦在东方。武王一戎衣而天下定,伐奄则三年然后讨其君。三代之间,黄河下游,犹是喋血地也。《苏秦传》言:"韩守成皋,魏塞午道。"《张仪传》言:"秦军塞午道,齐师渡清河。"《楚世家》言:"夜加即墨,顾据午道。"说者谓在魏之东、齐之西,《索隐》云:"盖亦未详其处。"⑦郑玄云:"午道,一纵一横,谓交道也。"⑧则魏东、齐西,至春秋、战国,下逮秦、汉、吴、楚,犹是必争

---

① 《拾遗记》,符秦王嘉作,《四库全书》收入小说家,谓"其言荒诞"。中华书局1981年有标点本出版。

② 《云笈七籖》载卷一〇〇,题为《轩辕本纪》。

③ 《尚书大传·汤誓》节引。

④ 《书序》,孙星衍《尚书今古文注疏》、皮锡瑞《今文尚书考证》皆据古说以百篇之序总为一卷,列在编末,以伪孔《古文尚书》散在经中,各冠篇首,非旧式也。

⑤ 《吕氏春秋·简选》。

⑥ 《淮南子·修务》文作汤"困桀南巢……放之历山"。略异。

⑦ 《史记·楚世家·索隐》:"午道当在齐西界,一纵一横为午道,亦未详其处。"

⑧ 《史记·张仪列传》仅说赵王"一军塞午道"下,《索隐》引郑玄。《赵策》又言"魏塞午道"。故此以陶为天下之中为当午道,其地正在魏东齐西。

地。《货殖列传》言:"朱公以为,陶,天下之中,诸侯四通,货物所交易也。"服虔云:"陶,定陶也。"①是又陶当午道,商贾之所走集也。鲁仲连言:"裂地定封,富比陶卫。"②郑玄《诗谱》言:"曹末世富而无教。"③是陶、卫当午道为商贾之所集而富甲天下,又非徒为战场而已。迩者旅顺发见贝冢,《说文》言古者货贝而宝龟,凡从贝之字皆义涉财货。《史记》言:"农工商交易之路通,而龟贝金钱刀布之币兴焉。"④知贝固古代之货币。而交易之繁,起于海滨,旅顺聚贝而藏,尤见泰族之往来行商于营青二州间也。故及于战国,陶犹以交易有无之路通,而为天下中,盖自昔而然也。故岱宗、河、海之间,固古代政治、文化、军事、商业之中心,正以其固交通之中心耳。《尔雅》:齐,中也⑤。高邮王氏谓:"脐居人中,故脐从齐。"⑥则《释地》之"距齐州以南戴日为丹穴,北戴斗极为空桐,东至日所出为太平,西至日所入为大蒙"。盖齐州对四极言,谓中州也,则营丘之封为齐,又中央之国。《释名》:"勃,齐之中也。"则幼海之大有造于我华胄,正不待言。导沇水东流为济,济从齐,亦中央之水之谓耶!济固出乎河,而又居鸿沟、九河之间,而入于幼海者也。泰山之阳则鲁,其阴则齐,此固泰族驰骤海陆间之集中地,固文化所由产生之处也。《禹贡》于冀州曰"岛夷皮服",见北土之寒。于扬州曰

---

① 《史记·货殖列传·索隐》引。
② 《史记·鲁仲连邹阳列传》。
③ 《诗经·曹风·曹谱》。
④ 《史记·平准书》。
⑤ 《尔雅·释言》。
⑥ 《经义述闻》卷二七《尔雅·释言》《齐,中也》条。原作"人脐居腹之中央,故谓之脐。脐者齐也"。

"岛夷卉服",见南土之暑。而泰山之麓,服丝枲,宜桑麻,是不徒居地理之中,而又得天时之和,中国文化之产生于是,固其宜也。《国策》言:"东周欲为稻,西周不下水,东周患之,乃种麦。"①《唐风》曰:"不能艺稻粱。"②《邠风》曰:"十月获稻。"③《夏本纪》言:"令益与众庶稻。"《河渠书》言:"西门豹引漳水溉邺。"《滑稽传》言:"西门豹发民凿十二渠,引河水灌民田,田皆溉。"《沟洫志》言:"史起为邺令,遂引漳水溉邺,以富魏之河内,民歌之曰:终古舃卤兮生稻粱。"足证上世至周辙之东,北土尚有水田稻粱之利。《卫风》曰:"翟翟竹竿。"④《沟洫志》言:"瓠子之决,是时东郡烧草,以故薪柴少,而下淇园之竹以为揵。"亦见卫地产竹,于汉犹盛。入后地气益变,而稻与竹之类渐绝迹于北方也。近代探险家皆言"北极有石炭发现",则北极于前古必系温带或热带。而探险蒙古者言:"世界大动物皆发现于蒙古一带,则最初依动物为生之人类,当亦导源于此。"美国人类学家遂谓:"北极一带,三百万年前气候极暖,哺乳动物均生于此,其后气候变冷,动物南下,或因地轴改变之故,而北极、蒙古乃以渐寒。"是北方之以渐变寒,事甚显著。中国文化之起于勃海,盛于岱宗,光大于三河,亦正彼地气候温暖中和之时也。

---

① 《战国策·东周策》。
② 《诗经·唐风·鸨羽》。
③ 《诗经·邠风·七月》。
④ 《诗经·卫风·竹竿》。

【四】 江汉民族

《祭典》曰:"共工氏之霸九有也。"①郑玄曰:"无录而王谓之霸,在太昊、炎帝之间。"②刘向曰:"伏羲氏木德,共工承之以水,居木火之间,霸而不王。"③而《管子》曰:"共工之王。"④则共工固尝王天下也。特以其行水德于木火之间,非其序也,故谓之

---

① 《祭典》见《汉书·律历志》载《世经》引。《律历志》作"九域",《补注》引周寿昌曰:《鲁语》上作"九有",有、域字通。师古注曰:"《祭典》即《礼经·祭法》。"按《祭法》为《礼记》篇名,亦有"共工氏之霸九州也"文。
② 《礼记·祭法·注》。
③ 《汉书·郊祀志》:"刘向父子以为帝出于震,故包牺氏始受木德……昔共工氏以水德间于木火。"《世经》言:共工氏"虽有水德在木火之间,非其序也……故霸而不王。"一般认为《世经》是刘向父子所作,故此处整合为一,而与原文略异。
④ 《管子·揆度》。

霸,此羲、农间之共工也。"《国语·鲁语》:"共工氏之伯九有也,其子曰后土,能平九土。"韦昭曰:"共工氏伯者,名戏。共工氏裔子句龙,佐黄帝为土官。"①则黄帝时共工氏之子仕于位也。《文子》曰:"共工为水害,故颛顼诛之。"②《史记·律书》:"颛顼有共工之陈以平水害。"文颖曰:"共工主水官,少昊氏衰,秉政作虐,故颛顼伐之。"③《淮南子·原道》亦说:"共工氏与颛顼争为帝。"是共工为少昊水官,而颛顼诛之。《周语》:"昔共工氏弃此道也。"贾逵曰:"共工,诸侯,炎帝之后,姜姓也。颛顼氏衰,共工氏侵陵诸侯,与高辛氏争而王。"④《楚世家》曰:"共工氏作乱,帝使重黎诛之而不尽,帝乃庚寅日诛重黎。"是颛顼、帝喾之间,共工氏又为乱,而高辛氏又诛之。《周书·史记解》:"昔有共工自贤,唐伐之,共工以亡。"《韩非·外储说》右上:"尧举兵而诛共工于幽州之都。"此尧之伐共工。《淮南子·本经》:"舜之时,共工振滔洪水。"《荀子·议兵篇》:"禹伐共工。"此舜禹间之共工。高诱说:"共工伯于虙牺、神农之间,其后子孙任智刑以强,与黄帝之孙颛顼争位。"⑤则共工固世为诸侯之强,自伏羲以来,下至伯禹,常为中国患。而共工固姜姓炎帝之裔也。《蜀王本纪》:"鳖灵即位,号曰开明帝,帝生卢保,亦号开明,开明帝下至五代有开明尚,始去帝号复称王也。"⑥贾逵以"有穷历唐尧

---

① 《国语·鲁语》上,韦语系删合上下注文。
② 《文子·上义》。
③ 《史记·律书·集解》引。
④ 《国语·周语》下及韦昭注引。
⑤ 《淮南子·天文·高诱注》,末句原作"故与颛顼黄帝之孙争位",此引以意乙。
⑥ 《蜀王本纪》,相传西汉末扬雄作,唐后佚,清洪颐煊《经典集林》中有辑本。严可均《全上古三代秦汉六朝文》以之收入《全汉文》。

及夏,并以羿为号。"①则累叶共号,古固常有。自黄帝以迄于夏后,姬姓世有天下。《五帝本纪》说:"自黄帝至舜、禹皆同姓。"岂姜姓常叛不服,屡起而与姬姓争为帝耶?惟世远文湮,其详颇不可稽也。

《说文》说:"神农居姜水以为姓。"②则女娲后之共工,岂当时尚未有姜姓耶?郑《驳五经异义》云:"炎帝姜姓,太皞所赐也。"③《周语》说:"禹治水土,共工之从孙四岳佐之,克厌帝心,皇天嘉之,祚以天下,赐姓曰姒,氏曰有夏,祚四岳国,赐姓曰姜,氏曰有吕。"④或又以为周所赐吕尚姓,是姜之得姓,其说纷歧,远则太皞,近则周世,原无定说。共工霸于前,神农王于后,而炎帝继之,一姓而先后迭兴,以有天下,其族则同,其强可知。其得姓确起于何时,盖亦久而难明矣!《左传》文十八年:"缙云氏有不才子,贪于饮食,冒于货贿,天下谓之饕餮。"贾逵曰:"缙云氏,姜姓也,炎帝之苗裔,当黄帝时任缙云氏之官也。"⑤郑玄云:"三苗为饕餮。"⑥马融曰:"三苗,国名也。缙云氏之后为诸侯,盖饕餮也。"⑦韦昭曰:"三苗,炎帝之后,诸侯共工也。"(此为

---

① 《左传》襄四年、伪孔《书·五子之歌》孔颖达二疏皆引贾逵云:"羿之先世为先王射官,故帝喾赐羿弓矢使司射。"《淮南子·本经》载尧时十日并出,尧使羿射之中其九。《楚辞·天问》"羿焉彃日,乌焉解羽。"言虽神怪,要言喾时、尧时、夏时皆有羿,是羿为善射者之号,此处盖概贯意,并非原文。

② 《说文解字·女部》。

③ 《五经异义》,东汉许慎作;《驳五经异义》,汉末郑玄作。两书皆佚,清人有辑本。陈寿祺有《五经异义疏证》三卷,并疏二书,书收入《清经解》,引文在下卷。皮锡瑞有《驳五经异义疏证》。

④ 《国语·周语》下。

⑤ 《史记·五帝本纪·集解》引。

⑥ 伪孔《尚书·舜典》孔颖达《正义》引。

⑦ 伪孔《尚书·舜典》孔颖达《正义》引。

【四】 江汉民族

《国语·注》文,今本《国语·注》无共工二字,此从《吕刑·正义》引补)①则三苗亦姜姓而炎帝之裔。《后汉书·西羌传》固言:"西羌之本,出自三苗,姜姓之别也。"此盖窜三苗于三危之余孽耳。春秋有姜氏之戎亦然。韦昭曰:"三苗,九黎之后,高辛氏衰,三苗为乱。"②郑玄云:"苗民谓九黎之裔也,九黎之君,少昊氏衰,而弃善道,上效蚩尤重刑,必变九黎言苗民者,有苗,九黎之后,颛顼代少昊,诛九黎,分流其子孙为三国。高辛之衰,又复九黎之德,尧兴又诛之。尧末又在朝,舜臣尧又窜之。后禹摄位,又在洞庭逆命,禹又诛之。"③是在前者为九黎,高辛而后乃曰三苗,固一族而炎帝之胤也。

高诱曰:"蚩尤,九黎君名。"④韦昭曰:"九黎氏九人,蚩尤之徒也。"⑤《伪孔》、马融说并同⑥。郑玄曰:"蚩尤霸天下,黄帝所伐者。"⑦《史记》说:"轩辕之时,神农氏世衰,诸侯相侵伐,暴虐百姓,而神农氏弗能征,于是轩辕乃习用干戈,以征不享,诸侯咸来宾从。而蚩尤最为暴,莫能伐。炎帝欲侵陵诸侯,诸侯咸

---

① 伪孔《尚书·吕刑·正义》引韦昭同此。但《国语·周语》下,韦解引贾侍中云:"共工,诸侯,炎帝之后,姜姓也。"与此大同,所缺为"三苗"而非"共工"。汪远孙《国语发正》于《楚语》下言:"案《尧典》窜三苗流共工自是两事,其谬初不待辨,孔疏所引非《国语》注,亦不知见何书也。"理解与先君不同。先君盖以共工有多世。

② 《国语·楚语》下韦昭《解》。

③ 伪孔《尚书·吕刑·正义》引。

④ 《吕氏春秋·荡兵》高注:"蚩尤,少皞氏之末,九黎之君名也。"《战国策·秦策》一高注:"蚩尤,九黎民之君子(刘钱子作始兵)。"

⑤ 伪孔《书·吕刑·正义》引韦昭与此同,《国语·楚语》下作"九黎,九黎氏九人。"少一句。

⑥ 伪孔《书·吕刑·传》:"九黎之君,号曰蚩尤。"《经典释文·尚书音义·吕刑》蚩尤下引马云:"少昊之末,九黎君名。"高盖用马说。

⑦ 伪孔《书·吕刑·正义》引。

归轩辕。轩辕乃修德振兵,以与炎帝战于阪泉之野,三战然后得其志。蚩尤作乱,不用帝命,于是黄帝乃征师诸侯,与蚩尤战于涿鹿之野,遂擒杀蚩尤。"① 既曰神农氏弗能征,又曰炎帝欲侵陵诸侯,马迁殆亦疑炎、农非一人,疑以传疑,史迁并述之而莫能决也。《路史》则直以蚩尤为炎帝②。而应劭曰:"蚩尤古天子。"③ 郑玄曰:"蚩尤伯天下。"则蚩尤亦伯于轩辕之时,故曰蚩尤古天子,或又尝袭炎帝之号,比于共工氏之霸也。《文子》曰:"赤帝为火灾。"④《淮南子·兵略》说:"炎帝为火灾,故黄帝擒之。"《史记·律书》说:"黄帝有涿鹿之战以定火灾。"《五帝本纪》:黄帝与蚩尤战于涿鹿,是火灾者蚩尤之所为,知蚩尤即炎帝也。《新书》言:"黄帝行道而炎帝不听,故战于涿鹿之野,血流漂杵。"⑤ 古称蚩尤兄弟八十一人,或云七十二人,亦云蚩尤大夫七十二人。宋衷曰:"蚩尤,神农臣也。"⑥《管子》曰:"黄帝得蚩尤而明于天道。"⑦ 又曰:"蚩尤为黄帝作五兵"。⑧《越绝书》:"少昊治西方,蚩尤佐之,使主金。"⑨ 马融曰:"蚩尤,少昊之末,

---

① 《史记·五帝本纪》,稍有删节。
② 《路史后纪》卷四《炎帝纪》下附《蚩尤传》:"蚩尤,姜姓,炎帝之裔也。"罗苹注引《阴经遁甲》云:"蚩尤者,炎帝之后。"
③ 《史记·五帝本纪·集解》引。
④ 《文子·尚义》。
⑤ 《汉书·艺文志》著录《贾谊》五十八篇,《四库》收录称《新书》,十卷,贾谊撰。诸刻本或称《贾谊新书》;或称《贾子》。此引见《制不定》篇。
⑥ 《世本·作篇》宋衷注。
⑦ 《管子·五行》。
⑧ 《史记·五帝本纪·索隐》引"管子曰:蚩尤受卢山之金而作五兵"。不言"为黄帝"。《管子·地数》言:"黄帝修教十年,而葛卢之山发而出水,金从之,蚩尤受而制之,以为剑、铠、矛、戟……芮戈。"此处盖概括《索隐》及《地数》。
⑨ 《越绝书·越绝计倪内经第五》。

【四】 江汉民族

九黎之君。"《诗谶》说:"蚩尤败,然后尧受命。"①盖蚩尤之众,实繁有徒,有臣事神农者,有逐赤帝于涿鹿者,有黄帝杀之于中冀者,有为黄帝作五兵者,有佐少昊而主金者,有少昊之末而乱德者。《三朝记》又言:"蚩尤,庶人之贪者。"②盖其族非一人,其传非一世,其间杰出之雄,乃宇少昊而霸中国。蚩尤既九黎之君,则亦姜姓之王天下者,又尝袭赤帝之号者也。《路史》固言蚩尤姜姓,其引《阴经》、《遁甲》,亦说蚩尤为炎帝之后也。

《命历序》:"炎帝号曰大庭氏。"皇侃、熊安生又以伊耆氏即神农③。《吕览·用民》称:"夙沙之民自攻其君而归神农。"高诱曰:"夙沙,大庭之末世也。"《吕览·古乐篇》高诱《注》:"朱襄氏,古天子,炎帝之别号。"贾逵、韦昭并云:"烈山氏,炎帝号。"④郑玄曰:"厉山氏,炎帝也,起于厉山,或曰有烈山氏。"⑤庄子书有赫胥氏,注者谓即炎帝⑥,祝融亦为炎帝⑦。服虔以大庭氏为即葛天氏(见《路史》)。则神农、炎帝、大庭、葛天、夙沙、朱襄、共工、蚩尤、九黎、三苗、伊耆、厉山、赫胥、祝融皆一族也。《庄子·胠箧》称昔者容成氏、大庭氏、赫胥氏、祝融氏,《六韬》称共工氏、祝融氏、朱襄氏、葛天氏,皆在伏羲、神农之前,则数家亦

---

① 《后汉书·张衡传》载衡上疏请禁图谶,疏中引《诗谶》此语。《通鉴》系上疏事在顺帝阳嘉三年。
② 《大戴礼记·用兵》。
③ 《通鉴外纪·神农纪》注引。
④ 《左传》昭二十九年孔颖达《正义》:"贾逵、郑玄皆云:烈山,炎帝之号。"《国语·鲁语》上韦昭注:"烈山氏,炎帝之号,起于烈山。"
⑤ 《礼记·祭法·郑注》。
⑥ 《经典释文·庄子音义·马蹄》:"司马云:赫胥氏上古帝王也。一云:有赫然之德使民胥附,故曰赫胥,盖炎帝也。"
⑦ 《山海经·海内经第十八》言:"炎帝之妻赤水之子听訞生炎居,炎居生节并,节并生戏器,戏器生祝融。"

尝王于太古。高诱注《淮南·道应》则云："伏羲、神农之间,有共工、宿沙霸天下者。"是宿沙亦尝霸于昔时,则一族之强盛略可睹矣。

《史记·五帝本纪》："三苗在江、淮、荆州数为乱。"《淮南·修务·注》云："三苗之国在彭蠡。"《韩诗外传》三、《说苑·君道》并云："三苗氏,衡山在其南,岐山在其北,左洞庭之陂,右彭蠡之川,由此其险也,以其不服。"《帝王世纪》曰："诸侯有苗氏处南蛮而不服,尧征而克之于丹水之浦。"《吕氏春秋》曰："尧战于丹水之浦以服南蛮。"①《六韬》言:"尧与有苗战于丹水之浦。"②盖此族世处南服,炎帝起于厉山,《后汉书·郡国志·注》引盛宏之《荆州记》:"随县地有厉乡村,重山一穴,相传云是神农所生穴也。"《史记·五帝本纪·正义》引《括地志》云:"厉山在随州随县北百里山东,有石穴,曰神农生于厉乡,所谓烈山氏。"则神农固起江汉之间,北上而有天下,都于陈,又徙鲁。《周书·尝麦解》云:"昔天之初,诞作二后,乃设建典,命赤帝分正二卿,命蚩尤宇于少昊,以临四方,司百工,蚩尤乃逐帝,争于涿鹿之阿,九隅无遗,赤帝大慑。乃说于黄帝,执蚩尤杀之于中冀,名之曰绝辔之野。"盖炎帝既由陈而徙鲁,及其衰也,蚩尤侵之。《归藏》言:"蚩尤出自羊水,登九淖,以伐空桑。"本师左庵言:"羊水即汉水上游漾水也。"③则神农起自荆州,蚩尤更后至,来自梁州者也。蚩尤为暴,伐空桑,炎帝则以少昊之墟畀之,乃蚩尤逐炎帝于涿鹿,群书皆言黄帝杀蚩尤,《帝王世纪》则言:

---

① 《吕氏春秋·召类》。
② 《文选》吕休文《应诏乐游苑饯吕僧珍诗》李善注引。
③ 《淮南子·地形》洋水,高注:"洋或作漾。"《禹贡》"嶓冢导漾",《史记·夏本纪》漾作瀁,是洋水即瀁水。

【四】江汉民族

"炎帝戮蚩尤于中冀。"盖蚩尤强暴,炎、黄联兵仅乃克之。此族兴于中国之西部,北上而入中部,遂有天下,又徙东入鲁,最后乃转入北部。曰九隅无遗,则蚩尤固奄有九有也。黄帝兴于熊耳,自别为西北民族,盖最后始兴,而能战胜西南共工、炎帝之族,渐次南下,以征服神州大陆者也。

《文子》曰:"共工为水害,故颛顼灭之。"《史记·律书》:"颛顼有共工之陈以平水害。"文颖曰:"共工,水官也,少昊氏衰,秉政作虐。"①是共工之为中国害,常用决水政策。《淮南·本经》:"共工振滔洪水,以薄空桑,龙门未开,吕梁未发,江、淮通流,四海溟涬,民皆上丘陵、赴树木。"南方之民习于水,多稻田,北方之民多麦田,不习于水,故炎族北侵,必决水以苦之,此所谓振滔洪水为水害也。《竹书纪年》:"帝尧十九年,命共工治河。"文颖说:"共工,水官。"是共工固长于理水。黄族而强,则共工为之治水;黄族而弱,则共工决水以侵之。《周语》太子晋曰:"古之长民者,不堕山、不崇薮、不防川、不窦泽,昔共工氏弃此道也,欲壅防百川,堕高堙庳,以害天下。"②知共工之害天下,与鲧堙洪水同也。高诱《淮南·原道·注》云:"共工氏以水行霸于伏羲、神农间者也。"《管子·揆度篇》曰:"共工氏之王,水处十之七,陆处十之三,乘天势以隘制天下。"是共工之决水政策得逞,俾水七陆三,以隘制黄族,则以王以霸。共工之力不竞,则黄族之水害平而共工诛,其支庶或且入官黄族之朝而代之治水,故伯禹治水而四岳佐之,此其明验也。《祭法》曰:"共工氏之霸九有也,有子曰句龙,为后土,能平九土。"此奠高山大川之

① 《史记·律书·集解》引。
② 《国语·周语》下节引。

效也。《淮南·原道》曰:"九疑之南,陆事寡而水事众。"炎族北侵,利在变麦田为稻田,少昊之墟,沟渠交灌,易于决荡,以水驱敌。故炎族北侵,必自穷桑,鲁有大庭氏之库,是最古炎族北侵,亦在少昊之墟,变麦田为稻田,则黄族去而炎族至也。及禹平水土,尽力沟洫,《夏本纪》说:"令益予众庶稻,可种卑湿。"自是北人亦习于水田,而洪水之害永息也。

《周语》下曰:"有崇伯鲧播其滛心,称遂共工之过。"是鲧之治水,法于共工。《书》曰:"鲧堙洪水。"①《礼》曰:"鲧障洪水而殛死。"②曰障、曰堙,此其遗法。盖颇为隄防,以资灌溉。其后共工之从孙佐禹治水。《淮南·本经训》说:"舜使禹疏三江五湖,辟伊阙,导瀍、涧,平通沟陆,流注东海。"孟子书称:"禹疏九河,瀹济、漯而注诸海;决汝、汉,排淮、泗而注之江。"③则禹一反鲧之旧法,曰决、曰疏,俾水由地中行。《虞书》曰:"浚畎浍。"④《论语》曰:"尽力沟洫。"⑤明治水自决江疏河外,犹有沟洫农田之事。《书传》言:"沟渎壅遏,水为民害,田广不垦,则责之司空。"⑥而伯禹治水,实作司空,则治水为有农田之事可证,盖亦共工氏之所为也。《荀子·成相篇》言:"禹有功,抑下鸿,避除民害,逐共工。"是禹举一共工,逐一共工也。于是鸿水漏、九州干,而沧海立变为桑田;障之、堙之,则桑田立变为沧海;悉由治水之人,举措间耳。由炎族、黄族水事陆事之观察不同,而利害

---

① 《尚书·洪范》。
② 《礼记·祭法》。
③ 《孟子·滕文公》上。
④ 《尚书·皋陶谟》。
⑤ 《论语·泰伯》。
⑥ 《尚书大传·夏传》。

遂全相反也。《文子》:"赤帝为火灾。"①盖即烈山泽而焚事。《淮南子·览冥》:"往古之时,四极废,九州裂,天不兼覆,地不周载,火爁炎而不灭,水浩洋而不息,于是女娲炼五色石以补苍天,断鳌足以立四极,杀黑龙以济冀州,积芦灰以止淫水。苍天补,四极正,淫水涸,冀州平。"《帝王世纪》言:"女娲氏末,诸侯有共工氏,任智刑以强,伯而不王。"共工之伯九有,既在女娲之世,则所谓火爁炎、水浩洋者,其即共工氏之振洪水、烈山泽事耶!《吕氏春秋·荡兵篇》说:"兵所自来者久矣,黄、炎故用水火也,共工氏故次作难矣,五帝故相与争也。"此足证上古利用水火以为战,黄、炎、共工皆用之。自女娲以迄虞夏,所谓平水害、定火灾者,皆战伐之事也。然女娲所平者仅冀州一区,而共工则奄有九有,则女娲之承伏羲,仅保冀州耳。既曰共工俶乱天常,窃保冀方,则冀州一隅,共工氏亦尝窃有之,非女娲之所能全有。至黄帝命应龙攻蚩尤于冀州之野,杀蚩尤于中冀,岂炎族北侵,先后皆仅达于九河而止。盖冀州以过,决水非易,故他族得保其地也。《楚辞》曰:"康回凭怒,地东南倾。"王逸曰:"康回,共工氏之名。"②《淮南子·原道》:"昔共工氏之力,触不周之山,使地东南倾,与颛顼争为帝,遂潜于渊,宗族残灭,继嗣绝祀。"《汲冢琐语》子产曰:"昔共工之卿曰浮游,既败于颛顼,自沈淮之渊。"③此触不周之山,盖堕高事,东南故多水,盖振滔洪水于北方,遂若地之倾于东南。潜于渊者,是其君臣泅泳而去,是洪水为人患非天灾,共工之乱息而洪水止也。

---

① 《文子·上义》。
② 《楚辞·天问》及王逸注。
③ 《汲冢琐语》,晋太康时汲冢所出竹书之一种,《隋书·经籍志》著录《古文瑱语》四卷,两《唐志》同,唐后佚。清洪颐煊《经典集林》有辑本。

【五】 河洛民族

　　《五帝本纪》说:"自黄帝至舜、禹皆同姓。"此明黄帝以下,自另一族。黄帝号有熊氏,皇甫谧言:"有熊,今河南新郑是也。"①盖起于河、洛之间,是西北民族也。而《史记》言:"黄帝披山通道,未尝宁居,迁徙往来无常处,以师兵为营卫。"则西北为游猎民族,为行国也。共工能平治水土,神农教稼穑,九黎,群书或作犁,九犁、三苗盖意均谓农稼,则西南民族为农稼民族,为居国。《帝王世纪》言:"黄帝扰驯猛兽,与神农战于阪泉之野。"《史记》说:"教熊、罴、貔、貅、䝙、虎。"是亦游牧民族所能之

---

① 《史记·五帝本纪·集解》,当即《帝王世纪》佚文。

事,此两大民族,一游猎,为行国,一耕稼,为居国,累世争战,实占中国上古民族之主要部分。依《庄子》、《六韬》所称,则大庭、轩辕、共工,已迭王于无怀、伏羲之前。自伏羲以来,姜氏之族又尝为患于南方,共工、神农、炎帝、蚩尤,且北上而奄有天下。今以研究便利之故,姑名此族为炎族。黄帝既败炎帝,杀蚩尤,君临北方,历五帝、三代,渐奄有南土,此姬氏之族,姑名为黄族。盖《周语》尝曰:"炎、黄之后也。"群书炎帝、赤帝互称,殆炎之篆文为炎。赤之篆文为炎。形近义通,则名炎族曰赤族亦可,盖西南民族面色赤铜,故曰赤,西北民族面黄,故曰黄。今暂以黄族之名,代表北方游猎民族,赤族之名,代表南方农稼民族耳!曰六十四姓,曰七十二姓,曰百三十三姓,中国部落时代,民族实繁,其势力相敌、对抗形势显著者,惟此二族,兹特就可考者言之耳。

曰遂人教民熟食,始王天下者;曰作网罟以田以渔,取牺牲,故天下号曰庖犠。自遂人始王,迄于伏羲,其疆域四至,群书无征,岂以游猎民族,迁徙不常,无疆域之可言耶!《春秋命历序》言:"神农始立地形,甄度四海远近,山川林薮所至,东西九十万里,南北八十二万里。"古之尺度无征,要不免于夸诞,然立国的有封疆,要始神农,则可考也。《淮南子·主术》:"昔者神农氏之治天下也,其地南至交趾,北至幽都,东至旸谷,西至三危。"殆至神农,封域始可得而言,则其先殆皆行国,至炎族而始建居国也。"共工振滔洪水,则以薄空桑。"《淮南子》:"神农自陈徙鲁。"①《帝王世纪》言:"榆罔居空桑,故《归藏·启筮》言

---

① 《史记·五帝本纪·正义》引《帝王世纪》:"炎帝初都陈,又徙鲁。"《太平寰宇记·兖州曲阜县》:"春秋之鲁国,《郡国志》云:神农自陈徙都于此。"

名师讲义
蒙文通中国古代史讲义

蚩尤伐空桑,帝所居也。"炎族北侵,必走空桑,蚩尤伐空桑,赤帝则使宇于少昊,即以少昊之虚畀之。蚩尤又逐帝争于涿鹿之阿。则黄族之地日蹙,蚩尤与赤帝内讧不已,遂为黄帝所乘,炎帝遂失天下。其一部缙云,蚩尤之属,遂服臣黄帝。《史记》言:"轩辕为天子,代神农氏,未尝宁居,东至于海,登丸山及岱宗,西至于空桐,登鸡头,南至于江,登熊、湘,北逐荤粥,合符釜山。"《荆州记》:"顺阳益阳县东北有熊耳山,东西各一峰如熊耳状,因以为名。齐桓公、太史公并登之,或云弘农,非也。"①《括地志》云:"熊耳山在商州洛县,齐桓公登之以望江、汉也。湘山在岳州巴陵县。"②则熊、湘、江、汉之南,犹为炎族割据。贾子《新书》言:"炎帝、黄帝各有天下之半,黄帝行道而炎帝不听,故战于涿鹿之野。"③此其分有中国之证。若《史记》言"黄帝合符釜山",更以见黄帝之徒足帅北方诸侯而已。《孙子·行军篇》云:"凡此四军之利,黄帝之所以胜四帝也。"《蒋子·万机论》云:"黄帝初立,养性爱民,不好战伐,而四帝各以方色称号。交共谋之,边城日警,介胄不释。黄帝叹曰:今处民萌之上,而四盗抗衡,递震于师,何以哉?乃正四军,遂即营垒以灭四帝而有

---

① 《荆州记》作者数家,皆佚,以刘宋盛弘之所作最著,王谟《汉唐地理书钞》辑有盛书。陈运溶亦辑盛书及他数种,刻入《麓山精舍丛书》中(现附印王谟《书钞》后),但无此条。王辑有此条,仅言见《史记·索隐》,经检在《封禅书·索隐》中。唯此文之"顺阳"系据殿本,《会注考证》本作"耒阳"。案顺阳在宋之雍州,今鄂西北丹江市一带,距湘中之益阳太远。耒阳与益阳同属宋湘州,在衡阳南,今犹有耒阳县。黄帝"南至于江,登熊湘",当以与益阳相近之耒阳为正。顺阳或后人据河南熊耳而改。

② 《括地志》,唐魏王泰及其僚属所撰,多存汉唐古说,书虽散佚,诸书征引颇多,清有数种辑本,以孙星衍辑本最善,中华书局近年出版标点孙本。引文载《史记·五帝本纪·正义》引,辑本分列商州、岳州。

③ 《新书·制不定》。

天下。"①明黄帝初兴，四围皆有外族逼处，立国其如此之辛勤也。《帝王世纪》言："黄帝凡五十二战而天下大服。"然黄帝力战经营之结果，亦仅足蹙炎族势力于江汉以南而已。蚩尤与炎帝内讧，黄帝乃得乘之；炎黄联军，始能克蚩尤；又进而克炎帝，又进而至穷桑，始登帝位，复五十二战而天下乃服，犹仅南至江汉耳，则炎族之强又可见也。

　　黄族自黄帝而后，要以颛顼最为杰出。郑玄曰："颛顼代少昊，诛九黎，分流其子孙为三国。"②盖炎族自是遂不可复振也。《楚世家》言："共工氏作乱，帝喾使重黎诛而不尽，帝乃以庚寅日诛重黎。"此亦以炎族制炎族之法，亦与黄帝之乘炎族内讧而兴，其事无异。盖一举而共工、重黎并削弱也。伯禹治水，共工从孙四岳佐之。《荀子·成相》言："禹有功，抑下鸿，避除民害逐共工。"是禹亦擢一共工而逐一共工也。黄帝南侵，仅及江汉，而颛顼更并江汉以南，以尽于海。《五帝本纪》说："颛顼北至于幽陵，南至于交趾，西至于流沙，东至于蟠木，日月所照，莫不砥属。"则疆宇始可比隆于炎帝也。《通典》曰："若颛顼之所建，帝喾受之，创制九州，统领万国。"③《帝王世纪》亦以建万国、制九州为颛顼事，则建设力之强也。殆奄有南服后，制炎族之一大设施，而开中国建九州之始者也。《左传》昭十七年，郯子曰："昔者黄帝氏以云纪，炎帝氏以火纪，共工氏以水纪，太皞氏以龙纪，少昊纪于鸟。自颛顼以来，不能纪远，乃纪于近，为民

---

① 《太平御览》卷七五。
② 《礼记·缁衣》孔颖达《正义》引郑注《吕刑》云："颛顼代少昊，诛九黎，分流其子孙为居于西裔者三苗。"伪孔《尚书·吕刑》孔颖达《正义》引"郑玄以为苗氏即九黎之后，颛顼诛九黎，至其子孙为三国"。此引盖合二处郑注。
③ 《通典·州郡典·序》。

师而命以民事。"亦足见古之设官命名多荒陋,听于神,而颛顼切于实事听于民,则可以为治理也。昭二十九年《传》蔡墨曰:"故有五行之官,是谓五官,木正曰句芒,火正曰祝融,金正曰蓐收,水正曰玄冥,土正曰后土,后土为社,稷为田正。"文七年《传》:"水、火、金、木、土、谷,谓之六府。"正谓此五官与田正也。《汉书·百官公卿表》说:"自颛顼以来,为民师而命以民事,有重黎、句芒、祝融、后土、蓐收、玄冥之官。"应劭《注》:"颛顼不能纪远,始以职事命官也,春官为木正,夏官为火正,秋官为金正,冬官为水正,中官为土正。"是颛顼纪于近而命以民事,即此六府是也。服虔说:"少昊之前,天子之号象其德,百官之号象其征;颛顼以来,天子之号因其地,百官之号因其事。"①应氏、服氏皆义符班固。《夏书》:"六府孔修。"②则历虞、夏尚循六府之政,而师颛顼之制也。《孔疏》及近儒黄以周亦并谓五官是颛顼之官,《帝王世纪》以五行之官属之帝喾,非也。《楚语》曰:"少昊之衰,九黎乱德,民神糅杂,不可方物,颛顼受之,乃命南正重司天以属神,火正黎司地以属民,使复旧常,无相侵渎。"是重黎六府,果创自颛顼,而颛顼之脱离神道纪于民事,乃正以绝炎族也。《吕刑》:"皇帝哀矜庶戮之不辜,遏绝苗民,无世在下,乃命重黎,绝地天通,罔于降格。"郑义以皇帝为颛顼也,则谓炎族衰于颛顼,亦无不可。下迄唐虞,炎族支庶益多,或叛或服。许慎说:"缙云相黄,共承高辛。"③则缙云、共工已仕于黄帝、帝喾之

---

① 《礼记·月令》孟春之月,孔颖达《正义》引服注云云,此引与原文文字稍异。
② 《尚书·禹贡》。
③ 《说文解字·后叙》。

朝。韦昭说："共工从孙为四岳之官,掌帅诸侯,助禹治水。"①是至太岳佐夏,命以侯伯,而南人遂不复反也。

凡六经百家皆美称尧、舜禅让,而高辛、高阳之受国若何,则无确说。《白虎通义》言："五帝无有天下之号何?五帝德大能禅,以民为子,成于天下,无为立号也。或曰:帝倍有天下号曰高辛,颛顼有天下号曰高阳,黄帝有天下号曰有熊。"②班氏之并存二说,曰禅、曰非禅,莫可决也。而《吕氏春秋》曰:"五帝固相与争也。"③苟五帝亦禅让得之,则又何独尧、舜为可称;若以征诛得之,则五帝圣人,岂能涂炭苍生以攘大位。夫既曰:"少昊氏衰,九黎乱德,颛顼代昊诛九黎。"(郑玄说)④"颛顼氏衰,共工侵陵诸侯,与高辛氏争而王。"(贾逵说)⑤"高辛氏衰,三苗又为乱,尧诛之。"(韦昭说)⑥夫既曰某某氏衰,则其为后嗣末世可知也。则《命历序》说:"炎帝号大庭氏,传八世,合五百二十岁。黄帝一曰轩辕,传十世,一千五百二十岁,次曰帝宣,曰少昊,一曰金天氏,则穷桑氏,传八世,五百岁。次曰颛顼,则高阳氏,传九世,三百五十岁。次是帝喾,即高辛氏,传十世,四百岁。"至五帝各传数十世,或数百千年,与三代代兴,其事无异。盖每际黄族中微,而炎族又起而乘之,更互而王。《周语》称:"王无亦鉴于苗黎之王。"⑦则颛顼以来,九黎、三苗固称王也。五帝之有

---

① 《国语·周语》下韦《注》。
② 《白虎通德论·号》。
③ 《吕氏春秋·荡兵》。
④ 伪孔《尚书·吕刑·正义》引郑注,文字与《楚语》下差互。
⑤ 《国语·周语》下韦昭《解》引贾逵,逵盖据《淮南子·原道、天文》之说。
⑥ 《国语·楚语》韦昭《解》,引文有删节。
⑦ 《国语·周语》下。

天下，其皆诛绝炎族以得之耶！自伏羲以来，有共工之王，宿沙之霸，至神农而王，至炎帝而王，蚩尤又霸，轩辕之前则如此，轩辕之后复如彼，则二族迭雄，略可见也。诸书皆言共工之霸，《管子》独以王言之。谯周以炎、农为二人，亦取证于《管子》。纬书独有五帝各数百年之说，郑玄、谯周采用之，纬书，齐学也，《管子》，齐人也，将炎族所传独与黄族异耶！《史记》曰："于是《秦谶》出焉。"①《风俗通》曰："《秦策》出焉。"②《史记》《鹏鸟赋》言："策言其度"③，《汉书》作"谶言其度"④，则谶书即古之策书，所谓名在诸侯之策，是诚旧史，其说要可信也。

　　共工、三苗、伯鲧三人为一朋以抗舜，舜诛四凶而野死苍梧，则伯禹与三苗之故耶！伯禹治水而共工从孙四岳佐之，长帅诸侯，佐禹治水，命以侯伯，盖炎黄二族，以是之故，和乐日臻，自禹之后，共工、黎、苗无复争乱。禹合诸侯于塗山，又合于会稽，皆深入江、淮以南。《吴越春秋》："禹巡天下，登茅山以朝群臣，乃大会计，更名茅山为会稽山，亦曰苗山。"⑤盖即苗族之巢穴也。于是姜姓而国于北，姬姓而国于南，不可胜计，炎黄二族，遂渐混为一家。《虞书》曰："窜三苗于三危"，又曰"分北三苗"⑥，见苗民之携贰也。《夏书》曰："三危既宅，三苗丕叙"⑦，见苗民之融洽也。是尤炎黄二族至夏遂和辑之验。自炎、黄以

---

① 《史记·赵世家》，《扁鹊、仓公列传》作《秦策》。
② 《风俗通义·六国》，盖取《扁鹊列传》。
③ 《鹏鸟赋》，贾谊作，载《史记·屈原贾生列传》。
④ 《汉书·贾谊传》亦载《鹏鸟赋》。
⑤ 《吴越春秋·越王无余外传第六》，引文有删节改易。末句盖据《史记·封禅书·索隐》引《吴越春秋》增补。
⑥ 《尚书·尧典》据孙、皮本。
⑦ 《尚书·禹贡》。

迄唐、虞，始则南北二族文化各殊，及接触既久，渐以孕育新文化。及于伯禹，遂大成熟，而灿然有辉。风、姜、姬氏，融和为一，统曰诸夏，以别于四夷未进化之族。穷桑、质沙[①]、共工、轩辕民族之名，皆晦而莫见，合诸小民族为一大民族，即以伯禹朝代之名，为此种民族之名，以别于四围蛮野之民族，此固华夏之名所由起耶。

---

① 质沙见《逸周书·史记》，朱右曾《集训校释》云："质沙即宿沙。"

【六】 海岱民族

　　郑玄注《通卦验》云:"遂人,风姓也。"而伏羲、女娲亦风姓。盖炎、黄二帝之前,王中国,风姓为独多耶!《左氏僖二十一年传》:"任、宿、须、句、颛臾,风姓也,实司太昊与有济之祀,以服事诸夏。"太昊之胤,胥国于济、泲之间,知风姓诚东方之民族也。《命历序》言:"自开辟至获麟分为十纪,一曰九头纪,二曰五龙纪,又曰人皇九头,提羽盖,乘云车,出旸谷,分九河。"《易纬注》:"遂人谓人皇。"①而旸谷、九河并东方地,是遂人九头之出于东方可证也。又云:"皇伯、皇仲、皇叔、皇季、皇少,五姓同

---

① 见《易纬·通卦验》。《路史·前纪》五"燧人氏",罗苹注:"康成《六艺论》以遂皇为人皇,云易者阴阳之家,天地之所变化,政教之所生,自人皇初起。"

期,俱驾龙,号曰五龙。皇伯登出榑桑日之阳,驾六蜚龙,次民氏没,辰放氏作,渠头四乳,驾六蜚麟,出地郣,治二百五十岁。"宋均《注》:"辰放,皇氏屈之名也。"则次民为皇伯登之名也。又曰:"昔辰放治世,离光次之,号曰皇覃,锐头日角,驾六凤凰,出地衡,在位三百五十岁。黄神氏,或曰黄袄,黄头大腹,号曰皇次,驾六蜚麇,三百四十岁。狙神氏次之,号曰皇神,出长淮,驾六蜚羊,政三百岁。五叶千五百岁。"文多脱落,不可具知,要此盖五龙纪之五皇也。皇伯登出榑桑日之阳,皇次屈出地郣,《说文》:郣,海也①。皇神出长淮,是五龙之世,亦立国海渤、江、淮之间,而往来于榑桑者也。九头五龙胥往来于旸谷榑桑,而散布于郣于淮,谅亦沿海岸线而蕃殖者。《遁甲开山记》说:"石楼山在琅琊,昔有巢氏治此山南。"②明遂古之王者,多在东方沿海一带,故《易》曰"帝出乎震"③,正以此也。《史记》云:"泰帝兴,神鼎一。"师古曰:"泰帝即太昊伏羲氏。"④《史记》又云:"太帝使素女鼓五十弦瑟,悲。"⑤《正义》以"太帝即太昊伏羲氏"。《庄子》曰:"有虞氏不及泰氏。"⑥是亦指太昊言也,古又谓之苍帝。今姑名此海岱民族为泰族,亦犹江淮民族以炎帝而姑名为炎族,河洛民族以黄帝而姑名为黄族也。

郑玄注《易纬通卦验》云:"遂人谓人皇。"《路史·注》引《春

---

① 《说文解字·邑部》锴本作"郣,海也"。段玉裁改为"郣,郣地"。
② 《遁甲开山记》已佚,王谟《汉唐地理书钞》有《荣氏遁甲开山图》,辑有此条。
③ 《易经·说卦》。
④ 《史记·封禅书》,《索隐》云:"案孔文祥云:泰帝,太昊也。"文亦载《汉书·郊祀志》,师古亦注。
⑤ 《史记·封禅书》。
⑥ 《庄子·应帝王》。

名师讲义
蒙文通中国古代史讲义

秋纬》云:"天皇、地皇、人皇,兄弟九人,分长天下。"明人皇即遂人,而始王天下者①。自《春秋命历序》以下皆言:"天皇十二头,被迹在柱州昆仑山下;地皇十一头,兴于熊耳、龙门山;人皇九头,出旸谷,分九河。"《春秋繁露》言:"三皇抵车出谷口。"②是又不独人皇为出谷口,而天皇、地皇亦出旸谷而西徙。则天皇治乎西鄙,地皇长于中都,人皇帅于东部,风姓之族先于炎、黄二族居于中国,当即为中国旧来土著之民,自东而西,九州之土,皆其所长。及其后世,炎族起于西南,黄族起于西北,而风姓之国夷灭殆尽。逮于春秋,惟任、宿、须句、颛臾四国而已,而海、岱之间,实为其根据地。故伏羲陵在山阳,女娲陵在任城,方其盛时,势力西渐,熊耳、昆仑皆入版籍,故曰被迹在柱州。《含神雾》说:"遂人之世有大人迹出雷泽,华胥履之生宓牺。"郑玄云:"雷夏,兖州泽。"③《水经注》:"雷泽在成阳故城西北十余里,昔华胥履大人迹处。"④(《帝王世纪》以下误成阳为成纪,故或言在汉阳、在陇西,误矣)而伏羲都陈。亦泰族西渐之迹。离光氏出地衡,岂亦泰族南侵及于湘沅之证。及其衰微,惟退保有济而已。炎黄二族之民,于文化各有造制,淳于俊说:"伏羲因遂皇之图以制卦。"⑤则遂人以来亦有创述。夫创作者,本非一人一

---

① 《路史·前纪》二罗苹注引《春秋纬》与此引文字略异。《通鉴外纪》庖牺氏引"一云"与此引文全同。罗苹注又引《雏书》云:"人皇出于提地之国,兄弟别长九州,己居中州,以制八辅。"与《六艺论》意合。

② 《三国志·秦宓传》载宓言"三皇乘祇车出谷口,今之斜谷。"裴注引"《蜀记》曰三皇乘祇车出谷口。未详宓所由知为斜谷也。"由秦宓及《蜀记》所言,知此语为当世常言,似出纬书,或即本于《繁露》,然今本《繁露》无此语。

③ 《含神雾》系《诗纬》之一。郑释雷泽见《史记·五帝本纪·集解》引。

④ 《水经·瓠子河注》。

⑤ 《路史·后纪》一太昊上罗苹注引魏博士淳于俊(误作俀)。

时之所能大就,而言古史者均以创作之功归之羲、农、黄帝三人者,殆以三人者于族中最为杰出,泰族之所创作,悉以归之伏羲,炎族之所创作,悉以归之神农,黄族之所创述,悉以归之黄帝耳。

《五经通义》言:"王者受命易姓,报功告成,必于岱宗。"①《白虎通义》言:"王者易姓而起,必升封泰山何?教告之义也。"②岂以少昊之墟,为遂古得失天下之决战地,故占有鲁地者即为易姓之王,必刻石纪功于泰山耶!《魏书》言:"乌丸之俗,以死者神灵归乎赤山,如中国人以死者之魂神归泰山也。"③泰山为死者魂神所归,盖亦少昊之墟为古代群雄决战地之明证。盖海岱之间为泰族之根据地,而群雄角逐之场,据有泰山者即有天下,行封禅以明得意耳。况复炎族北侵,必经穷桑,三族接触,于此最繁,地虽偏于海隅,而实为政治战争中心也。观共工振滔洪水,以薄空桑,蚩尤又伐空桑,神农自陈徙鲁,鲁有大庭氏之库,是在昔为大庭之都,有巢氏治石楼山在琅琊,皆足见东方固政治战争之中心,为上世我先民之所聚处,河洛之繁荣乃在后,远不足与侔也。夫旸谷、扶桑,固九夷之居,即徐土淮濆,亦东夷地,而此谓泰族实往来海上,游居于斯者。《五帝本纪》言:"舜耕历山,渔雷泽,陶河滨,作什器于寿丘,就时负夏。"此皆泰族走集之地,悉在海、岱、河、济之间。而《韩非·难一》谓:"东夷之陶者器苦窳,舜往陶焉,历山之农者侵畔,舜往耕焉。"

---

① 《五经通义》,《隋志》著录,不题撰人姓名,两《唐志》皆谓刘向撰,早佚。《经典集林》中有辑本。

② 《白虎通德论·封禅》。

③ 《三国志·乌丸传》裴松之注引《魏书》,此《魏书》当为王沉所作,早佚。

则河、济之间,尚为东夷地,而况扶桑、嵎夷之际?孟子曰:"舜生于诸冯,迁于负夏,卒于鸣条,东夷之人也。"①则凡舜所耕稼陶渔,皆东夷地,舜且东夷之人也。《史记》:"吕尚者,东海上人。"②《国策》言:"太公望,齐之逐夫,朝歌之废屠,子良之逐臣,棘津之雠不庸。"③而《吕氏春秋》言:"太公望,东夷之士也。"④亦北至棘津、西至朝歌皆东夷之地,则泰族与东夷之关系,可以明也。《左氏昭四年传》:"夏桀为仍之会,有缗叛之,商纣为黎之蒐,东夷叛之。"注者谓均是东夷国,而仍即风姓之任国,则泰族与东夷同支,进化或为先耳。而东夷则仍保其椎朴,是负夏、河滨、雷泽亦东夷之居,扶桑、旸谷、嵎夷亦泰族往来之地,泰族、九夷,要之盖一族也。

范蔚宗说:"东夷有九种:曰畎夷、于夷、方夷、黄夷、白夷、赤夷、玄夷、风夷、阳夷。昔尧命羲仲,宅是嵎夷,曰旸谷,盖日之所出也。赞曰:宅是嵎夷,曰乃旸谷,巢山潜海,厥区九族。"⑤皇侃说:"九夷:玄菟、乐浪、高丽、满饰、凫臾、索家、东屠、倭人、天鄙。"⑥范说别其种,皇说别其地,皇亦据《后汉书》以海东为九夷。《前汉志》说:"孔子悼道不行,设浮于海,欲居九夷。"⑦是亦以海东为九夷。皮鹿门以《尧典》之宅嵎夷,《史记》作郁夷⑧,

---

① 《孟子·离娄》下。
② 《史记·齐太公世家》。
③ 《战国策·秦策》五。
④ 《吕氏春秋·首时》。
⑤ 《后汉书·东夷列传》节引。
⑥ 《论语义疏》梁皇侃撰,南宋后佚。清乾隆时自日本引回,《四库全书》、《知不足斋丛书》、《古经解汇函》皆收有此书。引文见《子罕》章。
⑦ 《汉书·地理志》燕地风俗节。
⑧ 《史记·五帝本纪》。

《毛诗》之周道倭迟①，《汉书》作郁夷②，则嵎夷、郁夷、倭夷一也③。而三岛三韩，皆我先民游处之地，此《尔雅》所谓东至于泰远者也④。是北自嵎夷，经齐之海嵎，而南至封嵎之山，莫非泰族同支聚处之地，后遂沦陷不属于我也。《说文》以嵎夷在辽西⑤，岂以后日益西徙，乃举东方地而委之，遂以辽西为嵎夷耶。《尚书》"宅嵎夷曰旸谷"，而遂皇出旸谷分九河，嵎夷在辽西，九河在兖州，则旸谷可求也，盖即幼海之滨者近是。而《海外东经》、《大荒东经》并云："汤谷上有扶桑"⑥，则扶桑又当于汤谷上求之，则三韩正是扶桑之地。《南史·东夷传》慧深云："扶桑国贵人第一者为对卢，第二者为小对卢。"《三国志》说：高句丽"其置官有对卢"⑦。（《旧唐书》："高丽其官大者号大对卢。"⑧）慧深说："扶桑之俗，其婚姻则壻住女家门外作屋，相说乃成婚。"而《三国志》言："高丽其俗作婚姻，女家作小屋于大屋后，名壻屋。"斯足验高丽之事，同于扶桑，则高丽亦扶桑也。西人希勒格证扶桑即今之桦太，是三韩迤东，皆古所谓扶桑也。《说文》言："日初出东方汤谷，所登扶桑叒木也。"⑨则汤谷更在扶桑之东，则汤谷、扶桑，括地最广，皆昔为九夷之居，而我先民同支所

---

① 《诗·小雅·鹿鸣之什·四牡》。
② 《汉书·地理志》右扶风郁夷县。
③ 皮锡瑞《今文尚书考证·尧典》嵎夷下引近人说。
④ 《尔雅·释地》四极。
⑤ 《说文解字》土部："堣，堣夷，在冀州旸谷。"段注谓山部言"嵎，首嵎山在辽西。一曰：嵎铁，嵎谷也。"以嵎为今文，堣为古文，辽西在冀州。
⑥ 《海外东经》、《大荒东经》皆《山海经》篇名。《大荒东经》作"扶木"，郭注："扶桑在上。"扶桑、扶木一也。
⑦ 《三国志·东夷传·高句丽》。
⑧ 《旧唐书·东夷列传》。
⑨ 《说文解字·叒部》。

游处也。《后汉书·东夷传》:"高驹丽,其国东有穴,号曰燧神,以十月迎而祭之。"将即出自汤谷、扶桑之人皇遂人耶。《左氏昭十七年传》:"宋,大辰之虚也,陈,太昊之虚也,郑,祝融之虚也,卫,颛顼之虚也。"中国王者,古无大辰,而《三国志·东夷传》谓:"辰韩,古之辰国也。"《后汉书》以"三韩七十八国,各在山海间,地合方四千余里,东西以海为限,皆古之辰国也。马韩最大,共立其种为辰王。"辰之号沿自古昔,与宋为大辰傥有关耶!

《帝王世纪》言:"少昊氏自穷桑登帝位,后徙曲阜,于周为鲁,穷桑在鲁北,或云穷桑即曲阜也。黄帝自穷桑登帝位,后徙曲阜。"干宝言:"徵在生孔子于空桑之地,在鲁南山之穴。"①高诱注《淮南》云:"空桑,地名,在鲁。"②此皇甫士安"穷桑即曲阜"之说也。《思玄赋》旧《注》云:"少昊居穷桑,在鲁北。"③此皇甫"穷桑在鲁北"之说也。《东山经》云:"空桑之山,北临食水。"此鲁之空桑。《北山经》云:"空桑之山,空桑之水出焉,东流注于滹沱。"此赵之空桑。而郭璞于此注云:"上已有此山,疑同名。"则《山经》共有三空桑,而今本逸其一。《古史考》言:"伊尹产于空桑。"④倘又更一空桑也。则地之得空桑名者实广,亦犹扶桑。《启筮》云:"空桑之苍苍,八极之既张,乃有夫羲和。"又曰:"羲

---

① 《史记·孔子世家·正义》引《括地志》引干宝《三日记》:"徵在生孔子空桑之地,今名空窦,在鲁南山之空窦中。"引文有删改。

② 《淮南子·本经》高诱注。

③ 《思玄赋》,东衡作,载《后汉书·张衡传》章怀注引《帝王纪》曰:"少昊邑穷桑,都曲阜,故或谓之穷桑帝,地在鲁城北。"引文当据此而有删节。然章怀不言据"旧注"。《文选》亦载此赋,六臣本言:"旧注",然注文中无此语。

④ 《太平寰宇记》开封府永邱县:"空桑城在县二十里。《帝王世纪》:'伊尹生于空桑',此是伊尹生处。"章宗源辑《古史考》无此条,谊稍晚于周,或即有取于周。

和之子，出于旸谷。"①则空桑亦距旸谷。曰苍苍，曰八极，则空桑自属旷野平陆。自赵之空桑以及于鲁之空桑，凡兖州桑土之野、徐州蒙羽之野，临乎旸谷之上者，皆得空桑之名。旸谷而东曰扶桑，即榑桑，西曰空桑，即穷桑，汤谷、扶桑、空桑，三名皆括地最广可知也。伏羲作琴瑟，为网罟，宜泰族于古即能用桑，故兖州曰桑土。《卫风》曰桑田、曰桑中、曰桑落，皆卫地宜桑之证②。曰扶桑，曰空桑，知亦业桑之谓也。穷桑之地既广，则黄帝、少昊之自穷桑徙曲阜，谓自北地穷桑来也。

《世本》言："周公居少昊之虚，炀公徙鲁。"是周公初封亦不在曲阜。《郡国志》："鲁国古奄国。"③奄至成王始残之以封伯禽，则周公之封少昊之虚，曲阜、鲁尚为奄有，周公乌得居之。至炀公徙鲁，则以奄之灭久矣，鲁已得有其地也。《启筮》言："蚩尤伐空桑。"④《周书》言："赤帝命蚩尤宇于少昊，蚩尤乃逐帝争于涿鹿之阿。"⑤《淮南子》："共工振滔洪水，以薄空桑。"⑥女娲之世，共工以强霸，火爁炎而不灭，水浩洋而不息，亦以二渠、九河之间，地居黄河下流，乃可以振滔洪水，故蚩尤、共工之战，悉在争黄河下游一带。见穷桑、少昊之虚，实二

---

① 《山海经·大荒南经》郭璞注引《启筮》。洪颐煊《经典集林》辑入《归藏》。据朱彝尊《经义考》，《启筮》、《郑母经》、《齐母经》、《初经》、《本蓍篇》等皆《归藏》篇名。然《汉志》不载《归藏》，《隋志》以下始有之。然其名见于《周礼·春官·太卜》，桓谭《新论》亦言《归藏》四千三百言。郭璞注《山经》数引之。宜唐宋以前传记所引为汉前旧籍。
② 《卫风》，《诗经》篇名。
③ 《续汉书郡国志》豫州鲁国。
④ 见《经典集林》辑《归藏》。
⑤ 《逸周书·尝麦》，有删节。
⑥ 《淮南子·本经》。

渠、九河之地①。为古代驰逐之场,而建都则于曲阜。盖九河水草丰美,为耕牧之乡,而曲阜负泰山,据衢路,为战守之地。自遂人以来,出旸谷,分九河,以生息于斯。则中国大陆,古代人迹始居之地,可考见者即在九河。至近世(民国十年)北京齿之发见,西人盖以人类遗骸之发见,未有古于此齿者,或言至今五六十万年,或言且百万年,最初人类之导源,且欲于中国见之,则九河之地,固东亚有人类最早之域也。昔我先民生息于斯,或东去扶桑,或南走空桑,要以黄河入海之区,为泰族导源之地,及往来海上,日益频繁,又沿黄河而入或中上游,而曲阜一隅,遂处天下之中,为午道,为衢路,而渐以南移,是我先民栖息九河者在遂人之时,扼据曲阜者在伏羲之后也。

　　北方之九夷,即此泰族也,而南方之夷可知。其在周世,徐、奄、淮夷、巢及群舒,皆所谓夷。淮夷、徐、奄嬴姓,巢及群舒偃姓,皆少昊、皋陶之胤也(八章五章中详论之)。少昊、皋陶之后为东夷属泰族,则少昊、皋陶亦东夷为泰族也。徐偃王之仁而无权而好怪,尤与泰族之国民性合(四章中详之)。知其先后一系皆泰族也。《古史考》说:"穷桑氏,嬴姓也,能修太昊之法,宗师太昊之道,故曰少昊。"则少昊诚非黄帝之子而太昊之裔也。《山海经》言:"东海之外大壑,少昊之国。"②是少昊固国于东海之外者。《周书》言:"帝执蚩尤杀之于中冀,乃命少昊谓鸟

---

① 《史记·河渠书》载:"禹以为河所来者高,水湍悍,难以行平地,数为败,乃厮(《汉书·沟洫志》作酾,或作灑,皆通,分也)二渠以引其河,北载之高地,过降水,至于大陆,播为九河,同为逆河,入于勃海。"一般认为二渠指汉代之莽河及漯川,九河之名虽见于《尔雅·释水》,但其水道今已不可确指。要可视为古代黄河下游多条支派之总称,二渠九河之地略指今华北平原包括豫东鲁西及京津冀一带。

② 《山海经·大荒东经》。

【六】海岱民族

师以正五帝之官,故曰质。"①盖风姓之族,被迫于炎族,乃退出海岱之间,逊居东海之外。炎族中微,而风姓遂再济穷桑,复得重有海岱之间,并立为东帝。海岱以西,非其所有。故《五帝德》、《帝系姓》不叙少昊于五帝之列,徒谓之曰穷桑帝。贾逵言:"处穷桑以为帝,故天下号之曰穷桑帝。"②盖其大部国土,乃在东海之外,在中国者不过海岱一隅而已。是太昊、少昊皆东方民族,有足验也。《盐铁论·结和篇》大夫曰:"轩辕战涿鹿,杀两曎、蚩尤而为帝,以战成功。"象山陈先生说:"两曎之曎当作皞,蚩尤少昊当时同乱者,又有太昊之裔。"则于时炎族内讧,各倚外援以求逞,神农、蚩尤争称炎帝,神农说于黄帝,蚩尤亦结两昊,以战于涿鹿,而少昊、蚩尤并就屠僇。蚩尤之徒,既屈伏而为黄帝主兵,少昊之徒,亦有为黄帝帅鸟师者。《越绝书》:"少昊治西方,蚩尤佐之。"③则亡国之虏,犹狼狈相依,力屈势穷,而迁逐由人者也。则称帝穷桑以战死于涿鹿者,此东方前之少昊,居西方者乃后之少昊,又别一人也。《拾遗记》说:"春皇,庖牺之别号,所都之国,有华胥之洲。"④此与以华胥为庖牺母之说不同。是亦太昊之国,兼及溟海之中,故曰有华胥之洲。《论语摘辅象》:"伏羲六佐,仲起为洲陆,阳侯为江海。"⑤斯亦伏戏奄有海上之证,则太昊之国固亦有一部在东海中,而兼有此神洲大陆也。

---

① 《逸周书·尝麦》,引文有删节。且此文原作"命少昊清司马鸟师","清司马鸟师"于此确有难解处,然径改"清司马"三字为"谓"字,亦乏明据。
② 《左传》昭公二十九年孔颖达《正义》引。
③ 《越绝书·越绝计倪第五》。
④ 《拾遗记》卷一"春皇庖牺"。
⑤ 《论语·摘辅象》,《论语纬》之一种。

【七】 上古文化

　　中国古代之文化,创始于泰族,导源于东方。炎、黄二族后起,自应多承袭之。然二族固各有其独擅之文化。黄族固完美也,惟炎族较朴陋,而亦有其特殊之点可寻。惟炎族建国又先于黄族,其创制作物,黄族多承袭之,而或尸其功耳。《左传·昭二十九年》曰:"有烈山氏之子曰柱,能植百谷百蔬为稷,自夏以上祀之。周弃亦为稷,自商以来祀之。"教民稼穑,神农事也,而黄族属之弃。《易》曰:"神农氏作,斫木为耜,揉木为耒。"①而《世本》以为皋繇作耒耜。共工有子曰句龙,能平九土为后土,

---

① 《易·系辞》下。

《月令》郑注以为后土亦颛顼之子，曰犁①。后土为社，稷为田正，共工之子为玄冥，郑大夫子产禳火于玄冥。而少昊之子曰修、曰熙。亦为玄冥。蚩尤佐少昊主金，盖以其作五兵也。而少昊之子曰该，为蓐收，此皆见于《月令》及《左氏书》。《尚书》：苗民作五刑②，而《世本》以为伯夷作五刑，神农和药济人，而黄帝传医经，《淮南子·主术》说："宫室起于神农。"《尚书大传》则曰："黄帝始制上栋下宇，以待风雨。"《白虎通》说："神农因天之时，分地之利。"③《尸子》说："神农理天下，正四时之制。"《晋书·律历志》云："逮乎炎帝，分八节以始农功。"则纪历成岁，亦始于神农，后人亦属之黄帝。若斯之类，并是炎族创始于前，而黄族踵袭于后，而或尸其功也。《楚语》下："少昊之衰，九黎乱德，民神杂糅，不可方物，夫人作享，家为巫史，民匮于祀而不知其福，烝享无度，民神同位，祸灾荐臻。颛顼受之，乃命南正重司天以属神，命火正黎司地以属民，使复旧常，无相侵渎。其后三苗复九黎之德，尧复育重黎之后，不忘旧者，使复典之。"韦昭曰："使复典天地之官，羲氏、和氏是也。"《淮南子·人间》言："荆人鬼，越人禨。"王逸《楚辞序》言："其俗信鬼而好祠。"盖犹九黎之遗风也。《管子·五行篇》："黄帝得蚩尤而明于天道。"则禨祥历律，亦盛于炎族可知。《山海经·大荒北经》曰："蚩尤请风伯、雨师，作大风雨。"《古今注》言："蚩尤为大雾，军士昏迷，轩辕作指南车以示四方。"④则中国妖妄之教，又出炎族，概

---

① 《月令》，《礼记》篇名。
② 《尚书·吕刑》。
③ 《白虎通义·号》。
④ 《古今注》，晋崔豹撰，附《中华古今注》，五代马缟撰。《四库提要》谓："不特豹书出于依托，即缟书亦不免于勦袭，特以相传既久，姑存以备一家耳。"

可知也。《吴越春秋》以茅山亦曰苗山,江南山多以茅名者,祀三茅公,巫教之所祖也。岂三茅即三苗邪!夫巫固苗民遗教也。若有烈山氏之子曰柱为稷,田正也,共工氏有子曰句龙为社,后土也,蚩尤主金,盖为蓐收,共工之子为玄冥,吴回为祝融,《风俗通》说:"共工之子曰修,好远游,故祀以为祖神。"①享祀之神,炎族独多,固知其为崇幽灵、信鬼神之民也。

　　班固言:"共工氏任智刑以强,霸而不王。"《缁衣》、《甫刑》曰:"苗民匪用命,制以刑,惟作五虐之刑曰法。"郑玄曰:"高辛氏之末,诸侯有三苗者作乱,其治不用政令,乃作五虐蚩尤之刑,以是为法,于是民皆为恶,起于倍畔也,三苗由此见灭。"②《周书·史记解》:"昔有共工自贤,自以无臣,久空大官,下官交乱,民无所附,唐伐之,共工以亡。"《吕氏春秋·恃君览》:"缚娄、阳禺、驩头之国,多无君。"《注》:"皆南越之夷。"《路史》引《外传》云:"玄都氏,黎国。"③《周书》云:"昔玄都氏谋臣不用,龟策是从,忠臣无禄,神巫用国而亡。"④《淮南子·氾论》说:"神农无制令而民从。"《尸子书》言:"神农夫负妇戴,以治天下。"又曰:"神农并耕而王,所以劝耕也。"⑤孟子书:"有为神农之言者许行,许行之言曰:贤者与民并耕而食,饔飧而治。"⑥《商君书·画策篇》:"神农之世,男耕而食,妇织而衣,刑政不用而治。"则

---

① 《风俗通义·祀典》祖条。
② 班固言见《汉书·律历志》。《缁衣》,《礼记》篇名,《吕刑》("甫刑""吕刑"详解见本书第159页注③——编者),《尚书》篇名,郑注见《缁衣》。
③ 《路史·国名记》己。
④ 《逸周书·史记》。
⑤ 上引见汪继培辑本卷下,下引汪辑失载,见《北堂书钞》帝王部。《淮南子·齐俗》言:神农"身自耕妻亲织,以为天下先"。亦此意。
⑥ 《孟子·滕文公》上,节引。

苗民之不用政令，共工氏之久空大官，皆足证其为最缺乏政治组织之民族，皆率神农之教，而又专恃刑法，崇神道，炎族之政治状况于是略可得而言也。《周语》："昔共工氏弃此道也，虞于湛乐，淫失其身。"《书序》言："羲和湎淫，废时乱日，胤往征之，作《胤征》。"则炎族放旷浪漫之俗，又可想见。盖中国之倡道家言者，老聃、庄周之徒，并是南人，其亦神农之遗教耶！而黄、老之弊，申、韩出焉，其政治见解，谓之原本炎族，亦无不可。

　　黄族之制作，试略论之，则其最特异之点，适与炎族相反。《白虎通义》谓："黄帝始作制度，得其中和。"又曰："黄帝始制法度，得道之中。"①则黄族实为善制法度者。《淮南子》说："黄帝治天下，明上下，等贵贱，使强不掩弱，众不暴寡，百官正而无私，上下调而无尤，法令明而不暗，辅佐公而不阿，田者不争畔，渔者不争隈，道不拾遗，市不豫贾，城郭不关，邑无盗贼。"②《易》谓其"重门击柝，以待暴客"③。其法治成效之卓著如此。《史记》云："置左右大监，监于万国。"④《汉书》云："黄帝方制万里，画野分州，得百里之国万区。"⑤盖又立步制亩，经土设井，其条理可谓致密。李靖说："黄帝始立丘井之法，因以制兵。"⑥盖五旗、五麾，凡阵法又皆始于黄帝。则黄族实一强武而优于政治组织之民族也。再以《易·系辞》与《世本》之说合而观之，上古结绳而治，后世圣人易之以书契，则仓颉之所作也。黄帝、尧、

---

① 上引见《号》篇，下引见《谥》篇。
② 《淮南子·览冥》。
③ 《易·系辞》下。
④ 《史记·五帝本纪》。
⑤ 《汉书·地理志》。
⑥ 《路史余论》三，《井田之法》引李卫公对太宗语。

舜垂衣裳而天下治,则伯余、胡曹之所作也。刳木为舟,剡木为楫,则共鼓、货狄之所作也。服牛乘马,引重致远,则胲及相土之所作也。断木为杵,掘地为臼,则雍父之所作也。弦木为弧,剡木为矢,则挥及夷牟之所作也。殆并是黄帝之臣,至作指南车以克蚩尤,则尤尽工技之巧,是又见凡实用器物,又皆自黄帝始创之。若泰族之制作,其性质又别。《命历序》:"伏羲、燧人始名物虫鸟兽。"《周髀算经》说:"伏羲立周天历度。"①《拾遗记》言:"伏羲审地势以定川岳。"②则天文、地理、物类,皆泰族所留意者。《尸子》云:"徐偃王好怪,没深水而得怪鱼,入深山而得怪兽者,多列于庭。"③则泰族者,一富于研究思考之民族也。其最特别之制作,即《易》八卦。《易》曰:"庖牺氏之王天下也,仰则观象于天,俯则观法于地,观鸟兽之文,与地之宜,近取诸身,远取诸物,于是始作《易》八卦,以通神明之德,以类万物之情。"④则开发中国之文化者,胥泰族之功也。《白虎通》说:"伏羲因夫妇正五行,始定人道。"⑤则伦纪之叙,始伏羲。故《新语》说:"民始知有父子之亲,君臣之义,夫妇之道,长幼之序,于是百官立,王道乃生。"⑥《续汉志》云:"伏羲纪阳气之初以为律法。"⑦《管子》说"虙戏作九九之数以合天道。"⑧《古史考》:"伏

---

① 《周髀算经》见于《隋志》,署赵婴注,传世刻本署赵君卿注,《四库提要》认为应为赵爽注,君卿其字,婴为爽之字讹。引文见卷一。
② 《拾遗记》卷一《春皇庖牺》。
③ 《尸子》汪辑卷下。
④ 《易·系辞》下。
⑤ 《白虎通德论·号》。
⑥ 《新语·道基》。
⑦ 《续汉书·律历志》上。
⑧ 《管子·轻重戊》。

羲制嫁娶以俪皮为礼。"《世本》说:"包犧作琴瑟。女娲作笙簧。"《拾遗记》说:"伏羲造干戈以饰武。"①则礼、乐、兵器、律吕、算法,皆创自泰族。神农和药济人,黄帝传医经,然《帝王世纪》以为"伏羲画八卦,所以六气、六府、五藏、五行、阴阳四时水火、升降得以有象,百病之理,得以有类,乃尝百药而制九针,以极夭枉焉。"是医术亦为泰族所创。《通卦验》云:"遂皇始出,握机矩,表计宜,其刻曰:苍牙通灵,昌之成。"郑玄诸儒说:"握机矩者,言法北斗而为七政,指天以施教令,是礼迹尊卑所由兴也。表计宜者,虙羲本遂皇所作计演之图,思其所言,作八卦之象,其刻曰者,刻谓刻石而记识之。"②是礼事、政令、图典、文字,又胥起于遂皇,非只钻木取火、铸金作刃之功而已。伏羲承之,又作《易象》,为律法,造甲历,制嫁娶,而文化大昌,则泰族者中国文明之泉源,炎、黄二族,继起而增华之;遂人者又泰族礼教之泉源,东方文化之祖也。比其同异论之,泰族为长于科学、哲学之民族,俨然一东方之希腊,炎族为长于明祯祥、崇宗教之民族,颇似印度,黄族为长于立法度、制器用之民族,颇似罗马也。《三朝记·千乘》云:"东辟之民曰夷,精以侥;南辟之民曰蛮,信以朴;西辟之民曰戎,劲以刚;北辟之民曰狄,肥以戾。"再以此三族之文化参之,其各别之特性,固彰彰甚明矣。

《大戴礼》:"倮虫之属三百六十,而圣人为之长。"③此以人类出于倮虫,倮盖古初之类人猿。《抱朴子·对俗》云:"猕猴寿八百岁变为猿,猿寿五百岁变为玃,玃千岁变为人形。"《吕览·

---

① 《拾遗记》卷一《春皇庖牺》。
② 《易通卦验·注》所引盖杂取他家,文字颇与诸家不同。
③ 《大戴礼记·易本命》。

察传》:"玃似母猴,母猴似人。"岂猿玃即所谓倮虫者耶!倮从人,固以倮为人。羌为羊种,闽蛮为虫种,貉为豸种,猃狁、獯鬻、狄为犬种,皆不得俦于人。僬侥、僰人皆从人,以西南民族有顺理之性也。夷从大为古文人,以夷俗仁,东方有君子之国也。书契本于黄族,自谓出于倮而圣人为之长,外此惟西南民族得俦于人,以炎族之有文化故也;东北民族亦得俦于人,以泰族之有文化故也。西戎被甲荷戈,盖亦以其为黄族同支,固亦人之徒也。足见上世民族即繁,而于中国文化,惟三族能共建之。《说苑·修文篇》:"夏后氏教以忠,而君子忠矣,小人之失,野,救野莫如敬。故殷人教以敬,而君子敬矣,小人之失,鬼,救鬼莫如文。故周人教以文,而君子文矣,小人之失,薄,救薄莫如忠。"三统循环之义,或即本于三族文化之殊。尚忠,北方之质也,此黄族之崇实用、好刚劲之习也。尚敬,南方之惑也,此炎族之好逸豫、信鬼神之习也。尚文,此东方人之智也,此泰族之重思考、贵理性之习也。南方之强与?北方之强与?抑而强与?亦明各方习俗文化不同之意也。蒙旧作《经学导言》,论周秦诸子,推论北方之学为史学、为法家,南方之学为文学、为道家,东方之学为六艺、为儒家,儒家之学以中庸为贵,居于北人注重现实、南人注重神秘之间,盖齐、鲁为中国文化最古之发祥地,又为南北走集之中枢,固能甄陶于两大民族之间,而文质彬彬矣。是则齐鲁之间,儒学出焉,不为无故。盖夷俗仁,徐偃王仁而无权,此泰族原始之思想也,贵中庸,则后来调和于异族之思想。儒家之学,尚中而贵仁,此固为善保持其原有民族之特殊精神,而又善调和于异民族之两极端精神,而后产生之新文化也。是邹、鲁者既开化最早,中国文化之泉源,而又中国历久文化之重心也。

　　王湘绮谓："结绳为绳形字母书。"廖师颇张其说。蒙初颇以其凿空疑之，今考古文乃始信其说不诬。《易》曰："上古结绳而治，后世圣人易之以书契。"①黄帝之史仓颉，始造书契者。而封泰山者七十有二代，靡有同焉，夷吾所记者十二，则首无怀，次宓犠、神农，次炎帝、黄帝，则无怀以来，悉有文字可知，故得著之丰碑巨碣，是结绳之为文字审也。《说文·序》："神农氏结绳为治而统其事。"以结绳之作，起于神农。然稽诸《易》曰："上古结绳为治，后世圣人易之以书契。"又曰："《易》之兴也，其于中古乎？"②虞仲翔《注》："兴《易》者谓庖犠。"③庖犠为中古，则庖犠以前为上古，是结绳当不始于神农。《淮南子》称："史皇产而能书。"④《元命苞》："仓帝史皇氏，名颉，姓侯冈，实有睿德，生而能书，及受《河图》而创文字，天为雨粟，鬼为夜哭，龙为潜藏，治一百一十载，都阳武，终葬衙之利乡亭。"是仓颉为古之王者。自蔡邕、索靖、崔瑗、曹植之流，并称皇颉，或云颉皇。慎到曰："仓颉在庖犠前。"谯周说在炎帝世，张揖以仓颉为帝王，生于禅通纪⑤，则仓颉固古之王者，而黄帝袭用其字耳。结绳则更在其前，明结绳不始乎神农，书契不始乎黄帝，而后人归之神农黄帝者，岂炎族之字原于结绳、黄族之字原于刻木耶？《晏氏类要》

----

① 《易·系辞》下。
② 《易·系辞》下。
③ 李鼎祚《周易集解·系辞》下引虞翻。虞翻，字仲翔，三国吴人，《三国志》有传。所作《易注》，《经典释文》及《隋志》皆著录。被认为汉魏《易注》之精品，虽已早佚，李鼎祚《集解》所存犹多。
④ 《淮南子·修务》，亦见《路史前纪》六史皇氏罗苹注引。
⑤ 自蔡邕至张揖皆见伪《古文尚书序·正义》引。

以"仓颉姓侯冈氏，冯翊人"①。则仓颉之果属于西北民族也。然则伏羲之仰观俯察，始作《易》八卦以垂宪象，则八卦者又泰族之文字也。淳于俊说："伏羲因燧皇之图以制卦。"②是泰族文字不始于伏羲而原自燧人，则文字之从来旧也，其种类则亦多也。《荀子·解蔽篇》曰："好书者众也，而仓颉独传者，一也。"许慎曰："五帝三王之世，改易殊体，封于泰山者七十有二代，靡有同焉。"③是则古之作书者非一家，而传者惟仓颉，可得而数者七十余人，不可得而数者乃万数，此万数者必有丰碑巨碣存焉可知，亦可见中国古代王天下者之众，而文字类别之多也。

海东学者每言："印度以天产极丰，可不劳而活，故有印度之文化发生。欧洲土地硗薄，非勤劳无所得食，故自然科学不兴于东方，不成于智力卓绝之印度人，惟欧洲人独能创之。"④则地理关于文化之重要如此，苟推此以究中国上古之文化，亦正相同。《史记·货殖列传》言："楚越之地，地广人稀，饭稻羹鱼，或火耕而水耨，果隋蠃蛤，不待贾而足，地势饶食，无饥馑之患，以故呰窳偷生，无积聚而多贫，是故江淮以南无冻饿之人，亦无千金之家。"则南方天产之富，有似印度，故文明亦略似印度也。《毛诗序》言："《葛屦》，刺褊也，魏地狭隘，其民机巧趋利，其君俭啬褊急。《汾沮洳》，刺俭也，其君俭以能勤。《园有桃》，

---

① 《通志·氏族略》"以姓为氏"："侯冈氏：《地记》：苍颉姓侯冈氏，居冯翊衙县。"此《地记》不知是否《太康地记》，若然，则为西晋时书，时代较《晏氏类要》早得多。
② 《三国志·高贵乡公记》甘露元年。
③ 《说文解字·叙》。
④ 《东西文明之比较》，早稻田大学教授金子马治先生讲演，武进屠孝实笔记并译，载《学艺杂志》第三号。转载于梁漱溟《东西文化及其哲学》的《时论汇录》中。此引系据意摘录多非原文。

刺时也,其君国小而迫,俭以啬。《蟋蟀》,刺晋僖公俭不中礼。《山有枢》,刺晋昭公有财不能用。"①《汉书·地理志》亦言:"唐、魏之国,其民君子深思,小人险陋。"则北方人民所资于天产之薄,颇似今日欧洲文明中心之日尔曼,故其民族精神亦略类之。《货殖列传》又言:"泰山之阳则鲁,其阴则齐,齐带山海,膏壤千里宜桑麻,人民多文彩布帛鱼盐。邹鲁滨洙泗,颇有桑麻之业,无林泽之饶,地少人众,俭啬畏罪远邪。"又言:"沂、泗以北宜五谷桑麻六畜,地小人众,数被水旱之害,民好畜藏。"是齐、鲁物产视唐、魏则优,视楚、越则又逊。炎族之生活为农稼,黄族之生活为游牧,已于前文明之。而《易》称:"庖犠作结绳而为罔罟,以佃以渔。"《尸子》曰:"燧人之世,天下多水,故教民以渔。虙犠之世,天下多兽,故教民以猎。"则泰族之生活为渔猎。三方原始生活与环境既殊,其发生之文明各异,固必然之势也。泰族以渔猎为生,自昔即往来于海上,此其有似于希腊,固甚显著。海东学者以"希腊文明之发生,以其国小多山,土地硗瘠,食物不丰,故多沿海行商于小亚细亚,欧式文明之源,实肇于此。"②而《汉书·地理志》固言:"齐地负海舄卤,少五谷而人民寡,太公乃通渔盐之利而人物辐凑。鲁地狭民众,俗俭啬爱财趋商贾。"此视希腊之行商小亚细亚则何如?若更观泰族东来,沿勃海经鲁而南走江、淮,由营州越海经鲁而西走太昊之墟,则

---

① 《毛诗》一般称《诗经》,或《诗》,此《序》指各篇之小序。《葛屦》、《汾沮洳》、《园有桃》,《魏风》中之三篇;《蟋蟀》、《山有枢》,《唐风》中之二篇。此系抽摘五篇小序,非原著组合形式。

② 《东西文明之比较》,早稻田大学教授金子马治先生讲演,武进屠孝实笔记并译,载《学艺杂志》第三号。转载于梁漱溟《东西文化及其哲学》的《时论汇录》中。此引系据意摘录多非原文。

泰族固亦航海经商之国民也,此又正似于希腊行商于沿海。夫中国文化之发生始于泰族,又自昔以鲁地文化为最高,固不可谓非海道交通之力,而地理之有关于文明亦可见。近儒丹徒柳先生谓:"中国古代文化,起于山岳,无与河流。"而主中国民族西元论者,又谓"古代文化自西而东"。皆与此篇所究,旨趣不同者也。三族文化之同异既明,则居今日而言东方文化,自应区别法家者流,此东方之北方文化,道家者流,为东方之南方文化,儒家者流,独行数千载,义理实为中国文化之精华,此正东方之东方文化也。

  黄帝有涿鹿之战以定火灾,颛顼有共工之阵以平水害,共工复振滔洪水以薄空桑,则水火之害,并是炎族所恃以为战,故曰上古剥林木以战也。黄、炎固用水火也,而黄帝则披山通道,未尝宁居,扰驯猛兽以战,知古之有洪水之害者,乃炎族之所为,有猛兽之害者,乃黄族之所为也。孟子言:"周公相武王,诛纣伐奄,三年讨其君,灭国者五十,驱虎豹犀象而远之。"①《吕氏春秋》言:"商人服象为虐于东夷,周公以师逐之至于江南,乃为三象以嘉其德。"②则驱虎豹犀象者,亦战伐之事也。《周书·世俘》:"武王既克殷,狩禽虎二十有二、犀十有二,熊罴氂塵等各如干,然后命吕尚等攻殷畿内之国。"岂于时遂暇逸于原野!《书序》云:"武王代殷,往伐归兽,识其政事,作《武成》。"③凡言伐殷,每连言驱猛兽,知亦战伐之事。《左氏》言:"纣有亿兆夷

---

① 《孟子·滕文公》下。
② 《吕氏春秋·古乐》。
③ 《武成》,《尚书》篇名,已佚。伪孔《古文尚书》有《武成》,系伪书。然《书序》有《武成序》载《史记·周本纪》,不伪。

人。"杜预云："兼有四夷。"①盖服象为虐之东夷,于时固战于牧之野。孟子曰："当尧之时,天下犹未平,洪水横流,氾滥于天下,草木畅茂,禽兽繁殖,五谷不登,禽兽逼人,兽蹄鸟迹之道交于中国,舜使益掌火,益烈山泽而焚之,禽兽逃匿。"②盖驱猛兽游牧之民,固莫善于烈山泽,水草竭而禽兽自去。益则予众庶稻,令种卑湿,则北方于是去游牧而就耕种可知也。烈山氏之子曰柱,为稷,夏以上祀之。周弃亦为稷,自商以来祀之。北人之效南人耕稼,倘正自益稷时始也。则舜之平洪水,驱猛兽,独非战伐之事耶!《庄子》叙古之王者,有大庭、轩辕、祝融,皆在伏羲之先,则三族并争,由来已久。《淮南子》谓女娲时,"火爁炎而不灭,水浩洋而不息"。此炎族之为害也。又曰："猛兽食颛民,鸷鸟攫老弱。"岂亦黄族之为害耶?女娲"杀黑龙以济冀州,积芦灰以止淫水,淫水涸,冀州平,狡虫死,颛民生"③。则女娲之中兴泰族,固亦尝与洪水猛兽战也。《路史》以黑龙为共工,理或宜然④。孟子曰："当尧之时,水逆行,泛滥于中国,蛇龙居之,民无定处,下者为巢,上者为营窟,禹掘地而注之海,驱蛇龙而放之菹。"⑤此蛇龙倘亦人祸耶?洪水泛滥则蛇龙居之,草木畅茂则禽兽逼人,舜之再兴泰族,其致力与女娲同也。后羿再兴泰族,其诛凿齿、杀猰貐、杀封豕、断修蛇,封豕为乐正后夔之子伯封,则修蛇之俦,将亦人也。舜命九官,而夔、龙、朱虎、熊、罴并在朝列,岂亦此类耶!审知炎、黄二族,恒

---

① 《左传》昭公二十四年。
② 《孟子·滕文公》上。
③ 三则皆《淮南子·览冥》。
④ 《路史·后纪》二《共工氏传》。
⑤ 《孟子·滕文公》下。

振洪水、驯猛兽以为暴,而泰族惟结绳为网罟、教渔猎,以逼处其间,说金文者以夷字为从弓从矢,此夷羿以善射称者耶,故泰族者武事恒劣于炎、黄二族,而文化独盛,其迹可验也。

【八】 虞、夏禅让

《龙鱼河图》言："黄帝伏蚩尤，使主兵以制八方。蚩尤没后，天下扰乱，黄帝遂画蚩尤形象以威海内，众谓蚩尤不死，万邦弭服。"①是蚩尤既被戮于中冀，而其支庶遂服事轩辕以制八方。高辛、唐、虞之世，共工亦在朝，郑玄注《尚书大传》："尧始得羲、和，命为六卿，掌方岳之事，是为四岳，出则为伯。其后稍死，鹓吺共工求代，乃分置八伯。"②郑又注《尚书》云："始羲和之时，主四岳，谓之四伯。至其死，分岳事置八伯，皆王官。其八

---

① 《龙鱼河图》又名《河图龙鱼征记》，亦纬书之一种。
② 《尚书大传·虞传·九共》，此皮本，陈本题《虞夏传》。

伯唯驩兜、共工、放齐、鲧四人而已，其余四人，无文可知。"①则彼时共工之跋扈，与尧应付之难，可以概见。八伯可知者四人，而四凶居其三，驩兜、共工皆炎族，而放齐、鲧为之朋，则其势之盛又可见也。《吕氏春秋·行论》："尧以天下让舜，鲧为诸侯，怒于尧曰：得天之道者为帝，得地之道者为三公，今我得地之道而不以我为三公。以尧为失，论欲得三公，怒甚，欲为乱，召之不来，仿佯于野，以患帝，舜于是殛之于羽山，副之以吴刀。"《韩非子·外储说》右上："尧欲传天下于舜，鲧谏曰：不祥哉，孰以天下而传之匹夫乎？尧不听，举兵而诛杀鲧于羽山之郊。共工又谏曰：孰以天下而传之于匹夫乎？尧不听，又举兵而诛共工于幽州之都。"则鲧与共工皆处心于三公四岳，而反对禅天下于舜。《海外南经·注》云："昔尧以天下让舜，三苗之君非之，尧杀之，有苗之民叛入南海为三苗国。"《博物志》亦同此说②。则三苗亦与共工、伯鲧同为反对舜之受天下者，则四凶之罪于是得略见之也，曰伯鲧称遂共工之过，果伯鲧为共工之党耶？

《山海经·海内南经》说帝丹朱，《汉书·律历志》说张寿王言："伯益为天子代禹，骊山女亦为天子，在殷、周间。"皆不合经术，寿王历乃太史官《殷历》也。而《汲冢书》云："舜放尧于平阳，益为启所诛，太甲杀伊尹，文丁杀季历。"③斯则虞、夏禅让，其事多疑。《书》言："无若丹朱傲，罔水行舟，用殄厥世。"④丹朱

---

① 《尚书今古文注疏·尧典》上。
② 《博物志》卷二载此事，文字与郭璞《山海经·注》大同。
③ 《史通·疑古》引。
④ 《尚书今古文注疏》及《今文尚书考证》在《皋陶谟》，伪孔《古文尚书》在《益稷》，引文有删节。

殄世,则虞宾失位可知。《论语》言:"羿荡舟,不得其死。"①说者谓羿即丹朱,而不得其死,则舜之为禅,事亦足奇。丹朱即不肖,尧之九男,岂无一才?而必禅于有鳏在下,而后为快耶!《周书·殷祝》称:"桀三致国于汤,一徙于不齐(当即不其山),再徙鲁,三徙南巢,然后汤即天子位。"而儒家皆曰:成汤放桀,武王伐纣,岂《尚书》言虞、夏禅让,亦犹《周书》言桀、汤之事耶!《檀弓》曰:"舜葬苍梧之野,三妃未之从也。"郑玄《注》曰:"舜征有苗而死,因葬焉。"《淮南子·修务训》:"舜南征三苗,道死苍梧。"《水经注》云:"大舜之陟方也,二妃从征,溺于湘江。"②《列女传》亦同。夫二妃既从征以死,乃不能葬苍梧而死于湘江,盖军覆身亡,伉俪不能同穴。丁此干戈俶扰之际,则禹之受禅于洞庭之野,岂从容揖让以成之。《帝王世纪》:"舜年八十一即真,八十三而荐禹,九十五而使禹摄政,摄政五年,有苗氏叛,南征,崩于鸣条。"舜年九十五,禹已摄政,则有苗之叛,禹不往征,而百岁耄耋之君,深入保画之域者何耶?《说苑·君道》曰:"当舜之时,有苗氏不服,禹欲伐之,舜不许,曰:谕教犹未及也,究谕教焉,而有苗氏请服。"此舜之不欲禹伐有苗也。《吕氏春秋·召类篇》曰:"舜却有苗,更易其俗。"而舜又自伐有苗者何耶?舜尝自伐之也。《竹书纪年》帝舜"三十五年命夏后征有苗"。《墨子·兼爱篇》称:"禹曰济济有众,咸听朕言,非台小子,敢行称乱,蠢兹有苗,用天之罚,若予既率尔群,对诸群以征有苗。"此又使伯禹伐有苗者又何也?既使禹伐有苗,禹摄政五年有苗氏叛,舜不使禹往征而自征之,以崩于苍梧,则又何耶?

---

① 《论语·宪问》。
② 《水经·湘水注》。

其措施先后之矛盾，盖原于其君臣之猜忌可知。且足见终舜之世，有苗之乱不息，戎马倥偬，疑未暇于礼义也。赵武灵王以舜舞有苗、禹祖裸国为变胡服之例，《淮南子》以舞干羽于两阶，七旬有苗格为禹事①，则禹固不惜用夷变夏，以和共工之族。《吕氏春秋》："禹入裸国，裸入衣出，因也。"②是裸入裸国以从其俗，又作苗舞于两阶，自贬以求合于炎族，正期以遂其志也。《荀子·议兵篇》又言："禹伐共工，尧伐骥兜。"《吕氏春秋》："尧战于丹水之浦以服南蛮。"③盖又伐共工、伐三苗、举兵而诛鲧。《庄子》："尧问于舜曰：'我欲伐宗脍、胥敖。'又曰：'昔者尧攻丛枝、胥敖，国为虚厉，身为刑戮。'"④则尧之时亦战伐不已，未遑宁居。若《山海经》之属，记禹之攻伐犹不胜举，则虞、夏之间，其兵戈扰攘，而生民之困陁可知，若曰百姓昭明，协和万国，黎民于变时雍，或不免铺张扬厉之辞乎！

孟子曰："昔者尧荐舜于天，尧崩，舜避尧之子于南河之南，天下诸侯朝觐者不之尧之子而之舜。舜荐禹于天，舜崩，禹避舜之子于阳城，天下之民从之，若尧崩之后不从尧之子而从舜也。禹荐益于天，禹崩，益避禹之子于箕山之阴，朝觐讼狱者不之益而之启。"⑤盖帝丹朱与舜并争而帝，而诸侯归舜，伯益与启争而为天子，而诸侯归启，此虞、夏间揖让之实，其关键乃在得失诸侯也。《括地志》云："故尧城在濮州鄄城县东北十五里，

---

① "舞干羽于两阶"，见《淮南子·缪称》。"七旬有苗格"，见伪孔《古文尚书·大禹谟》。
② 《吕氏春秋·贵因》。
③ 《吕氏春秋·恃君》。
④ 前则见《齐物论》，后则见《人间世》。
⑤ 《孟子·万章》上，节引。

《竹书》云：昔尧德衰，为舜所囚也。又有偃朱故城在县西北十五里，《竹书》云：舜囚尧，复偃塞丹朱，使不与父相见也。按濮州北临漯，大川也，河在尧都之南，故曰南河，《禹贡》至于南河是也。其偃朱城所居，即舜让避丹朱于南河之南处也。"①《史通·疑古》称："书云某地有城，城以囚尧为号。"当是说尧城事，则所谓天下诸侯朝觐者不之尧之子而之舜，其实固以舜之囚尧而偃朱也。盖五帝三代，其得天下则以得诸侯，失天下则以失诸侯，《五帝本纪》言："神农氏世衰，诸侯相侵伐，而神农氏弗能征，于是轩辕乃习用干戈，以征不享，诸侯咸来宾从。炎帝欲侵陵诸侯，诸侯咸归轩辕，轩辕乃修德振兵，以与炎帝战于阪泉之野，三战然后得志。"此炎、黄二族之争诸侯也。夏之衰，《帝王世纪》言："诸侯咸叛桀附汤，同日贡职者五百国。"商之衰，《周本纪》言："诸侯多叛纣而往归西伯，武王东观兵至于孟津，不期而会者八百诸侯。"此三代得失诸侯之最显著者也。卫宏言："帝挚在位九年政微弱，而唐侯德盛，诸侯归之，挚服其义，乃造唐朝而致禅。"②《夏本纪》言："启灭有扈氏，天下咸朝夏后。"此皆以力战而得诸侯。自孔甲以来，夏后氏德衰，诸侯多叛，夏桀不德而武伤百姓。盖桀亦欲力战以致诸侯者。太甲颠覆汤之典刑，伊尹放之于桐，伊尹摄行政当国以朝诸侯，太甲修德，诸侯咸归殷，褒帝太甲称太宗。至雍己而殷道衰，诸侯不至，太戊修德，殷复兴，诸侯归之，远方重译而至七十六国，故称中宗。帝阳甲之时，殷衰，自中丁以来，比九世乱，诸侯莫朝。至盘庚

---

① 《史记·五帝本纪·正义》引。
② 《史记·五帝本纪·索隐》引卫宏云："挚立九年，而唐侯德德盛，因禅位焉。"此引乃下《正义》引《帝王纪》文，且有删节。

名师讲义
蒙文通中国古代史讲义

行汤之政,殷道衰复兴,诸侯来朝。小辛立,殷复衰。子武丁立,思复兴殷,修政行德,天下咸欢,殷道复兴称高宗。孟子曰:"武丁朝诸侯,有天下,犹运之掌。"①此殷之衰也,以失诸侯,三宗盘庚之兴也,亦以能朝诸侯;则伊尹放太甲于桐,摄政以朝诸侯,是亦殷之一衰乎。《礼记·明堂位》曰:"周公朝诸侯于明堂之位,天子负斧依南向而立。"郑玄曰:"周公摄王位,以明堂之礼仪朝诸侯,天子,周公也。"《荀子·儒效》言:"武王崩,成王幼,周公屏成王而及武王,以属天下,履天下之籍,听天下之断,偃然如固有之。"《尸子》、《韩非》并云:"周公旦假为天子七年。"②《淮南子·氾论训》:"周公继文王之业,履天子之籍,听天下之政,负扆而朝诸侯。"是周公固尝践阼称天子。故《君奭篇》序云:"召公为保,周公为师,相成王为左右,召公不说。"③则伯益、伊尹之见杀,周公之奔楚可也。《秦本纪·正义》称《传》云:"昔穆王巡狩,诸侯共尊偃王。"《鲁连子》:"共伯名和,好行仁义,诸侯贤之,周厉王无道,国人作难,王奔于彘,诸侯奉和以行天子事。"④则宗周之嗣,于是不几于斩耶!《鲁世家》说:"周公东伐,二年而毕定,诸侯咸服宗周。"盖周人于管、蔡之乱,尝一失东诸侯。《周本纪》言:"厉王时诸侯不朝,至宣王时诸侯复宗周。"周自文王受命至宣王中兴,盖三失诸侯、三得诸侯也。张寿王言:"骊山女亦为天子在殷、周间。"⑤《秦本纪》申侯言:"昔

---

① 《孟子·公孙丑》上。
② 《艺文类聚》卷六引《尸子》、《韩非子·难二》。
③ 《君奭》,《尚书》篇名。
④ 《鲁连子》,《汉志》著录《鲁仲连子》十四篇,仲连,战国时人,《史记》有传。书已佚,诸书引皆省"仲"字。《经典集林》有辑本。
⑤ 《汉书·律历志》。

我先郦山之女，为戎胥轩妻，生中潏，以亲故归周，保西垂。"盖中潏生蜚廉，蜚廉生恶来，父子俱以材力事纣，此正殷、周间之郦山女，或亦乘殷乱，保西垂之诸侯，比于徐偃、共伯之僭差耶！至于春秋之世，列国争为盟主，尤争诸侯之彰明较著者也，则虞夏伊周之为圣人，连得间也。

《韩非子·外储说》右下："禹爱益而任天下于益，已而以启人为吏，及老而以启为不足任天下，故传天下于益，而势在启也，已而启与友党攻益而夺之天下。"是禹传天下于益，而实令启自取之，则所谓朝觐讼狱者不之益而之启，其实固以启之攻杀伯益也。《淮南子·齐俗训》说："有扈氏为义而亡。"高诱曰："有扈氏，夏启之庶兄，以尧、舜举贤而禹独与子，故伐启。"有扈盖深不满于启之杀益者也。《楚辞·天问》云："启代益作后，卒然离蠥。"又曰："何后益卒革，而禹播降。"皆以见益之尝践大位。《天问》又云："该秉季德，厥父是臧，胡终弊于有扈，牧乎犬羊？"又曰："有扈牧竖，云何而逢？击床先出，其命何从？"说者谓有扈为启所败，启亲临有扈之床，击而杀之。屈子亦深致惋惜于有扈者也。而《书》曰："有扈氏威侮五行，怠弃三政，天用剿绝其命。"①其可以为纪实之言乎？

《战国策》："禹攻三苗，而东夷之民不起。"②见东夷之不和融于夏也。《墨子》："禹东教乎九夷，道死，葬会稽之山。"③舜以经营三苗而死苍梧，禹以经营九夷而死会稽，其事又颇同，可以见有夏一代之勤事九夷，实自禹始也。《鲁语》："禹致群神于会

---

① 《尚书·甘誓》，亦载《史记·夏本纪》。
② 《战国策·魏策》二。
③ 《墨子·节葬》下。

稽,防风氏后至,禹戮之。"是当时固有梗命之防风,而禹亦略事攻伐也。《吴兴记》曰:"吴兴西有风渚山,一曰风山,有风公庙。古防风国也。"①曰风山,曰风公,则防风于古本为风姓,而羲皇之后也。孟子曰:"舜生于诸冯,迁于负夏,卒于鸣条,东夷之人也。"②则九夷之叛夏人,诚不为无故。《论语》曰:"舜有天下,选于众,举皋陶,不仁者远。"③王吉说:"尧舜不用三公九卿而举皋陶。"④《古史考》:"皋陶,舜谋臣也,舜举之于尧,尧令作士,主刑。"以见舜之亲所擢拔以为心膂者,惟皋陶耳。《帝王世纪》言:"皋陶生于曲阜,曲阜,偃地,故赐姓曰偃。"(偃或与奄通)是皋陶者亦东夷之人,故舜特举之。《淮南子·兵略》高诱注说:"尧以楚伯受命,灭不义于丹水。"尧之兴,资于楚,舜之兴也,资于九夷乎!《大戴礼·王言》说:"昔者舜左禹而右皋陶。"盖皋陶尝与禹并。《夏本纪》言:"帝禹立而举皋陶,荐之且授政焉而皋陶卒,后举益,授之政。"是皋陶者伯禹之所畏,夫其死或有说也。《符子》曰:"舜禅夏禹于洞庭之野。"盖即方征三苗时也,禅让之典,奚必于是时行之,而伯益又以杀闻,则舜、益、皋陶之死,同一可悲,而九夷之携贰于夏,诚有所憾而然也。

《烈女传》:"陶子生五岁而佐禹。"曹大姑《注》云:"陶子,皋陶之子伯益也。"⑤《中候苗兴》云:"皋陶之苗为秦。"⑥《史记》固

---

① 《太平御览》卷四六引《吴兴记》:"风渚在武康县十八里,古防风国,有风公庙。"《太平寰宇记》湖州(吴兴郡)载:"防风山……先名封嵎山……一名风公山,一名风渚山,古防风氏之国,风公者以其上有风公祠。"两载皆与引文大同小异。
② 《孟子·离娄》下。
③ 《论语·颜渊》。
④ 《汉书·王吉传》。
⑤ 《史记·秦本纪·正义》引。
⑥ 《中候苗兴》,《尚书纬》之一。

以秦为伯益之后,是伯益固皋陶之子也。《秦本纪》:"大业生大费。"《音义》以大业是皋陶,大费是伯益,一名柏翳①。郑玄《诗谱》:"尧时有伯翳者,实皋陶之子,佐禹治水,命为虞官,掌上下草木鸟兽。"②则伯益为皋陶之子不疑。韦昭说:"伯翳,舜虞官,少皞之后伯益也。"③《史记》:伯翳,舜赐姓嬴氏。《古史考》曰:"穷桑氏,嬴姓也。"《说文》:"嬴,少昊之姓。"《汉书·地理志》亦然。则伯益、皋陶者,固少昊之胤也。伯翳能议百物以佐舜,主草木鸟兽,此本泰族所优为者也。《周语》下:"共之从孙四岳,长帅诸侯,助禹治水。皇天嘉之,祚四岳国,赐姓曰姜,氏曰有吕。"④《郑语》:"姜,伯夷之后也。"《齐世家》:"吕尚其先祖尝为四岳,佐禹平水土,封于吕,或封于申,姓姜氏。"《陈涉世家》则言:"伯夷之后,至周武王复封于齐。"是伯夷与四岳一家耳。谯周曰:"炎帝之裔,伯夷之后,掌四岳有功,封之于吕。"⑤《潜夫论·氏族志》:"伯夷为姜,氏曰有吕。"郑《驳五经异义》:"尧赐伯夷姓曰姜。"⑥《世本》:"祝融曾孙生伯夷,封于吕,为舜四岳。"是四岳即伯夷也。《书》曰:"伯夷典朕三礼。"马融说:"天神、地祇、人鬼之礼。"⑦《毛诗·崧高传》:"姜氏为四岳,掌四岳之祀,述诸侯之职。"盖以伯益能礼于神,故以之典三礼而掌四岳之

---

① 《音义》,泛指《史记·集解、正义》。
② 《诗·秦风谱》。
③ 《国语·郑语》韦昭《解》。
④ 引文盖撷取太子晋语及韦昭《解》整合而成,非原文。
⑤ 《史记·齐太公世家·索隐》引。
⑥ 《礼记·大传》孔颖达《正义》引,参陈寿祺《五经异义疏证》。
⑦ 《尚书·尧典》:"帝曰咨,四岳,有能典朕三礼,佥曰伯夷。帝曰俞咨伯,汝作秩宗,夙夜惟寅,直哉惟清。"此系以意节引。马融说见《史记·五帝本纪·集解》引。参孙星衍《注疏》。

祀。盖祀神固炎族之事,而伯夷为四岳,固优为之也。皋陶、伯益之死,事若可疑,而吕之在夏,与国同休。则舜死苍梧、禹死会稽,三族恩仇,庶可思而得也。

《中侯握河纪》:"尧斯封稷、契、皋陶,赐姓号。"①《考河命》:"舜爵赏有功,稷、契、皋陶益土地。"②则皋陶于时谅为大国。《尧典》:舜命九官,伯禹作司空,契作司徒。《列女传》:"以弃长大事尧,位至司马。"③郑玄说:"虽作司马,天下犹以后稷称焉。"④是禹、契、后稷固唐、虞间之三公也。《淮南子》:"尧之治天下也,舜为司徒,契为司马,禹为司空。"⑤《尚书刑德放》:"益为司马,卨为司徒,禹为司空。"⑥唐、虞间之三公,兹五人者更迭为之,其位望相拟可知。郑玄于稷、契、皋陶益土地注云:"稷、契、公也,三人皆先封,舜加其封地。"⑦夫三公之封,自为大国,而舜又益其地。此孔颖达所谓特加褒赐,如周之赐鲁、卫是也。封契于商,封稷于邰,子孙并大显于后,而皋陶之封国乃无闻焉,姓号亦不可知。《史记》曰:"皋陶卒,封皋陶之后于英、六,或在许,而后举益,任之政。"⑧益之封国亦不可知。《竹书纪年》以为费侯者讹也。岂以启攻杀伯益,而少昊之后遂微耶!《秦

---

① 《中侯握河纪》,《尚书纬》之一。
② 《考河命》即《中侯考河命》,《尚书纬》之一。
③ 检《四部丛刊》本《列女传》作"尧使居稷官",与《尧典》合。为司马盖纬说,见下。
④ 《诗·鲁颂·閟宫》郑笺云:"后稷生而名弃,长大尧登用之,使居稷官,后虽作司马,天下犹以稷称焉。"孔颖达《疏》引《孝经援神契》:"弃末为司马。"《尚书刑德放》:"稷为司马。"是郑玄盖据纬书为说。
⑤ 《淮南子·齐俗》。
⑥ 《尚书·刑德放》系《尚书纬》之一,与上引不同,或为他引。
⑦ 《尚书考河命》郑注。
⑧ 《史记·夏本纪》。

本纪》说:"伯益子孙或在中国,或在夷狄。"则伯益嗣裔其衰之甚可见也。中国颛顼以前,帝王多宅都于鲁,自封颛顼于高阳在开封,封帝喾于高辛在归德,是后遂宅都于卫。尧受封于唐,舜之先虞幕受封于虞,是后遂宅都于晋而渐以西侵。唐虞之际,契、稷上公大国,并在岐、雍,则自上世以来,由黄河下游遂以次侵入上游也。盖既封四岳于吕以奠南方,则黄族之发展自应西进,而大建契、弃于商、邰也。然禹自西夷之人,固宜使代鲧为崇伯于岐、雍,乃又别封之夏何耶?稷、契、皋陶益土地,又不及伯禹,夏有天下,而皋陶之后乃大微,虞、夏君臣之间,彼其猜妨之情,固燎然若此也。

【九】 夏之兴替

颛顼都穹桑,徙帝丘,葬濮阳。《水经注》说:帝俈都亳殷,葬濮阳①。殷谓河北之邺,则俈都之亳,非偃师之亳,乃卫之亳。《国语》所谓"纣踣于亳"②,《左传》所谓"燕,亳北土"③是也。帝都至是始自鲁而徙于卫。韦昭说:"陶唐皆国名,犹殷商,尧居

---

① 经检《水经注》,二事皆与元典文字不合,盖以意引。《汳水经》:"汳水东径大蒙城北,疑即蒙亳,所谓景薄,为北亳矣,阚骃曰:汤都也,亳本帝喾之墟。今梁国自有二亳,南亳在穀熟,北亳在蒙,非偃师也。"(节引)《淇水注》引《皇览》曰:"帝喾冢在东郡濮阳顿丘城南台阴野中者也。"

② 《国语·鲁语》上作"纣踣于京"。韦昭《解》:"踣,毙也;京,殷京师也。"黄丕烈《校刊韦氏〈解〉国语札记》云:"惠云:京疑作亳。"

③ 《左传》昭公九年。

唐在晋阳。"①《续郡国志》曰:"济阴定陶,古陶,尧所居。"②《货殖列传》:"尧作游成阳。"师古曰:"尧尝居陶,后居于唐。"③于后舜居蒲坂,禹居晋阳,帝都至是又徙于晋。《夏书》曰:"惟彼陶唐,帅彼天常,有此冀方。"④盖于时炎族北侵,故尧舜皆退保冀方耶!《韩非》说:"尧举兵而诛共工于幽州之都"。谷永奏曰:"尧遭洪水之灾,天下分绝为十二州。"⑤可见其时水害方烈,共工已北上至幽陵,黄族则退保冀方以避之也。《史记·货殖列传》言:"唐人都河东,殷人都河内,周人都河南。"自是而三河亦遂为政治军事文化之中心也。方是时炎族亦于累战之余,退保南服,休养生息,中国遂得安辑无事。段玉裁说:"《左传》言太岳,亦言四岳,亦言四伯,皆谓一人,非谓四人。"⑥《毛诗故训传》言:"姜氏为四岳,掌四岳之祀,述诸侯之职。"⑦盖四岳长帅诸侯,佐禹治水,命以侯伯,氏曰有吕,则几于天子之副贰也。许慎说:"太岳佐夏,吕叔作藩,俾侯于许。世祚遗灵。"⑧伯禹率乎北,太岳帅乎南,俨然各有天下之半。《白虎通义》言:"昆吾,夏

---

① 伪孔《书·五子之歌》孔《疏》引韦昭云:"陶唐皆国名,犹殷商然。"无"在晋阳"句。此句当据郑玄《诗·唐风谱》:"唐者帝尧旧都之地,今曰太原晋阳。"韦昭语当在《国语·晋语》八:"昔匀之祖自虞以上为陶唐氏"句下,今本佚此句。

② 《续汉书郡国志》兖州济阴郡。

③ "尧作游成阳"见《史记·货殖列传》、《汉书·地理志》宋地风俗,未见师古此语。许慎《说文解字》阜部:"陶丘在济阴,尧尝所居,故尧号陶唐氏。"刘宋刘澄之《永初山川记》说:"尧先居陶,后居唐,曰陶唐氏也。"(《路史·后记》陶唐氏罗苹注引)二人皆在颜师古前。

④ 《左传》哀公六年引《夏书》。

⑤ 《汉书·谷永传》。

⑥ 《说文解字·后序·注》。

⑦ 《诗·大雅·荡之什·崧高》。

⑧ 《说文解字·后序》。

伯也。"①夏道中微，"昆吾为盟主，诛不从命，以尊王室。"②《左氏昭二十年传》："昔我皇祖伯父昆吾，旧许是宅。"《世本》：昆吾为夏伯，"夏衰，迁于旧许。"盖是时有吕亦衰，上无天子，下无方伯，故迁昆吾于许，代吕作伯，而夏遂以大定也。《周书·尝麦解》云："其在殷（当作启）之五子，忘伯禹之命，假国无正，用胥兴作乱，遂凶厥国，皇天哀禹，赐以彭寿，思正夏略。"《竹书纪年》："帝启十一年放王季子武观于西河，十五年武观以西河叛，彭伯寿帅师征西河，武观来归。"则夏初定天下，以吕帅南服，以彭奠东夷，此事之彰明较著者也。《海内经》："伯夷父生西岳，西岳生先龙。"此之西岳，即四岳之吕也，岂彭称东岳，而吕称西岳耶！

《左氏昭元年传》："虞有三苗，夏有观扈，殷有徐奄，周有徐奄。"三苗、徐、奄，几危王室，则观、扈、徐、奄所系之重可知也。《墨子·明鬼》引《禹誓》曰："日中吾与有扈争一旦之命。"《说苑·正理》言："昔禹与有扈氏战，三陈而不服，禹于是修教，二年而有扈氏服。"则有扈之强可见也。《吕氏春秋·先己篇》："夏后伯启（今本作夏后相，此从《御览》③校正。）与有扈战于甘泽而不胜，六卿请复之，夏后伯启曰不可，于是乎处不重席，食不贰味，亲亲长长，尊贤使能，期年而有扈氏服。"《夏本纪》言："启灭有扈氏，天下咸朝夏后。"盖夏几以有扈之乱失天下，而其两世服有扈又若斯之难也，则武观之未易与亦可见，赖彭伯而

---

① 《白虎通义·号》。
② 《风俗通义·皇王第一·五伯》。
③ 《太平御览》卷八二。

仅克之。《括地志》云："雍州南、鄠县,本夏之扈国也。"①《水经注》云："淇水又北径顿丘县故城西,《古文尚书》以为观地矣。"②《汉书·地理志》："东郡畔观县。"应劭《注》："夏有观扈。"是后启在位,西则有扈,东则有武观,见国家之多故也。《淮南子》以"有扈为义而亡"。《墨子》称《武观》之书曰："启乃淫溢康乐,野于饮食,将将铭苋磬,以力湛浊于酒,渝食于野,万舞翼翼,彰闻于天,天用弗式。"③此则武观檄启之罪。皮鹿门说："启之康娱自纵,略见于《墨子》、《竹书纪年》、《山海经》、《离骚》、《天问》诸书,启则失道,故屈子、墨子皆以为讥,以古书考之,则启亦非贤主,孟子以为贤者,为世立教耳。"④是方启在位,夏道即衰,赖大彭作伯,乃仅保其禋祀也。太岳作伯于许以奠南服,彭寿作伯于彭以奠东藩,则夏人之所经略者,惟北方耳。《左氏昭四年传》以夏启有钧台之享,与商汤有景亳之命、周武有孟津之誓并论,则其事所系之重也。《归藏易》曰："夏后启筮享神于晋之虚,为作璿台于水之阳。"则钧台之享,固在晋虚。《竹书纪年》："帝启元年,大飨诸侯于钧台,诸侯从帝归于冀都。"则夏人惟经略北方,固足验也。

夏自太康失邦至少康绍国,向百年,则夏乱甚矣。《左氏襄四年传》说："有夏之方衰也,后羿自鉏迁于穷石,因夏民以代夏政。"《括地志》云："故鉏城在滑州韦城县。"⑤《晋地记》云："河南

---

① 《史记·夏本纪·正义》引。
② 《水经·淇水注》,节引。
③ 《墨子·非乐》上。
④ 《今文尚书考证·书序·五子之歌》,原作并引各书所说,此引节略,又改《楚辞》为《离骚》。
⑤ 《史记·夏本纪·正义》引,今河南滑县东。

有穷谷,盖本有穷氏所迁也。"①是夏之中衰,有穷氏自东方而侵入河南,以逼夏都。《左氏昭二十八年传》:"乐正后夔之子伯封,实有豕心,贪惏无厌,忿颣无期,谓之封豕,羿灭之。"《博物志》曰:"羿与凿齿战于畴华之野,羿持弓,凿齿持矛,羿杀之。"②羿固尝以武力征服西方者。《淮南子》曰:"羿除天下之害,死而为宗布。"③太康畋于有洛之表,逸豫失德,而羿距之于河,此亦除害之谓乎?许慎曰:"羿,帝喾射官也。"④《帝王世纪》言:"帝羿有穷氏,未闻其先何姓,帝喾以上,世掌射正。至喾,赐以彤弓素矢,封之于鉏,为帝司射,历虞、夏。"《山海经·海内经第十八》云:"帝俈赐羿彤弓素矰,以扶下国,羿是始去恤下地之百艰。"此帝俈时之羿也。《淮南子》曰:"尧时十日并出,尧命羿仰射十日,中其九日。"⑤此尧时之羿也。因民弗忍,距太康于河,此太康时之羿也。逐相而代夏政,恃其善射,不修民事,而淫于原兽,寒浞杀之,此帝相时之羿也。盖有穷氏之称羿,亦犹九黎氏之称蚩尤,固非一世一人。《荀子·君道》:"羿之法非亡也,而羿不世中。"贾逵说:"有穷历唐尧及夏,并以羿为号。"⑥盖或

---

① 《史记·夏本纪·正义》引,今河南洛阳市。
② 经检中华书局1980年出版范宁著《博物志校证》,在正文及辑二一二条佚文中皆不见此条。然吴任臣《山海经广注》卷六《海外南经》注文中则明引《博物志》,与此引文全同,但又未注明出处。
③ 《淮南子·氾论》高诱注:"祭田为宗布。"可能是田神。
④ 《说文解字》弓部:"羿,帝喾射官。"羽部:"羿,古诸侯也,一曰射师。"段注:"羿与羿古盖同字。""羿,俗作羿。"
⑤ 《淮南子·本经》作"上射十日"。高注:"十日并出,羿射去九。"《北堂书钞》卷百十九引作"命羿射十日,中九乌皆死"。与此引略异,盖以意改。
⑥ 《左传》襄四年:"有穷后羿。"孔《疏》引贾逵云:"羿之先祖世为先王射官,故帝喾赐羿弓矢,使司射。"伪孔《书·五子之歌·疏》引贾逵、《论语·宪问》邢昺《疏》引贾逵,并同《左疏》,皆与此引意同文异。

【九】 夏之兴替

则以仁得之,或则以暴失之,固足见也[①]。《左氏》襄四年:"寒浞,伯明氏之谗子弟也,伯明后寒弃之,夷羿收之,以为己相。浞行媚于内,施赂于外,愚弄其民而虞羿于田,树之诈慝,外内咸服,羿犹不悛,将归自田,家众杀而烹之,以食其子,其子不忍食之,死于穷门。浞因羿室,生浇及豷。"孟子曰:"逢蒙学射于羿,尽羿之道,思天下惟羿为愈己,于是杀羿。"[②]《楚辞·注》以为"浞使家臣逢蒙射而杀之"[③]。则所谓家众杀而烹之者逢蒙也,则浞之凶残,浮于羿远也。盖相为羿所逐,失国依同姓诸侯斟灌、斟鄩,于时夏祚尚可苟延。《左氏》哀元年:"昔日过浇,杀斟灌以伐斟鄩,灭夏后相,后缗方娠,逃出自窦,归于有仍,生少康焉,为仍牧正,浇使椒求之,逃奔有虞,为之庖正,而邑诸纶。"是亦寒浞之虐远过夷羿。羿之代夏,后相二斟尚保东土,浞之代羿,则并后相二斟而灭之,浇用师灭斟灌及斟鄩,处浇于过,处豷于戈,若中国之毕归于寒浞,并少康之为仍牧正,而必使椒求之,见夏之不可幸而存也。"浞恃其谗慝诈伪而不德于民,夏遗臣靡自有鬲氏收二国之烬,灭浞而立少康。使女艾谍浇,灭浇于过,使季杼诱豷,灭豷于戈,有穷遂亡。于是复禹之绩,祀夏配天,不失旧物。"[④]顾炎武曰:"观当日之形势,而少康亦难乎其为力矣。"[⑤]《鲁语》曰:"杼,能帅禹者也。故夏后氏报焉。"自杼之灭豷,而有穷支属诛除尽也。岂夏之中兴而杼之力为独多

[①] 作者于1962年撰《略论〈山海经〉的写作时代及其产生地域》,文中尝论及后羿,对诸书异同另有新解,可参。
[②] 《孟子·离娄》下。
[③] 《楚辞·离骚》王逸注。
[④] 此段盖据《左传》襄四年、哀元年记夏室复兴事综合而成。
[⑤] 顾炎武《日知录》卷二《惟彼陶唐有此冀方》条。

耶！《日知录》云："太康畋于洛表而羿距于河，则冀方之地入于羿矣。惟河之东与南为夏所有，至后相失国依于二斟，于是使浇用师杀斟灌以伐斟鄩，而相遂灭，乃处浇于过（今掖县）以制东方，处豷于戈（在宋、郑之间）以控南国，其时靡奔有鬲（今德平县），在河之东，少康奔有虞（今虞城县），在河之南。"①盖少康中兴，亦以得河东河南之助，然后能复禹之绩也。后羿自鉏迁于穷石，固来自东方而徙于河南者，《左传》引《虞箴》称帝夷羿②，亦见羿之为东夷而帝者。《路史》称夷羿有穷氏偃姓③，则羿诚东夷而皋陶之族，泰族之胤也。伯靡之奔有鬲，应劭曰："鬲，偃姓，皋陶之后也。"④是夏之亡也，以皋陶后偃姓之有穷，其中兴也，又以皋陶后偃姓之有鬲。盖寒浞既杀夷羿而灭夏后相，姒、偃两姓并亡，则有鬲之合二斟以灭寒浞，即姒、偃两姓协力复国，以复兴夏道，势必然也。《夏本纪》言："帝中康时，羲和湎淫，废时乱日，允往征之。"《孔传》云："羿废太康而立其弟中康为天子。"⑤《帝王世纪》言："仲康微弱，政出于羿。"则允侯之帅六师征羲和，固羿之假天子以令诸侯耶！《尚书大传》言："尧时羲和命为六卿，掌方岳是为四岳，出则为伯。"⑥夫吕固侯伯

---

① 顾炎武《日知录》卷二《惟彼陶唐有此冀方》条。
② 《左传》襄公四年。
③ 《路史·后纪》卷十三上《夷羿传》。
④ 《水经注》卷五《河水注》：大河故渎"西流径平原鬲县故城西，《地理志》曰鬲津也。……故有穷后羿国也。应劭曰：鬲，偃姓，咎繇后"。杨守敬云："此《风俗通》氏族篇佚文。"后世辑应劭者皆失收。《路史·国名记》乙引《郡国县道记》："古鬲国，郾姓，皋陶后。"即据应说。
⑤ 伪孔《书·胤征·孔传》。
⑥ 此文陈、皮二辑皆以为《郑玄注》，皮氏《疏证》且谓其"与《大传》显然不合"。

也,固四岳也,亦即羲和也。则此之征羲和即为征有吕可决也,吕与羲和固同为炎族之胤,羿既代夏,又伐羲和以弱炎族,有吕之衰不能为霸,岂以夷羿创之而然耶!《楚语》:"尧育重黎之后,不忘旧者,使复典之,是为羲氏和氏。"①尧之羲和即侯伯,则颛顼之建重黎亦宜为侯伯,上推共工、宿沙、蚩尤之霸,亦此例乎?皆以之帅乎南方民族者也。《周语》称"王无亦鉴于黎、苗之王",则九黎、三苗固亦王于南土,而黄族惟以伯视之耳!

《白虎通义》言:"昔昆吾氏,霸于夏者也;大彭、豕韦,霸于殷者也;齐桓、晋文,霸于周者也。"②《郑语》:"昆吾为夏霸也。"《风俗通义》述《左氏传》曰:"夏后太康,娱于耽乐,不循民事,诸侯僭差,于是昆吾氏乃为盟主,诛不从命,以尊王室。"③是夏自太康失政,四方皆叛。《纪年》:仲康六年,锡昆吾命作伯。则以昆吾势强,主盟东土,而羿使为伯以柔缓之。乃相为羿逐,徙居商丘(当作帝丘),商丘在卫,盖依于昆吾也。《竹书纪年》:帝相元年居商丘,九年相居于斟灌,则又依于夏同姓诸侯斟灌、斟𩵚也。自相居商丘以后,夏即大有事于九夷,其初或假昆吾之力以诛不从命,及有穷既灭,王室已宁,帝廑元年徙宅西河,四年而昆吾迁于许④,自北以徙于南,盖方夏之中衰,昆吾作伯于东,以屏藩王室。及夏道中兴,则东土之事,王室徙宅西河自专之,

---

① 《国语·楚语》下观射父语,其言曰:"尧复育重黎之后,不忘旧者,使复典之,以至于夏商,故重黎氏世叙天地而别其分主者也。"韦昭《解》曰:"绍育重黎之后,复典天地之官,羲氏和氏是也。"《楚语》原无"是为羲氏和氏"句,此盖据《韦解》补之。
② 《白虎通德论·号》。
③ 《风俗通义·皇霸第一》《五伯》条。
④ 自仲康至帝廑所据《纪年》皆出坊本,然其事亦皆于史略有旁证。

南国之事,则徙昆吾于许以任之,以备方城汉水之间。夫自彭、吕之衰,昆吾始则作霸于卫,继彭伯以镇东夷,复徙霸于许,继吕侯以镇南服,则昆吾诚大有造于夏也。由《汲冢纪年》观之,有夏一代,皆勤事于九夷,其迹昭然若揭。盖帝相元年征淮夷,二年征风夷、黄夷,七年于夷来宾,少康二年方夷来宾,帝芬三年九夷来御,帝泄二十一年命畎夷、白夷、玄夷、风夷、赤夷、阳夷,帝发元年诸夷宾于王门,再保墉会于上池,诸夷入舞,帝桀三年畎夷入于岐以叛①。《后汉书》言:"夏后氏太康失德,夷人始叛,后相即位,乃征畎夷,七年然后来宾,至于后泄,始加帝命。少康之后,世服王化,遂宾于王门,献其乐舞,桀为暴虐,诸夷内侵。"②则夏后一代之专致力于东夷可知也。《左氏昭四年传》说:"夏桀为仍之会,有缗叛之,商纣为黎之蒐,东夷叛之。"盖夏商二代之勤事九夷也如此。《水经注》:"亢父故城西,夏后氏之任国也。"③《汉书·地理志》言:"东平国任城,古任国,风姓。"任、仍古通,则又见交通九夷,即怀抚风姓,此九夷即泰族之佐验也。寒浞灭夏后相,后缗方娠,逃归有仍,而生少康,盖缗、任俱风姓。及夏遗臣靡收斟灌、斟鄩二国之烬,灭寒浞而立少康,应劭以二国均在北海郡④,《括地志》亦以斟灌、斟鄩俱

---

① 自帝相至帝桀诸事皆据《后汉书》之《东夷列传》、《西羌传》及章怀注所引《纪年》,皆在唐前,今皆以为出自汲冢者,故称《汲冢纪年》,唯"帝桀三年畎夷入于岐以叛"条参取今本。

② 本段系据《后汉书》之《东夷列传》及《西羌传》综合而成,文字略有改易。

③ 《水经注》卷八《济水注》二:黄水"径任城郡之亢父县故城西,任城县在北,夏后氏之任国也"。

④ 《汉书·地理志》北海郡平寿县;《注》载应劭曰:"古斟寻,禹后,今斟城是也。"北海郡寿光县;《注》载应劭曰:"古斟灌,禹后,今灌亭是。"

【九】 夏之兴替

于青州①。是少康之复国中兴,知又有赖于东人之力也。《纪年》:帝桀元年帝即位,居斟鄩②,是其尚徘徊于东土。《说苑·权谋篇》:"汤欲伐桀,伊尹请阻乏贡职以观夏动,桀怒,起九夷之师,汤乃谢请服。明年又不贡职,桀怒。起九夷之师,九夷之师不起,汤兴师伐而残之。"桀有九夷之助则足以威商,失九夷而夏亡,九夷关于夏之兴亡若是其重,则于时泰族之强可见也。

《书序》:"自契至于成汤八迁,汤始居亳,从先王居。"《殷本纪》亦同此说。郑玄以"契本封商,国在太华之阳"③为战国商於之地④。皇甫谧谓"今上洛商"⑤。此契之始封一也。《世本》:"契居蕃。"《注》云:"在郑西,即峦城。"今华州也。《水经·渭水注》:"峦都城北故蕃邑,殷契之所居。"此契之新都,二也。《中候考河命》曰:"稷、契、皋陶益土地。"《注》云:"三人皆先封,舜加其封地。"⑥郑玄笺《诗》云:"始尧封之商为小国,舜之末年乃益其土地为大国。"⑦则契之迁蕃,自以益封斥大国土之故而徙也。《世本》:"昭明居砥石,复迁商。"《荀子·成相》亦同,杨倞以砥石即砥柱。此三迁、四迁也。《周本纪》:"不窋末年夏后氏政衰,去稷不务,以失其官而奔戎狄之间。"韦昭谓当"夏太康失国"⑧。契、稷皆虞、夏宅西大国,不窋之奔戎狄,昭明之播迁,殆

---

① 《史记·夏本纪·正义》引。
② 今、古本《竹书纪年》皆载此事。
③ 《诗·商颂》《玄鸟》、《长发》郑笺,皆但言尧封契于商,不言"国在太华之阳"。此语见《史记·殷本纪·集解》引郑玄。
④ "为战国商於之地",为魏源《书古微》六《汤誓序发微》释"契本封商"语。
⑤ 《史记·殷本纪·集解》引。
⑥ 《中候考河命》系《尚书纬》,注盖郑玄注。
⑦ 《诗·商颂·长发》郑玄笺。
⑧ 《史记·周本纪·集解》引,与《国语·周语》上韦《解》文略异。

皆以太康失国、夷狄交侵也。《左氏襄九年传》:"阏伯居商丘,相土因之。"《世本》曰:"相土徙商丘。"此五迁也。《汲冢古文》:夏后相十五年,"商侯相土作乘马,遂迁于商丘。"①郑玄笺《诗》说:"相土居夏后氏之世,承契之业,入为王官之伯,出长诸侯,其威武之盛烈烈然,四海之外率服,截尔整齐。"②王肃说:"相土在夏为司马之职,掌征伐也。"③盖夏后相为后羿所逼,出居商(当作帝)丘,而相土专征作伯,遂迁此阏伯之虚,于时昆吾霸于卫,相土霸于商,正夏人播迁颠危之际。《汲冢古文》:芒三十三年"商侯迁于殷"。此六迁也。《世本》:"相土居商丘,冥往治河水,子亥迁殷。"宋衷曰:"冥为司空,勤其官事,死于水中,殷人郊之。"《鲁语》:"冥勤其官而水死。"韦昭说:"冥,根圉之子也,为夏水官。"《纪年》:少康十一年,"使商侯冥治河,帝杼十三年商侯冥死于河。"④盖以冥之治水,而子亥遂扶植其势于北方,有事于河,而迁国于殷也。《纪年》:夏帝泄十二年,"殷侯子亥宾于有易而淫焉,有易之君绵臣杀而放之。十六年,殷上甲微假师于河伯以伐有易灭之,杀其君绵臣。"⑤《山海经》亦说有易杀王亥取仆牛⑥,中叶衰而上甲微复兴,故殷人报焉。《鲁语》曰:"上甲微,能帅契者也,殷人报焉。"帝不降三十五年殷灭皮氏

---

① 此文见今本《竹书纪年》,事与《世本》合,当亦有据。
② 《诗·商颂·长发》。
③ 《诗·商颂·长发》孔疏引。
④ 前引《汲冢古文》及此引《纪年》皆今本《纪年》,且引文略有改动。
⑤ 此引基本上用《山海经·大荒东经》郭《注》引《竹书》。今本《纪年》盖取郭引而略改易其文,且增帝泄十二年、十六年等年代,此引又屡引今本。范祥雍《古本竹书纪年辑校订补》失引此条。
⑥ 《山海经·大荒东经》。

皮氏于汉属河东。《路史》云："上甲居邺。"①是殷在邺也。东灭有易，西灭皮氏，大振声威于北方，固为一大强国，故曰能帅契者也。《纪年》：孔甲九年，"殷侯复归于商丘。"《世本》亦曰："子亥迁殷，孔甲（上下当有脱文）复归商丘。"此七迁也。孔甲元年废豕韦，七年迁刘累，此所谓孔甲乱夏者也。岂诸侯悉惧，而殷人畏其暴，乃弃河复归于商丘以避之耶？帝桀十五年，"商侯履迁于亳。"此八迁也②。则以势强而规取夏之天下耳。是商人初封于西，至相土乃东徙于宋，至王亥乃北入于河，后复还于宋，至汤始居亳。是八迁者，皆以其国势强弱之故，而迁徙往来也。张守节以"汤即位，居南亳，后徙西亳"③。说者或以此当二迁。然《史记》、《书序》言八迁斥汤初年事，非谓后徙西亳也。《商君书·赏刑篇》："昔汤封于赞茅方百里。"不审即为商丘为亳耶！

    附考 《诗谱》云："武王伐纣，乃以陶唐氏火正阏伯之墟，封纣兄微子启为宋公。"④宋封商丘，于汉为睢阳。《左氏襄九年传》："昔陶唐之火正阏伯居商丘，相土因之。"服虔说："汤始祖相土封阏伯之故地。"⑤是相土、阏伯并在

---

① 《路史·国名记》丙："邺：上甲微居。"其下略云："《世纪》云：邺西南有上司马，太甲之居，盖缪以上甲为太甲耳。"《路史》上甲居邺之说，显系改《世本》之太甲为上甲而来，雷学淇在所校辑之《世本》及所撰《竹书纪年义证》中皆以罗氏所改甚是，详参雷著。

② 自孔甲至帝桀皆据今本《纪年》。

③ 《史记·殷本纪》"汤始居亳，从先王居"句下《正义》语。

④ 《诗·商颂谱》。

⑤ 《诗·商颂谱》孔疏引服虔曰："商丘，地名。相土，契之孙，因之者，代阏伯之后居商丘。"此以意引。

宋也。《左氏僖三十一年传》："卫迁于帝丘,卫成公梦康叔曰相夺予享。"《左氏昭十七年传》曰："卫,颛顼之虚也。"此后相、颛顼并在卫也,据郑玄说契封商又别在太华之阳,三地各别。《世本》说:"相徙帝丘,于周为卫。"此不讹。其说"相土徙商丘,本颛顼之虚。"则混帝丘、商丘而一之。宋衷《注》曰:"相土就契封于商。"①又混商与商丘而一之。郦道元注瓠子河以"颛顼、阏伯、相土、昆吾、卫成公,五同居"②。皇甫士安亦然,遂讹误不可考也。盘庚迁殷在邺,上甲微亦居邺,故曰肇复先王之大业,先王斥微而言,在河北也。

《吕氏春秋·慎大览》："末嬉言曰:'今昔天子梦西方有日,东方有日,两日相斗,西方日胜,东方日不胜。'伊尹以告汤,故令师从东方,出于国西以进。"《孔传》说:"汤升道从陑,出其不意,陑在河曲之南。"③盖又绕出桀西,故桀败而东走。《论衡》冯夷曰:"西惟夏,东惟商。"④此皆汤都在桀东之证无可疑者。吴起言:"夏桀之居,左河、济,右太华,伊阙在其南,羊肠在其

---

① 《史记·殷本纪·集解》引。
② 《水经·瓠子河注》,此以意引,文字与原文大不同。
③ 《尚书·汤誓》伪《孔传》。
④ 此为《论衡》佚文。《太平御览》卷四引《论衡》:"桀无道,两日并照,在东者将起,在西者将灭,费昌问冯夷曰:'何者为殷?何者为夏?'冯夷曰:'西,夏也;东,殷也。'于是费昌徙族归殷,殷果克隆。"《路史·后纪》卷十三《夏纪》下,罗苹注引《论衡》冯夷答云作"东若为殷,西为夏"。《通鉴外纪》卷二《夏纪》载冯夷曰:"西唯夏,东唯商,桀将亡。"与此引同,唯《外纪》未明揭其出《论衡》。

【九】夏之兴替

北。"①高诱曰:"羊肠在晋太原北。"②武王曰:"自洛汭延于伊汭,居易无固,其有夏之居。我南望三涂,北望岳鄙,顾詹有河,粤詹雒、伊。"③服虔以"太行、辕辕、崤渑为三涂。"④是南至伊、雒、三涂,北至羊肠、岳鄙,皆夏人王畿千里之地。《世本》云:"禹都阳城。"《汲冢古文》亦云居之⑤,为今河南登封县,此禹之南都。《左氏定四年传》言:"唐叔封于夏墟,启以夏政。"杜预注:"今太原晋阳是也。"此夏之北都。殆亦犹周之有酆、镐、王城是也。自少康中兴,复禹之绩,而迁于原,于汉为河内轵县。帝杼迁老邱,在陈留,孔甲居西河,皆王圻千里之地也。至桀之时,居于河南。故《国语》伯阳父曰:"伊、洛竭而夏亡。"⑥正以桀之居在伊、洛间也。而汤之都亳,自在其东。此桀、汤初年事也。《汲冢古文》云:"太康居斟寻,羿亦居之,桀又居之。"⑦此桀有二都也。《书序》云:"汤既胜夏,欲迁其社,不可,作《夏社》。"次云:"伊尹相汤伐桀,升自陑,与桀战于鸣条之野,夏师败绩,

---

① 《史记·孙子吴起列传》,《说苑·贵德》同。《战国策》一载吴起言"夏桀之国……"与此不同。

② 《淮南子·地形》九山有羊肠。高诱注引《说苑》"羊肠在其北",并云:"今太原晋阳西北九十里通河西上郡,关曰羊肠坂。"《吴起列传·集解》引皇甫谧即用高注。此处以意节引。

③ 《史记·周本纪》。

④ 《左传》昭四年孔《疏》引。

⑤ 《汉书·地理志》颍川郡阳翟县,师古《注》:"应劭曰:夏禹都也。臣瓒曰:《世本》禹都阳城。《汲冢古文》亦云居之。"此《汲冢古文》为古本《纪年》,今本《纪年》亦云:"三年丧毕居于阳城。"盖据《孟子》。

⑥ 《国语·周语》上。

⑦ 《汉书·地理志》北海郡平寿县下师古注引臣瓒引《汲冢古文》。

汤从之,遂伐三朡,俘厥宝玉。"①欲迁夏社在前,明已克桀都,克桀都之后,乃战鸣条、伐三朡,则又一都。此桀、汤末年事也。《吕氏春秋·慎大览》:"汤伐桀,未接刃而桀走,逐之至大沙。"盖汤攻河南,桀未战而走,是桀乃东徙斟鄩也。《周书·史记篇》:"有洛氏宫室无度,池囿广大,工功日进,以后更前,民不得休,农失其时,饥馑无食,成商伐之,有洛以亡。"《纪年》:桀二十一年,"商师征有洛克之,二十六年商灭温。"②汤之克洛灭温,自必在桀东走斟鄩而汤都偃师之后,是桀既东走,汤又用兵温、洛,久稽时日,然后东征也。孟子以舜生于诸冯、卒于鸣条,为东夷之人,知鸣条之战,谅在东方。《郡县志》:"桀与韦、顾之君拒汤于有莘之虚,遂战于鸣条之野。"③此汤之东伐,而韦、顾先助桀而有有莘之战。《史记》云:"桀败于有娀之虚,奔于鸣条。"④《吕氏春秋·简选》:"殷汤良车七十乘,必死六千人,以戊子战于郕,登自鸣条,乃入巢门。"《淮南子·主术》云:"汤革车三百乘,困桀鸣条,擒之焦门。"又《修务》云:"汤整兵鸣条,困夏南巢,以其过放之历山。"《荀子》曰:"桀死于亭山。"⑤《书序》云:

---

① 案《书序》,"伊尹相汤伐桀,升自陑,与桀战于鸣条之野",为《汤誓》序。"夏师败绩,汤从之,遂伐三朡,俘厥宝玉",为《典宝》序。皮锡瑞以《汤誓》应在《夏社》前,孙星衍以《汤誓》应在《夏社》后、《典宝》前,此从孙叙,且将《汤誓》、《典宝》二序整合为一。

② 此引《纪年》为今本。征有洛系据《逸周书》。灭温无他证,雷学淇据《郑语》昆吾、苏、顾、温、董同姓,此时皆助桀为虐,故汤灭之。温,汉河内郡有温县。

③ 《元和郡县志》卷七河南道汴州陈留县:"故莘城,在县东北三十五里,古莘国也。《国语》汤伐桀,桀与韦、顾之君拒汤于莘之墟,遂战于鸣条之野。"引文有莘此只作莘。《寰宇记》同,《孟子》"伊尹耕于有莘之野"作有莘。

④ 《史记·殷本纪》。

⑤ 《荀子·解蔽》:"桀死于亭山。"杨倞《注》:"亭山,南巢之山,或本作禺山。"案《汉书·地理志》庐江郡有灊县,当是误以潜为禺,传写又误为亭耳。

"战于鸣条之野,夏师败绩,汤从之,遂伐三朡。"《周书·殷祝》云:"桀与其属五百人南徙千里,止于不齐。又徙于鲁。"上来诸地,并在东方,则鸣条亦在东也。《书序》:"汤归自夏,至于大坰。"《史记》作泰卷①,古卷县在原武县,是南巢放后,乃西归于亳,经于大坰也。《尚书大传》曰:"桀与其属五百人徙于鲁,曰吾闻海外有人,与五百人俱去。"②是桀之南徙,欲逃于海外耳。《吴越春秋》:"禹周行天下,还归大越,登茅山以朝四方群臣,示天下悉属禹也,封有功,爵有德,而留越……居靡山,伐木为邑,少康恐禹祭之绝祀,乃封其庶子于越,号曰无余。"③则越固夏后之陪都也,少康之封无余,其意盖同于周人封七百里之鲁,桀欲去而之海,岂意在奔越耶!《史记·自序》云:"少康之子,实宾南海。"④是桀欲去海外,谅指越耳。

昆吾为夏霸也,与桀同日亡⑤。大彭、豕韦又为殷霸,则其系于三代之盛衰甚巨。《山海经·海内经第十八》云:"炎帝之妻,赤水之子聽訞生炎居,炎居生节并,节并生戏器,戏器生祝融,祝融降居于江水,生共工,共工生器术,器术首方颠,是复土壤,以处江水。共工生后土,后土生噎鸣,噎鸣生,岁十有二,洪水滔天。"是祝融者炎帝之胤也。《世本》:"祝融曾孙生伯夷,封于吕,为舜四岳。"许慎以太岳佐夏、侯许,为祖自炎神⑥,《周语》以共工从孙为四岳,皆见共工、祝融同祖炎神也。《大荒西经》

---

① 《书序·仲虺之诰》。《史记·殷本纪》"大坰"作"泰卷"。
② 《尚书大传·汤誓》节引。
③ 《吴越春秋·越王无余外传第六》节引。
④ 《史记·太史公自序·越世家小序》语。
⑤ 《诗·商颂·长发》郑笺云:"昆吾夏桀则同时诛也。"
⑥ 《说文解字·后叙》。

云:"颛顼生老童,老童生祝融。"是又别一祝融,旧说每误合为一人,犹重黎之与重及黎也。《风俗通义》说:"颛顼有子曰黎,为苗之民。"①郑玄注《吕刑》说:"苗民谓九黎之君。"②是应义本于郑氏。《山海经·大荒北经》曰:"颛顼生骦头,骦头生苗民,苗民,鳌姓。"《郭注》曰:"三苗之民。"郭璞注《山海经》谓祝融即重黎③,则九黎、苗民、祝融、重黎皆南方之民,故赫胥、祝融亦曰炎帝,纬书或说祝融为三皇,《庄子》叙祝融在羲、农之前,是固古之王者。故《诗谱》以邹为祝融之墟,则谓出颛顼之后者,两祝融相涉,谱系之讹也。(《潜夫论·五德志》又以"颛顼身号高阳,世号共工。"则颛顼亦疑为南方民族也。《离骚经》曰:"帝高阳之苗裔兮,朕皇考曰伯庸。"《山海经》以颛顼之国在南海,《史记》以青阳降居江水,昌意降居若水,昌意娶蜀山氏女曰昌仆,生高阳。《索隐》以江水、若水皆在蜀④,则高阳固产自蜀中江汉之域,初出自南方,故得共工之号,有南海之国耶!)韦昭说:"尧绍育重、黎之后,复使典天地之官,羲氏和氏是也。"⑤是羲和亦南方之民。《大戴礼·帝系》言:"老童产重黎及吴回,吴回产陆终。"《楚世家》说:"帝佶诛重黎,而以其弟吴回为重黎,后复居火正为祝融。"《国语·郑语》说:"祝融其后八姓,己姓昆吾、苏、顾、温、董,彭姓彭祖、豕韦。"稽诸《世本》曰:"陆终娶鬼方氏之妹,谓之女溃,是生六子,破其左胁,三人出焉,启其右胁,三人出焉。其一曰樊,是为昆吾;二曰惠连,是为炎胡;三曰籛铿,是

---

① 《风俗通义·祀典》第八《灶神》。
② 伪孔《书·吕刑》孔《疏》引。
③ 《山海经·大荒西经·注》。
④ 《史记·五帝本纪·索隐》。
⑤ 《国语·楚语》下韦昭《解》。

【九】 夏之兴替

为彭祖;四曰求言,是为邹人;五曰安,是为曹姓;六曰季连,是为芈姓。"《史记·楚世家》说:"季连,芈姓,楚其后也。昆吾氏,夏之时尝为侯伯,彭祖氏,殷之时尝为侯伯。"郑笺《毛诗》亦曰:"豕韦,彭姓也,顾、昆吾,皆己姓。"①贾逵曰:"祝融之后,封于豕韦。"②是夏、商、周三代,炎族皆盛,昆吾、大彭、豕韦及楚皆是也。韦、顾、昆吾党于桀恶,韦、顾亦祝融之后也。《周书·尝麦解》:"其在殷(殷当作启)之五子,忘伯禹之命,假国无正,用胥兴作乱,遂凶厥国,皇天哀禹,赐以彭寿,思正夏略。"此彭寿亦彭祖之后为侯伯者,则炎族系于三代之治乱,若是其重也。

《白虎通·号篇》:"昔三王之道衰,而五伯存其政,帅诸侯朝天子,正天下之化,复兴中国,攘除夷狄,故谓之霸也。昔昆吾氏,霸于夏者也,大彭、豕韦,霸于殷者也,齐桓、晋文,霸于周者也。"此所谓五霸。《荀子·王霸篇》以桓、文、楚庄、吴阖闾、越勾践为霸,然勾践之霸,非孔子所知,董子云"仲尼之门,羞称五霸"③,此必为三代之五霸,而非衰周之五霸审矣。荀子而后,说五霸者,或以秦穆,或以宋襄,皆不合于义,《风俗通》已深明之也。以《白虎通义》之说正之,秦、楚、吴、越,安在其能尊王攘夷,正化存政。《穀梁·隐八年传》曰:"诰誓不及五帝,盟诅不及三王,交质子不及二伯。"《公羊传·昭十二年》曰:"其序则齐桓、晋文,其会则主会者为之也,其词则丘窃有罪焉尔。"是《春秋》之义惟二伯,惟齐桓、晋文得为霸耳。曰五伯,并三代计之耳。春秋严夷夏之防,霸之非霸,亦系夷夏之辨而已。自周室

---

① 《诗·商颂·长发》郑笺。
② 《史记·夏本纪·集解》引。
③ 《汉书·董仲舒传》。

衰微,政由方伯,中国未沦于夷狄、宗周之得保禋祀者,胥齐桓、晋文之功也,而吴、楚何与焉。迄于战国,兼并益盛,九夷、八蛮、六戎、七狄,悉就芟夷。(赵破林胡、楼烦,而置云中、雁门、代郡。燕将秦开袭破东胡,却地千里,置上谷、渔阳、右北平、辽东郡。秦昭王灭义渠,置陇西、上郡;又南取汉中,西举巴、蜀,伐楚,略取蛮夷,置黔中郡。吴起相楚,南并蛮、越,遂有洞庭、苍梧之地。及秦略取陆梁地,又置南海、桂林、象郡,降越君,置会稽郡,废东越为君长,以其地为闽中郡,又北逐匈奴,取河南地四十四县置九原郡。)至淮、泗之夷,皆散为民户也。秦一六国而授之汉,开边益远,四夷之款塞内附者尤众,由是胡、越、诸夏混为一家,而民族遂益繁荣,庞然为一大民族,至是汉族之名立,而夏族之名又渐废也。

【十】 殷之兴替

　　《史记·货殖列传》:"夫自鸿沟以东,芒砀以北,属巨野,此梁、宋也。陶、睢阳,亦一都会也。昔尧作游成阳,舜渔于雷泽,汤止于亳,其俗犹有先王遗风。"此东亳也。徐广曰:"今梁国薄县。"为汤之故都①。《汉书·地理志》:"河南郡偃师县。"自《注》云:"尸乡,殷汤所都。"郑注《书序》亦云:"亳今河南偃师县。"②此为汤克夏后之新都。《史记·六国年表》:"故禹兴于西羌,汤

---

① 《史记·货殖列传·集解》引徐广。《汉书·地理志》山阳郡有薄县,臣瓒曰:"汤所都。"薄,后汉改属梁。《续汉郡国志》梁国有薄县,自注:"汤所都。"《水经·汳水注》:"汳水又径大蒙城北,所谓景薄,阚骃曰:汤都也。"(节引)

② 伪孔《书·胤征》孔《疏》引。

起于亳,周之王以丰、镐伐殷,秦之帝用雍州兴,汉之兴自蜀、汉。"此西亳也,不审汤于何时建之。徐广曰:"京兆杜县有亳亭。"①《秦本纪》:"宁公遣兵伐汤社,三年与亳战,亳王奔戎,遂灭汤社。"《索隐》曰:"西戎之君,号曰亳王,盖成汤之胤。"是汤起于西亳,后以支庶王之,以其为契之旧居也。惟偃师曰景亳,景亳犹京亳也,不必以景山得名。魏源说:"汤徙都偃师之景亳,而建东亳于商丘,仍西亳于商州,各设尹以治之,与景亳相辅,所谓邦畿千里。"②理或然也。盖以汉南四十国既归商,乃建三亳以限南北,及夏命既革,仍而不废,正所以威夷狄而奠中夏,此殷人长治之策也。皇甫士安说:"谷熟为南亳,大蒙城为景亳,偃师为西亳。"③以此为汤都三亳。郑康成注《尚书》三亳阪尹则又云:"东成皋、南轘辕、西降谷,为三亳。"④似以魏氏之说为得其实也。汤始都东亳,与葛伯为邻,孟子书称:"葛伯放而不祀,汤使遗之牛羊,使亳众往为之耕,葛伯仇饷,汤始征,自葛载,十一征而无敌于天下。"⑤而汤之势厚矣,遂伐桀于河南,徙都景亳。《纪年》:"桀二十一年,商师征有洛克之,遂征荆,荆降。"⑥《越绝书》:"汤行仁义,敬鬼神,天下皆一心归之,荆伯未

---

① 《史记·封禅书·集解》引。
② 《书古微》卷六《汤誓序发微》。
③ 伪孔《书·立政》孔《疏》引皇甫谧:"蒙为北亳,谷熟为南亳,偃师为西亳。"《太平御览》一百五十五引《帝王世纪》蒙为北亳,即景亳,汤所盟地。《水经·汳水注》亦以大蒙即景薄即北亳。此引以上文皆言景亳,故径用景亳代北亳。
④ 伪孔《书·立政》孔《疏》引郑玄云:"汤旧都之民,服文王者服分为三邑,其长居险,故言阪尹,盖东成皋、南轘辕、西降谷也。"
⑤ 《孟子·滕文公》下,节引。
⑥ 此今本《纪年》,商师征有洛氏系据《逸周书·史记》,荆降事或即据下引《越绝书》。

之从也,汤于是饰牺牛以事荆伯,乃愧然曰,失事圣人礼,乃委其诚心。"①《尚书大传》说:"汉南诸侯闻之,归之四十国。"②盖殷人尚敬而好鬼神,其遗荆伯、葛伯以牛羊,盖以施鬼教也。《吕氏春秋·顺民》:"汤以身祷于桑林,剪其发,䰅其手,以身为牺牲,用祈福于上帝。"此为殷人尚鬼之明证。(《殷本纪》言:"帝武乙无道,为偶人谓之天神,与之博,令人为行,天神不胜,乃僇辱之,为革囊盛血,仰而射之,命曰射天。"此事甚奇,当是殷人信鬼过甚之反响。)而即推鬼教以力征诸侯也。《墨子·非攻下篇》:"天有诰命,乃命汤于镳宫,用受夏之大命,曰夏德大乱,予既卒其命于天矣,往而诛之,予必使汝堪之。汤焉敢奉率其众,是以乡有夏之境,帝乃使阴暴毁有夏之城,少间有神来告曰,夏德大乱,往攻之,予必使汝大堪之,予既受命于天,天命融隆火于夏之城间西北之隅,汤奉桀众以克有属诸侯于薄。"夫殷之信鬼神为何如耶?汤既徙都景亳,遂伐洛,又伐楚。《纪年》二十六年商灭温,二十八年而昆吾遂伐商③。则以南方既服,遂进而规河北,而昆吾乃莫可坐视也。方汤之西侵,桀则自河南以徙居斟鄩,昆吾盖亦自许而还居于卫。《诗》曰:"韦、顾既伐,昆吾、夏桀。"郑玄《诗笺》说:"豕韦、顾、昆吾三国党于桀恶,汤先伐韦、顾克之,昆吾、夏桀则同时诛也。"④《毛诗后笺》曰(《传疏》同):"夏桀之际,昆吾最强,顾在其东,豕韦在其西,连属密迩,汤伐韦、顾,锄其与党,而昆吾以成孤国之形。"⑤则昆吾于时

① 《越绝书·吴内传》第四。
② 《尚书大传·殷传·汤誓》。
③ 两事皆据今本《纪年》。
④ 《诗·商颂·长发》郑笺,节引。
⑤ 胡承珙《毛诗后笺·商颂·长发》。

固还居于卫也。《竹书纪年》:"桀二十八年昆吾伐商,商会诸侯于景亳,遂征韦,商师取韦,遂征顾,二十九年商师取顾,三十年商师征昆吾,三十一年商师自陑征夏邑,克昆吾。"①汤之征,盖自韦、顾以及昆吾,自昆吾以及夏,盖至是汤又东北进以攻桀于斟鄩,战韦、顾于有莘之墟,而桀擒于焦门也。《帝王世纪》言:"凡二十七征而德施于诸侯。"②是汤已得汉南,乃争河北,及桀失九夷之助,则又进而东征。《尚书大传》说:"桀与昆吾同以乙卯日亡。"③知昆吾所系于夏人兴亡之重也。夫夏之中兴也以东夷,商之兴也以得汉南,周之兴也以西戎,三代之兴,胥资于夷狄也如是。汤以东亳兴,以景亳伐夏,《诗》曰:"昔有成汤,自彼氐羌,莫敢不来享,莫敢不来王。"④则又进而怀柔氐羌。故建西亳于秦雍也。

殷汤既诛昆吾,以革夏命,即有事于东方。《后汉书·东夷传》曰:"桀为暴虐,诸夷内侵,殷汤革命,伐而定之。"则九夷至是亦臣服于商。终商历年,惟再征蓝夷,一伐鬼方而已。夏人

---

① 此杂录今本《纪年》各年集为一条,非原文也。诸事于《诗·长发》、《书序》及《左传》得其旁证。

② 《路史·后纪》卷十三下《夏后氏》:汤初征自葛,"二十有七征而德施于诸侯"。然未言据《世纪》。

③ 《路史·后纪》卷十三下《夏后氏》下,罗苹注:"按传:桀与昆吾同以乙卯日亡。"按同卷近处注中两引"传云",陈寿祺、皮锡瑞两《大传》辑本皆入录,独未录"同以乙卯日亡"条,不审何故。按《诗·长发·笺》云:"昆吾夏桀则同时诛也。"《礼记·檀弓》下郑注:"桀以乙卯日亡。"《释文》引贾逵云:"桀以乙卯日死。"《左传》昭十八年:"二月乙卯,周毛得杀毛伯过而代之。苌弘曰:毛得必亡,是昆吾稔之日也。侈故之以,而毛得以济侈于王都,不亡何待?"杜注:"昆吾,夏伯也,稔,熟也,侈恶熟,以乙卯日与桀同诛。"是"桀与昆吾同以乙卯日亡"于史有据,则罗苹所认之《传》,当为有据,陈、皮二君,殆皆失之。

④ 《诗·商颂·殷武》。

都晋,将以振威灵于北方,而委昆吾以南土。商之时,大彭、豕韦作霸于东南,岂商人以东夷委彭、韦耶!《纪年》:"外任元年,邳人佽人叛,河亶甲三年,彭伯克邳,五年佽人入班方,彭伯、韦伯伐班方,佽人来宾。"①则殷道尝衰,而大彭、豕韦则建国淮济,渐入九夷巢穴,盖专任殷之东藩者也。佽人即有佽,一曰有莘,在鲁,汤所婚国,此外戚之强者也。邳人在徐,仲虺之宗,此世臣之强者也。是皆东方叛国,盖东土而叛,故商人以二伯制之。《左氏昭元年传》:"虞有三苗,夏有观、扈,商有佽、邳,周有徐、奄。"观、扈、徐、奄,几危夏、周。则佽、邳之强可见也。盖殷方内乱,而佽、邳跳梁,彭、韦作伯,正王室播迁、内外多故时也。《盘庚》云:"不常厥邑,于今五邦。"《郑注》云:"汤自商徙亳。"②数商、亳、嚣、相、耿,为五。《孔传》数盘庚迁殷,不数商,盖五邦当成汤之后,而盘庚之前。考仲丁迁隞,隞亦作嚣,河亶甲居相,祖乙迁于邢,邢亦作耿,祖乙又自耿迁于庇,南庚迁奄,此汤后至盘庚之五邦也。《殷本纪》云:"自仲丁以来,废嫡而立诸弟子,弟子争立,比九世乱,商衰,诸侯莫朝。"则自太戊中兴以后,至于盘庚,祸乱相循,则五迁正以政衰国乱,王室不宁故也。《竹书纪年》:"祖乙元年自相迁于耿,命彭伯、韦伯。"③《汉书·地理志》:"河东郡皮氏有耿乡。"于时邳、佽之乱方平,彭、韦始大,命为二伯,委以东南,而自迁河东,若避其锋者,则所谓巫咸任职商复兴,亦惟君临北方诸侯耳。郑玄云:"祖乙居耿,后奢侈逾礼,土地迫近,山川尝圮焉。"又云:"民居耿久,奢淫成俗。"

---

① 节录今本《纪年》,邳、佽见《左传》,班方见古本,彭、韦即大彭、豕韦。
② 《盘庚》,《尚书》篇名。郑注见伪孔《书·盘庚》上孔《疏》引。
③ 今本《纪年》,迁耿见《书序》及郑注,大彭、豕韦为商伯见《郑语》。

王肃说："自祖乙五世至盘庚兄阳甲，宫室奢侈，邑民垫隘，水泉泻卤，不可以行政化。"①是祖乙北徙硁瘠，谅不得已，而奢侈逾礼，创业即非。郑玄曰："祖乙去相居耿，而国为水所毁，于是修德以御之，不复徙也。录此篇者，善其国圮毁改政而不徙。"②祖乙以不徙见录，则仲丁迁隞、河亶甲迁相、盘庚迁殷，又以徙而见录何耶？五邦之迁，皆以衰乱可知也。《殷本纪·正义》引《竹书纪年》："自盘庚徙殷至纣之灭，七百七十三年更不徙都。"③是古文以盘庚之迁在河北，与《史记》云："盘庚渡河南，复居成汤之故居"④者异。姚姬传以"扬雄说：盘庚北迁，牧野是宅"证迁殷之在河北。《史记·项羽本纪》："乃与期洹水南、殷虚上。"《集解》、《索隐》并引《汲冢古文》云："盘庚自奄迁于此曰殷墟，南去邺三十里。"（《尚书正义》引作殷在邺南三十里）⑤此殷墟即盘庚迁处。束晳云："《书序》盘庚五迁，将治亳殷，旧说以为居亳殷在河南，孔子壁中《尚书》云将始宅殷。"⑥始宅殷者明非汤亳都，斯亦宅殷为居河北之证。《楚语》上："昔武丁能耸其德，至于神明，以入于河，自河徂亳。"盖武丁灭大彭，用兵东方，故自河徂薄以征之，非谓便都于亳也。

氏羌南服，自汤以来，服事王室。武丁之际，又复伐楚及鬼方。《诗》曰："奋伐荆楚，深入其阻。"⑦《易》曰："高宗伐鬼方，三

---

① 自郑玄至王肃皆见伪孔《书·盘庚序》孔《疏》引。
② 伪孔《书·咸有一德》孔《疏》引《书序》郑注。
③ 泷川资言《史记会注考证》本作"二百七十五年更不徙都"。参前注。
④ 《史记·殷本纪》。
⑤ 伪孔《书·盘庚》上孔《疏》引。
⑥ 伪孔《书·盘庚》上孔《疏》引。
⑦ 《诗·商颂·殷武》。

年克之。"①盖商人委东土于二伯,而自专力于西南。扬雄《赵充国颂》:"鬼方宾服。"《李善注》引《世本注》云:"鬼方于汉则先零戎。"②《殷武》言:"昔有成汤,氐、羌来享来王。"③《匡衡传》谓之"成汤怀鬼方"④。是皆鬼方为西戎之证。高宗伐鬼方三年而仅克,则其强可知也。《楚世家》言:"昆吾氏,夏之时常为侯伯,桀之时,汤灭之。彭祖氏,殷之时常为侯伯,殷之末世灭彭祖氏。"贾逵又说:"殷武丁灭豕韦。"⑤《纪年》以为"武丁三十二年伐鬼方,次于荆。三十四年王师克鬼方,氐、羌来宾。四十三年王师灭大彭,五十年征豕韦克之。"是武丁中兴,南伐荆而西伐鬼方,遂东翦二霸,则武丁之朝诸侯、有天下,武力盛也。《后汉书·东夷传》说:"武乙衰敝,东夷寖盛,遂分迁淮、岱,渐居中土。"自武丁至于武乙,才五十年,而九夷遂以入中土。自是以后,迄于周之中叶,东夷为强,独非灭大彭、豕韦之过耶?知霸主系于尊王攘夷之重,而殷自武丁而后,遂渐不可振也。《周语》下谓:"孔甲乱夏,四世而殒。帝甲乱商,七世而殒。"商自是遂衰。然《尚书·无逸》说:"其在祖甲,不义惟王,旧为小人,作其即位,爰知小人之依,能保惠于庶民,不敢侮鳏寡。"郑玄说:"祖甲,武丁子帝甲也。祖甲兄祖庚贤,(其父)武丁欲废兄立弟,祖甲以

---

① 《易·既济·象》。
② 《赵充国颂》载《昭明文选》卷三十七。
③ 《诗·商颂·殷武》,原诗作"若有成汤,自彼氐羌,莫敢不来享,莫敢不来王"。此以意节引。
④ 《汉书·匡衡传》原作"此成汤所以建至治,保子孙,化异俗而怀鬼方也"。此节引。
⑤ 《史记·夏本纪·集解》引贾逵曰:"祝融之后封于豕韦,殷武丁灭之,以刘累之后代之。"韦昭注《郑语》及《晋语》八并用贾说。

此为不义,逃于人间。"①是祖甲亦不失为殷之令主。《竹书纪年》:"祖甲二十四年重作《汤刑》。"繁刑以携远,殷道复衰。《左氏传》昭六年:"夏有乱政而作《禹刑》,商有乱政而作《汤刑》,周有乱政而作《九刑》。"则祖甲之乱商,正以作《汤刑》耳!而《禹刑》之作,盖为孔甲亦可知。郑玄曰:《书说》云:"周穆王以甫侯为相。"史迁谓"诸侯有不睦者,甫侯言于王,作修刑辟"②。则作修刑辟,固所以威来诸侯。自武丁伐鬼方、灭大彭、克豕韦,遂朝诸侯有天下。祖甲继之征西戎,袭其余烈,是亦欲以威来诸侯者。则孔甲、祖甲之乱夏、商,非有暴行虐政。昭四年《左氏传》曰:"成有岐阳之蒐,康有酆宫之朝,穆有涂山之会。"《国语》叔向曰:"昔成王盟诸侯于岐阳。"③此岐阳之蒐也。《汉书·律历志》:"故毕命《丰刑》曰:惟十有二年六月庚午朏,王命作策书《丰刑》。"此作于酆宫之朝也。穆有涂山之会,亦有《甫刑》,三代之事一也。昭六年《传》以"周有乱政作《九刑》"。文十八年《传》太史克曰:"先君周公制周礼,作誓命曰,毁则为贼,掩贼为藏,窃贿为盗,盗器为奸,主藏之名,赖奸之用,为大凶德,有常无舍,在《九刑》不忘。"杜预说:"誓命以下皆《九刑》之书。"④是《九刑》之书,周公所作,所谓乱政者,其即东征事耶!孔甲、祖甲之为,非有异于武丁、成、康、周公之为,或以武力不竞,夏、商自是遂衰,遂谓之乱耳。《周语》下曰:"厉、宣、幽、平而贪天祸。"则宣自不必贤君,惟武力外振,故号为贤也。《帝王世纪》

---

① 伪孔《书·无逸》孔《疏》引。
② 《史记·周本纪》及《集解》引郑玄。
③ 《国语·晋语》八。
④ 上两引《传》皆《左传》,杜注见文十八年。

【十】 殷之兴替

曰："殷高宗之子曰孝己,有孝行,其母早死,高宗惑后妻之言放之而死。"①夫高宗既放孝己,又欲废祖庚,过行多矣。而孟子曰"由汤至于武丁,贤圣之君六七作。"②殆以其能朝诸侯、有天下,遂亦谓之贤也。《史记》称:"孔甲好方鬼神,事淫乱。"③《左氏昭十九年传》:"有夏孔甲,扰于有帝,帝赐之乘龙,河、汉各二,各有雌雄。"《周本纪》称:"夏后氏之衰也,有二神龙止于夏帝庭,曰余、褒之二君。"是孔甲好方鬼神之事也。则孔甲好方鬼神,祖甲不侮鳏寡,又各有间,然均以武力不竞,自是而后,诸侯相兼,而王室卑也。

《周本纪》:"公刘虽在戎狄之间,复修后稷之业,周道之兴自此始,故诗人歌乐思其德。"《毛传》说:"公刘居于邰,而遭夏人乱,迫逐公刘,公刘乃辟中国之难,遂平西戎而迁其民,邑于豳焉。乃埸乃疆,言修其疆埸也;乃积乃仓,言民事时和,国有积仓也;张其弓矢,秉其干戈戚扬,去之豳,盖诸侯之从者十有八国焉。"④是公刘辟中国之难,徙居夷狄,有武事焉,从者十八国,固俨然诸侯之长,宜王业之兴自此始。《鲁语》上言:"高圉,能帅稷者也,周人报焉。"高圉之大有造于周,谅亦犹杼之于夏、上甲微之于殷,皆有起废继绝之功,惜周事独无考耳。《尚书大传》:"文王受命,一年断虞芮之质,二年伐于,三年伐密须,四年伐畎夷,五年伐耆,六年伐崇。七年而崩。"⑤此文王之五伐。

---

① 《昭明文选》卷十八马季长《长笛赋》李善《注》引《帝王世纪》曰:"高宗有贤子孝己,其母早死,高宗惑后妻之言,放之而死,天下哀之。"《六臣注本》无此条。
② 《孟子·公孙丑》上。
③ 《史记·夏本纪》。
④ 《诗·大雅·生民之什·公刘·毛传》节引。
⑤ 《尚书大传·周传·康诰》。

名师讲义
蒙文通中国古代史讲义

《诗》:"虞、芮质厥成。"《传曰》:"二国之君乃相让,以其所争田为闲田而退,天下闻之而归者四十余国。"①周至是乃蔚为大国,可以力征不顺,而为受命之王,是一年受命而来者四十余国。《韩非子·难二》曰:"昔者文王侵盂、克莒、举酆。三举事而纣恶之。"盂即于,《史记》作邘,是二年伐于而定者三国。《诗》曰:"密人不恭,敢距大邦,侵阮、徂、共。"郑玄《笺》云:"阮也、徂也、共也,三国犯周,而文王伐之,密须之人乃敢距其义兵。"又云:"殷崇之君,其行暴乱,密、阮、徂、共之君,于是又助之谋,言同于恶也。"②是此诸国助纣犯周,三年伐密须而定者四国。《诗·采薇》毛《序》云:"文王之时,西有昆夷之患,北有玁狁之难,以天子之命,命将率,遣戍役,以守卫中国。"郑《笺》云:"西伯以殷王之命,命其属为将率,将戍役御西戎及北狄之难。"《出车之诗》曰:"王命南仲,往城于方。"《传》曰:"南仲,文王之属,方,朔方,近玁狁之国也。"又曰:"赫赫南仲,玁狁于襄。"则除北狄也。又曰:"赫赫南仲,薄伐西戎。"③是攘昆夷也。郑玄说:"畎夷,混夷也。《诗》曰混夷駾矣,四年伐之,南仲一行并平二寇。"④是四

---

① 《诗·大雅·文王之什·绵·毛传》节引。
② 此诗为《大雅·文王之什·皇矣》,前《笺》在"密人不恭"句下,后《笺》在"维彼四国"句下。
③ 《采薇》、《出车》皆《诗·小雅·鹿鸣之什》篇名。
④ 《诗·小雅·鹿鸣之什·采薇序》孔《疏》引:"《尚书传》:四年伐犬夷。注云:犬夷,昆夷也。四年伐之,南仲一行并平二寇。"与此引文不同。此引盖据陈寿祺、皮锡瑞辑本。陈寿祺曰:"《毛诗·皇矣·正义》云:混夷,《书传》作畎夷,盖畎、混声近,或作犬夷,则畎字之省也。《二雅谱·正义》引作昆夷,《礼记·文王世子·正义》引作鬼方,并误。"按"混夷駾矣"出自《大雅·文王之什·绵》,孔《疏》云:"伐混夷者,《书传》之文,《书传》之注亦引此'混夷駾矣。'"两辑盖据此《疏》增改,惜未注明。

年伐畎夷而平者二国。《西伯戡黎》，郑玄曰："入纣圻内。"①是五年伐耆乃至殷之畿甸。《大戴礼》："纣不悦诸侯之听于周昌，乃退伐崇、许、魏。"②是六年伐崇而平者三国。《荀子·仲尼篇》言："文王诛四，武王诛二，周公卒业。"诛四者当即此五伐，以伐耆为天子圻内，故不计也。《易·是类谋》："文王比隆兴始霸，伐崇，作灵台，受赤雀丹书，称王制命。"③是文王之伐，以崇为大。《诗·维清·笺》云："文王受命，始祭天而枝伐也。"④《中候我应》云："枝伐弱势。"《郑注》云："先伐纣之枝党，以弱其势，若崇侯之属，是枝之文也。"⑤亦惟举崇言之。《我应》云："元汤伐乱崇壁首，王曰于戏，斯在伐崇谢告。"《郑注》："天命此在伐崇侯虎，谢百姓且告天。"是亦大伐崇之义也。《左氏僖十九年传》："文王闻崇德乱而伐之，军三旬而不降，退修教而复伐之，因垒而降。"则崇之强于此可见。郑氏《皇矣·笺》云："文王伐崇，而无复敢悔慢周者，无复俉戾文王者。"盖崇固西方大国，纣之西藩，亦犹奄为东方大国，为商东藩。自西崇灭而殷商之枝属以剪，周遂制命称王，而西方之形势毕归于周也。

《竹书纪年》："太戊二十六年西戎来宾，王使王孟聘西戎。阳甲三年西征丹山戎。祖甲十二年征西戎。"盖自兹而后西戎渐强，遂以多事，而时见纪录也。《后汉书·西羌传》说："武乙暴虐，犬戎寇边，周古公逾梁山而避于岐下。及子季历，遂伐西落鬼戎。太丁之时，季历复伐燕京之戎，戎人大败周师。后二

---

① 伪孔《书·西伯戡黎》孔颖达《正义》引。
② 《大戴礼记·少闲》。
③ 《是类谋》，《易纬》之一，或作《筮类谋》。
④ 《维清》，《诗·周颂·清庙之什》篇名。
⑤ 《中候我应》，《尚书纬》之一。

名师讲义
蒙文通中国古代史讲义

年周人克余无之戎,于是太丁命季历为牧师。自是之后,更伐始呼、翳徒之戎,皆克之。及文王为西伯,西有昆夷之患,北有猃狁之难,遂攘戎狄而戍之,莫不宾服,乃率西戎征殷之叛国以事纣。及武王伐商,庸、蜀、羌、髳、微、卢、彭、濮人,率师会于牧野。"①盖自西戎渐强,惟季历能创之,伐鬼方则俘二十翟王②,其强可见。太丁遂命季历为牧师,继嫉其强盛,复杀季历,一若武丁之于大彭、豕韦者。帝乙三年,命南仲西拒昆夷,城朔方,殷尝以西陲之事委周也。《纪年》:"帝辛四年大蒐于黎,二十二年大蒐于渭,二十三年囚西伯于羑里。"③《左氏昭四年传》言:"纣为黎之蒐,东夷叛之。"《昭十一年传》言:"纣克东夷而陨其身。"杜预曰:"黎,东夷国名。"盖武乙以来,二伯久陨,东夷遂强,纣方有事于东,未暇兼顾西鄙,故命文王为西伯,以西土委之,以黎之蒐而克东夷,则渭之蒐所以绥西戎,纣既西蒐,翼年而文王囚也。《襄三十一年左传》:"纣囚文王七年,诸侯皆从之囚,纣于是乎惧而归之。"《史记》言:"赦西伯,赐之弓矢斧钺,得专征伐。"④西伯侵盂、克莒、举酆,三举事而纣恶之,文王乃惧。请入洛西之地、赤壤之国方千里,以请解炮烙之刑。仲尼闻之曰:仁哉文王,智哉文王(《韩非子·难二》)。盖文王以欲解纣之忌,播纣之恶,而悦己于诸侯,故孔子谓之智也。郑玄《诗谱》说:"帝乙初命王季为西伯,至纣又命文王典治南国江、汉、汝旁

---

① 末句原作"羌髳率师会于牧野",此盖据《尚书·牧誓》增补。
② 《西羌传》"伐西落鬼戎"句下,章怀《注》引《竹书纪年》:"武乙三十五年,周王季伐西落鬼戎,俘二十翟王。"今本《纪年》不记"俘二十翟王"。章怀所见盖古本,此据以为说。
③ 此今本《纪年》,大蒐于黎本《左传》,囚羑里据《殷、周本纪》。
④ 《史记·周本纪》。

之诸侯。"① 是纣既恶文王,以扼于从囚之诸侯,欲杀之而未能。西戎既多殄灭,则即使专征伐,南国既已向周,则即使典治之,佯羁縻而已。《殷本纪》言:"诸侯有叛者,于是纣乃重刑辟。"此与穆王以诸侯有不睦者作修刑辟何异?盖自帝乙之立,殷益衰,故宜修刑以威诸侯,抚中国。纣以西伯、九侯、鄂侯为三公,则醢九侯,脯鄂侯。《韩非子》说:"翼侯炙,鬼侯腊,梅伯醢。"②《拾遗记》:"纣之昏乱,欲讨诸侯,使飞廉等惑所近之国,侯服之内,使烽燧相续,纣登台以望火之所在,乃兴师往伐其国,杀其君,囚其民。"③ 则纣方有事于中国以禁反侧,而急与文王争诸侯也。《天问》:"桀伐蒙山,何所得焉?"《汲冢纪年》:"十四年,桀命扁帅师伐岷山,岷山庄王女于桀二女,曰琬曰琰。"④《韩非子·难四》:"桀索岷山之女。"盖桀尝西征。刘敬言:"公刘避桀居豳。"⑤《吴越春秋》言:"公刘避夏桀于戎狄。"⑥ 是桀势西侵,公刘则徙居戎狄以避之,是桀、纣之暴非他,亦欲如武丁、周宣之以力征而朝诸侯耳。既曰:"文王乃率西戎征殷之叛国。"则其伐密须,伐阮、徂、共,戡耆,伐崇,皆以西戎之力。是文王遂又假尊王之名,率戎以侵中国,亦东向而争诸侯,武王又率汝、

---

① 此《诗谱》为《周南、召南谱》。阮刻《十三经注疏》此谱紧置于《诗谱序》之后。
② 《韩非子·难言》。
③ 《拾遗记》卷二《殷汤》。
④ 今本《纪年》作:"十四年扁率师伐岷山。癸命扁伐山民,山民女于桀二人,曰琬曰琰。"《艺文类聚》卷八引古本作:"桀伐岷山,岷山庄王女于桀二女,曰琬曰琰。"《御览》八二引作"后桀命扁伐岷,进女于桀二人,曰琬曰琰。"此引盖综三本。
⑤ 《史记·刘敬叔孙通列传》。
⑥ 《吴越春秋·吴太伯传第一》。

汉诸蛮而诛纣于坶野。《竹书纪年》云:"武王率西夷伐殷。"①则夷狄与霸君之系于兴亡,又可见矣。《淮南子·道应》:"文王归,乃为玉门,筑灵台,相女童,以待纣之失也。纣闻之曰:周伯昌改道易行,吾无忧矣。"是文王尝易行改道以释纣西顾之忧,俾敝于东而后承之,其处心固无殊于战国之权变。《韩非子·内储》说下:"文王资费仲而游于纣之旁,令之间纣而乱其心。"《喻老》:"周有玉版,纣令胶鬲索之,文王不与。费仲来求,因与之。是胶鬲贤而费仲无道也,周恶贤者之得志也。"②文王之处心何如,于此亦足见之。《说苑·武指》说:"文王曰:密须氏疑于我,可先往伐。管叔曰:不可,其君,天下之明主也,伐之不义。文王用太公言,遂伐密须灭之。"《诗》曰:"密人不恭,敢距大邦。"③岂疑于我之谓不恭耶!则文王、太公之谋,管叔之所不喜也。武王既没,管叔遂率淮夷以武庚叛,则管叔之义高矣。《周本纪》言:"崇侯谮西伯于纣曰:西伯积善累德,诸侯皆向之,将不利于帝。纣乃囚西伯。"纣囚文王七年,诸侯皆从之囚,纣于是乎惧而归之(间用《左传》文)。则曰"谮西伯者崇侯虎也"④。此与汉景晁错之事何异?《说苑·武指》说:"文王欲伐崇,先宣言曰:余闻崇侯虎蔑侮父兄,不敬长老,百姓尽力不得衣食,余将征之。"则崇侯遂成元凶巨憝,此亦有扈氏威侮五行、怠弃三政之比也。《韩非子·外储》说左下:"费仲说纣曰:西伯昌贤,百姓悦之,诸侯附焉,不可不诛。"则费仲与崇侯虎之用心

---

① 《水经·清水注》引《竹书纪年》:"周武王率西夷诸侯伐殷,败之于坶野。"今本亦略同。此节引。
② 《喻老》,《韩非子》篇名。
③ 《诗·大雅·文王之什·皇矣》。
④ 《史记·周本纪》。

固同。《说苑·杂言》："费仲、恶来、革、崇侯虎顺纣之心,欲以合于意,武王伐纣,四子身死牧之野,头足异处。"是四子者固纣之心膂,犹昆吾之与夏桀同日亡,非必不肖人也。《竹书纪年》所称"益干启位,启杀之。太甲杀伊尹。文丁杀季历,共伯和干王位,夏年多殷,周受命至穆王百年"①,《史记》又说:"周公奔楚。"②在昔视为齐东野人之语者,固皆可信,复得质证于《韩非》《鲁连》诸子之书,则谓六经之所美刺为实事者陋矣。

殷之末世,戎强于西,夷强于东,季历、文王继世征攘,西戎遂以内附,而东夷则犹梗化。盖《东夷传》云:"武乙衰敝,东夷浸盛,遂分迁淮、岱,渐居中土。"则纣之世,二伯既殒,东夷之强可知。《昭二十四年传》:"《太誓》:曰纣有亿兆夷人,亦有离德。"《杜预注》:"纣众亿兆,兼有四夷,不能同德,终败亡也。"《周本纪》言:"纣发兵七十万,拒之牧野。"则纣师之倒戈,盖以夷人之离德,不为纣用。曰亿兆,曰七十万,其辞虽夸,要足以见东夷之强盛。《韩非子·初见秦》:"昔者纣为天子,将率天下甲兵百万,左饮马于淇溪,右饮马于洹溪,淇水竭而洹水不流,以与周武王为难。"皆见纣众之盛也。盖纣为黎之蒐而克东夷,虽胁之以威,俾起师自容间至浦水(《帝王世纪》文),以战于牧野,即以夷人之未附而亡。桀以不能起九夷之师而亡,纣以东夷之倒戈而亡,则东夷系于夏、商之兴亡如此。桀不能起九夷之师而三致国于汤,以自徙南巢,纣则强九夷之师以战于牧野。夏于昆吾共终始,而商则先翦大彭、豕韦,杀季历,凡以见商人

---

① 《晋书·束皙传》,诸事顺序略不同,又《晋书》作"幽王既亡,有共伯和者摄行天子事",苏辙《古史》作"共伯和干王位"。此引从苏。

② 见《史记》《鲁周公世家》及《蒙恬列传》。

之暴，不如夏人之宽。《礼·表记》："子曰：夏道尊命，先禄而后威，先赏而后罚，亲而不尊。殷人尊神，先鬼而后礼，先罚而后赏，尊而不亲。"《殷本纪》："汤曰吾甚武，号曰武王。"《荀子·正名篇》云："刑名从商。"《周书·史记》："严兵而不仁者，其臣慑，民不亲其吏，刑始于亲，远者寒心，殷商以亡。"《左氏宣十二年传》曰："纣之百克而卒无后。"《宣十五年传》曰："夫恃才与众，亡之道也，商纣由之故灭。"此皆夏宽殷猛之证。故桀既放逐，而汤有惭德，纣已焚死，而武王又射之三发，以黄钺斩纣头，悬于赤旆，商、周之报之也亦殊，非偶然也。

【十一】 周之兴替

文王率西戎以征叛国,武王率江、汉、汝旁之诸侯以伐殷。周之始兴,先定西南,遂观兵孟津,东向以争大位。孟子曰:"周公相武王诛纣、伐奄,三年讨其君。"①《赵岐注》:"奄,东方无道国。奄,大国,故特伐之。"《郡国志》:"鲁国,古奄国。"②既诛纣以定中原,又伐奄以奠东方,而后天下毕定。《荀子·仲尼篇》言:"文王诛四,武王诛二,周公卒业。"盖诛纣、伐奄之为诛二也。三年讨其君,盖定商奄之难也。乃封太公于齐以表东海,封召公于燕以临其北,封周公于鲁以处其南。《逸礼》曰:"太公

---

① 《孟子·滕文公》下。
② 司马彪《续汉书·郡国志》二,现载范晔书后。

为太师,周公为太傅,召公为太保。"①周之三公重臣,毕封于东,重权积势以制之,则以东土未集,其备之乃若是其严也。《齐世家》言:"太公至国。莱侯来伐,与之争营丘。营丘边莱,莱人,夷也,会纣之乱而周初定,未能集远方,是以与太公争国。"当时东夷之暴,于此亦足见之。《周本纪》言:"封商纣子禄父,抚殷之余民,为殷之初定未集,乃分其畿内为三国。"郑玄《诗谱》说:"周武王伐纣,以其京师封纣子武庚为殷后,三分其地置三监,使管叔、蔡叔、霍叔尹而教之。自纣城而北谓之邶,南谓之鄘,东谓之卫。"②以三公镇东土,以三监镇殷墟,则诛纣伐奄,既有天下之后,周人所以制商奄之方略,固燎若指掌也。《王制》言:"天子使其大夫为三监,监于方伯之国。"③岂彼时殷势尚盛,故以武庚为方伯耶!《齐世家》言:"周成王少时,管、蔡作乱,淮夷叛周,乃使召康公命太公,东至于海,西至于河,南至于穆陵,北至于无棣,五侯九伯,实得征之。"则周人以殷乱付周公讨之,以东夷之乱俾太公讨之。盖周虽以三公毕封于东,而周、召二公皆留相王室居内,东土唯委之于齐。《书序》言:"伯禽宅曲阜,徐夷并兴,东郊不开,作《粊誓》。"④《鲁世家》言:"管、蔡等反,淮夷、徐戎亦并兴反,于是伯禽率师伐之,遂平徐戎。"则鲁人东攘,视齐尤力。夫太公在齐,海、岱之间,敛衽而朝焉,势非不厚,权非不重也,乃当宗周之急,拱手以观其成败何耶?及周公战于殷,伯禽战于鲁,王室赖以复宁。《书序》言:"召公、周公相

---

① 《艺文类聚》卷四六职官部引《逸礼》。
② 此《诗谱》为《邶鄘卫谱》,阮刻《十三经注疏》载《诗·邶风》之首。
③ 此《王制》为《礼记》之一篇。
④ 《粊誓》一般作《费誓》,为《尚书》之一篇,此为《费誓》之《序》。

成王为左右,召公不说,周公作《君奭》。"太公岂亦有疑志于周公耶!

《鲁世家》言:"管、蔡、武庚果率淮夷而反,周公兴师东伐,遂诛管、蔡,杀武庚,宁淮夷,东土诸侯,咸复宗周。"《诗》曰:"周公东征,四国是皇。"《毛传》说:"四国,管、蔡、商、奄也。"①盖周公既戡殷乱,又定淮夷,而东土始宁,固非伯禽之力所能蒇事。周初之所致虑者即殷墟与东夷,故以三公三监镇之,而相率以叛者,即此两大势力,其强固未易服也。《尚书大传》:"奄君薄姑谓禄父曰:武王既死矣,今王尚幼矣,周公见疑矣,此世之将乱也,请举事。然后禄父及三监叛也。"②则管、蔡之乱,奄人实启之。《韩非子》说:"周公将攻商盖,辛公申曰:不如服众小以劫大,乃攻九夷,而商盖服矣。"③商盖即商奄,是奄果大国,而周人之劲敌,周公亦仅服之而已。《周本纪》言:"周公行政七年,反政成王,东伐淮夷,残奄,迁其君薄姑。"《尚书·孔传》:"成王即位,淮夷、奄国又叛,王亲征之,遂灭奄而徙之。"④《帝王世纪》:"成王既营都洛邑,复居丰、镐,淮夷及徐戎、商奄又叛,王乃大蒐于岐阳,东伐淮夷。"又以见周公惟宁淮夷,服商奄,至成王乃伐而残之,然后东土始大定,东夷固周人之劲敌,历久而后弱削也。《周书·作雒解》:"三叔及殷东徐、奄及熊盈以畔。"又

---

① 《诗·豳风·破斧》。
② 《尚书大传·金縢》,陈辑作"今王尚幼矣",皮辑作"成王尚幼矣"。
③ 《韩非子·说林》上。
④ 伪孔《书·蔡仲之命》篇末载《成王政》序:"成王东伐淮夷,遂践奄,作《成王政》。"伪《孔传》云:"成王即位,淮夷、奄国又叛。王亲征之,遂灭奄而徙之。"《正义》引郑康成以为"摄政三年伐管蔡时事"。与伪《孔传》不同。皮锡瑞《今文尚书考证》以《孔传》成王即位亲征之说甚合经义,郑君偶有不照"。《孔传》虽伪,然亦有有所据而可取者。

名师讲义
蒙文通中国古代史讲义

云:"凡所征熊盈族十有七国,俘维九邑。"足见东征灭国之多。孟子云:"诛纣、伐奄,三年讨其君,灭国者五十。"《汉书·地理志》:"临淮郡徐县,自注:故国,盈姓,至春秋时徐子章禹为楚所灭。"《左氏昭元年传》:"周有徐、奄。"《杜注》:"二国皆嬴姓。"《正义》以为《世本》文也。是盈即嬴姓,徐、奄之属是也。《世本》云:"淮夷,嬴姓。"又言:"江、黄二国皆嬴姓。"见嬴姓之国之多。是周公之攻九夷,成王之伐东夷(《书序》)①,其皆嬴姓之国而少昊、皋陶之裔也。《秦本纪》言:"中衍,鸟身人言,太戊闻而卜之,使御吉,遂致使御而妻之。自太戊以下,中衍之后,遂世有功,以佐殷国,故嬴姓多显,遂为诸侯。"是嬴姓固殷之世臣,其叛周宜也。"恶来有力,飞廉善走,父子俱以材力事殷纣,武王伐纣,并杀恶来。"孟子曰:"驱飞廉于海隅而戮之。"②嬴氏固世忠于殷。而海隅其根据地也。《帝王世纪》言:"皋陶,偃姓。"《世本》说:"偃姓,皋陶之后。"③《世本》:"偃姓舒庸、舒蓼、舒鸠、舒龙、舒鲍、舒龚。"杜预以舒为东夷国人。《路史》云:"少昊后偃姓舒国。"④是偃姓亦少昊、皋陶之裔。周公荆、舒是惩,尝并

---

① 此东夷即淮夷及奄,《史记·周本纪》及《书序·贿肃慎之命》并称之为东夷。
② 《孟子·滕文公》下,上引同。
③ 《通志·氏族略·以国为氏·周异姓国》舒蓼氏下引《世本》:"舒蓼,偃姓,皋陶之后。"舒氏下又云:"亦曰舒鸠氏,子爵,偃,皋陶之后也。"
④ 《路史·后纪》卷七小昊,载小昊帝裔子生皋陶,"有子三人,长伯翳,次仲甄,次封偃,为偃姓。偃(匽)之后有州、绞、弍、轸……舒庸、舒鸠、舒龙、舒蓼、舒鲍、舒龚……后各以国命氏。"《路史·国名记》乙载"少昊后偃姓国",有阜、偃、州、绞、弍、轸、舒庸、舒鸠、舒蓼、舒龙、舒鲍、舒龚等国。

伐此群舒也。武王克殷而巢伯来朝①，郑玄以为"南方世一见者"②。徐邈曰："巢，偃姓之国。"③盖武王诛纣、伐奄，嬴偃之族，并皆率服。及周公摄政，而嬴偃之族并起而叛之，嬴偃之族并出少昊，而又皆为东夷之国，亦足证少昊、皋陶并属东夷而泰族之苗裔也。其熊姓之国，赵佑以为即楚之先，岂熊绎初封遂叛周耶？《左氏桓十二年传》：罗人，《正义》以《世本》"罗，熊姓国"。周初固有熊姓之国而党于商者，然已不可考也。即周公伐楚，未必即用兵丹阳也。

《禹贡》，夏人之九州，《职方》，周人之九州。故孙炎等并谓《尔雅》所述为殷人之九州。《尔雅》有营州而《职方》无之，《职方》之幽州薮貕养，川河、泲，浸菑、时，皆在山东。然《尔雅》：齐曰营州，在青州之东，其东北又距海，至周全失之。《尔雅》曰：燕曰幽州，在辽水东西，至周则不能全有之。周人东北属土，视殷人固远逊也。《书传》曰："武王释箕子之囚，箕子不忍周之释，走之朝鲜，武王闻之，因以朝鲜封之。"④《宋世家》云："武王封箕子于朝鲜而不臣。"则周地东不及营州，以箕子固不臣也。《史记》："伯夷、叔齐，孤竹君之二子也，武王既平殷乱，天下宗周，伯夷、叔齐耻之，义不食周粟，隐于首阳山。"⑤许叔重说："首阳山在辽西。"⑥章枚叔以为今卢龙东南二十五里有首阳山，即

---

① 《周礼·秋官·序官·象胥》孔《疏》云："《书序》云：'巢伯来朝。'郑注：'巢伯，殷之诸侯，武王克商，慕义而来朝。'"《鲁语》上："桀奔南巢。"韦《解》："南巢，扬州地，巢伯之国，今庐江巢县是也。"
② 伪孔《书·旅獒》孔《疏》引。
③ 《春秋穀梁传》襄公二十二年杨士勋《疏》引徐邈。
④ 《书传》即《尚书大传》，此引《洪范传》文。
⑤ 《史记·伯夷列传》。
⑥ 《史记·伯夷列传·正义》引。

古首阳山。《庄子·让王》:"夷、齐北至于首阳之山。"幽州固在中国之北,则周地不能全有古幽州,岂以夷、齐之义不臣周故耶!《书传》曰:"伯夷避纣,居北海之滨,太公避纣,居东海之滨,皆率其党曰:盍归乎,吾闻西伯昌善养老。"①则伯夷、太公之各有其徒党也。《书传》又曰:"散宜生、闳夭、南宫括,三子者学乎太公,太公遂与三子见文王于羑里,文王以为四友,以免虎口。"《郑注》:"吕尚有勇而为将,散宜生有文德而为相。"②《诗·毛传》说:"文王有四臣以受命。"③是太公之党,贤才若此,则伯夷之党亦可知。殆既从伯夷返隐处于首阳北海之滨,遂无从考耳。《韩非子》:"纣为长夜之饮,箕子谓其徒曰:为天下主而一国皆失日,天下其危矣。"④是箕子亦有其徒人。史称:箕子耻臣周室,率国人五千避地朝鲜,遂王其地⑤。则首阳朝鲜之隐,固有义士五百、君子六千为之从。《汲冢书》:"武王十三年率虎贲三千人渡河,伯夷、叔齐扣马而谏,武王不听,去隐于首阳山。或告伯夷、叔齐曰:胤子在郚,父师在夷,奄孤竹而君之,以夹燫王烬,商可复也。"⑥是孤竹之隐,朝鲜之避,其志固深。《韩非·外储》说左下:"伯夷以将军葬于首阳山之下。"则伯夷诚非肥遁

---

① 《尚书大传·西伯戡耆》。
② 《尚书大传·西伯戡耆传》及注。此引就数处引文整合而成。
③ 《诗·大雅·文王之什·绵》《正义》引郑康成《书·君奭·注》云:"《诗传》说,有疏附奔走,先后御侮之人,而曰文王有四臣以受命,此之谓。"疏附奔走先后御侮皆见今《绵·毛传》,独无"文王有四臣以受命"句。陈奂《毛诗传疏》亦未录此语,皮锡瑞《大传疏证》、《诗三家义集疏》引陈乔枞云:"郑注《尚书》所称《诗传》当为《齐诗传》。"
④ 《韩非子·说林》上,节引。
⑤ 此盖综合朝鲜史籍《鲜于奇氏谱谍》及《尚书大传·洪范》、《后汉书·东夷传赞》之意。
⑥ 《绎史》卷二十《武王克殷》引《汲冢书》。

士也。然则周之封燕所以备幽州,而封齐所备营州耶！

《周书·作雒》称:"周公既克殷乱,俾康叔宇于殷,俾仲旄父宇于东。"《孔晁注》:"东谓卫,殷谓鄘。"孙仲容据《世本》以"康叔子康伯名髦,即此仲旄父。"①则周公克殷救乱之后,建康叔于卫,俾仲旄父分治之,以镇殷墟,代三监之任也。《史记》言:"周封伯禽、康叔于鲁、卫,地各四百里;太公于齐,兼五侯地。"②周初大国,惟此三国耳。《左传定四年传》:"因商奄之民,命以伯禽而封于少昊之墟。"班固言:"周成王时,薄姑氏与四国作乱,成王灭之以封师尚父。"③是鲁之大,自商奄既平后益封之,齐之大,自灭薄姑后益封之。《齐语》桓公问管仲曰:"吾欲南伐,何主？西伐,何主？北伐,何主？对曰:南以鲁为主,西以卫为主,北以燕为主。"④是下至桓公之霸,犹以燕、卫、鲁三国为强。成王盖以齐人战不如鲁人之力,乃大封鲁,以东方之任付之;康叔、仲旄宇于庸、卫,以殷墟之任付之。则殷乱既平,周人制商奄二国之方略,又一变也。《诗序》:"《旄丘》,责卫伯也。狄人迫逐黎侯,卫不能修方伯连率之职。"则卫固方伯也。郑注《尚书》云:"分卫为并州。"⑤是卫地北至并州,其辽如是。班固说:"齐桓公更封卫于河南曹、楚丘,而河内殷虚,更属于晋。"⑥则卫自懿公后始失北方地,而晋始大。郑玄《诗谱》:"邶、鄘、

---

① 孙诒让《周书斠补》卷二《作雒解》。孙考綦详,此仅约取结论。
② 《史记·汉兴以来诸侯年表序》。
③ 《汉书·地理志》齐地风俗。
④ 《国语·齐语》,此引对原文有删节调整。
⑤ 《经典释文·尔雅·释地》"九州"引郑康成。
⑥ 《汉书·地理志》魏地风俗。

卫,冀州太行之东,北逾衡、漳,东及兖州桑土之野。"①则康叔受封之地广可知也。《左氏定四年传》:"分鲁公以殷民六族,条氏、徐氏、萧氏、索氏、长勺氏、尾勺氏,使帅其宗氏,辑其分族,以商奄之民,命以伯禽,而封于少昊之墟。分康叔以殷民七族,陶氏、施氏、繁氏、锜氏、樊氏、饥氏、终葵氏,命以《康诰》而封于殷墟,皆启以商政,疆以周索。"夫鲁、卫之封,同以商民以商政,以唐叔封于夏虚启以夏政推之,则卫固殷虚,鲁亦殷虚也。《纪年》:殷自南庚以来居奄,盘庚始自奄迁殷②。许慎曰:"郮,周公所诛,国在鲁。"③郑玄曰:"郮在淮夷之北。"④曰商奄,正以商人尝都此奄国也。商有邳之乱,而大彭作伯徐淮,有佚之乱,而豕韦作伯郮、卫,商人又自居之。周既翦商,盖以其归殷久则难变,乃大建鲁、卫以制之,诚以《周南》、《召南》被文王之化深,而商奄殷虚,尚殷顽之窟宅也。自武庚既诛,以殷民六族封鲁,七族封卫,或从微子徙于宋,或徙之成周,而殷民弱散,不能复叛也。《左氏定六年传》:"太姒之子惟周公、康叔为相睦也。"盖周公鉴二叔之不咸,而移康叔于卫以自固,故曰"鲁、卫之政,兄弟也"⑤。自鲁、卫之建,而王业遂固也。

《明堂位》:"成王以周公勋劳于天下,于是封周公于曲阜,地方七百里,革车千乘。"⑥《王莽传》说:"成王之与周公也,开七

---

① 《诗·国风·邶鄘卫谱》。
② 《竹书纪年》古今本皆同。
③ 《说文解字》邑部,段注本"诛"字下有"郮"字。段云:"奄、郮二字周时并行,今则奄行而郮废矣。"
④ 《史记·周本纪》周公残奄下《集解》引,诸家以为《书序·注》。
⑤ 《论语·子路》。
⑥ 《明堂位》,《礼记》篇名。

【十一】周之兴替

百里之宇，兼商奄之民。"①盖殷之余民，分之于宋、于卫、于鲁、于成周之后，遂不能复叛，而奄则犹强，至成王时再叛再征。则鲁、卫益封四百里，为周公东征时事，及成王伐淮夷、残奄，以东夷屡叛，又益封鲁至七百里也。《閟宫》之诗："王曰叔父，建尔元子，俾侯于鲁，大启尔宇，为周室辅。"《笺》云："封以七百里，欲其强于众国。""乃命鲁公，俾侯于东，锡之山川，土田附庸。"《笺》云："加赐之以山川土田，及附庸令专统之。《王制》曰：'名山大川不以封诸侯，附庸则不得专臣也。'"②《定四年传》："周公相王室以尹天下，分之土田陪敦。"《杜注》："陪，增也，敦，厚也。"夫王圻千里，为方百里者百，今鲁方七百里，为方百里者四十有九，则已半于天子之邦也，则周公之陪敦若是。《诗》曰："奄有龟、蒙，遂荒大东，至于海邦，淮夷来同。"又曰："保有凫、绎，遂荒徐宅，至于海邦，淮夷、蛮貊，及彼南夷，莫不率从。"③是周公所率，自淮海而及南夷蛮貊也。孟子称："戎狄是膺，荆、舒是惩，周公方且膺之。"④《吕氏春秋·古乐篇》："成王立，殷民反，王命周公践伐之，商人服象为虐于东夷，周公遂以师逐之至于江南。"是周公兵威远被荆、扬，尝伐荆楚而击群舒。《蒙恬传》说："周公奔楚。"正以周公之剟彼东南也。《荀子·王制》言："周公东征而西国怨。"诛商奄则东征也。又言："周公南征而北国怨。"伐荆、舒则南征也。《鲁世家》言："成王乃命得郊祭文王，鲁有天子礼乐者，以褒周公之德。"故《明堂位》曰："鲁，王

---

① 《汉书·王莽传》上，陈崇"称莽功德奏"中语。
② 《诗·鲁颂·閟宫》。
③ 并《閟宫》文。
④ 《孟子·滕文公》上。

礼也。"《左氏僖二十四年传》曰:"昔周公吊二叔之不咸,故封建亲戚以蕃屏周,管、蔡、郕、霍、鲁、卫、毛、聃、郜、雍、曹、滕、毕、原、酆、郇,文之昭也,邗、晋、应、韩,武之穆也,凡、蒋、邢、茅、胙、祭,周公之胤也。"《荀子·儒效》言:"周公兼制天下,立七十一国,姬姓独居五十三人,周之子孙苟不狂惑者,莫不为天下之显诸侯。"岂惟姬姓独多。而周公且大封其支庶,比于文、武,其势重拟于天子,则鲁有天子礼乐者,以鲁固拟于周而东方诸侯之长也。孟子曰:"周公之封于鲁也,为方百里,太公之封于齐也,亦为方百里。"①此周初之制,周公、太公受封之疆里也。因薄姑以封太公,于是兼五侯地,因商奄以封伯禽,因三监以封康叔,于是地各方四百里,此既平殷后之制,伯禽、康叔受封之疆里也。成王之与周公也,开七百里之宇,此残奄后益鲁之疆里也。班固言:"武王崩,三监叛,周公诛之,尽以其地封康叔。"②是卫初封固已尽得三国地。而郑玄《诗谱》云:"成王杀武庚,伐三监,更于此三国建诸侯,以殷余民封康叔于卫,后世子孙稍并彼二国。"③赵岐注《孟子》亦谓"周公、太公地尚不能满百里,后世兼侵小国,今鲁乃五百里矣"④。则东汉儒者不识三国益封之义,故立说与司马迁乃大背也。

周初以三公镇东夷,以三监镇殷墟,管、蔡既平,又以伯禽镇东夷,以康叔镇殷虚,此周人理其新疆之方略也。周之始兴,先得西戎,又得南国,此周人之旧疆也。则分陕以东,周公治

---

① 《孟子·告子》下。
② 《汉书·地理志》魏地风俗。
③ 《诗·邶鄘卫谱》。
④ 《孟子·告子》下。

之,及于汝、汉,谓之周南;分陕以西,召公治之,及于江、沱,谓之召南;此周人理其旧疆之方略也。周人既宅丰、镐为西都以固其根本,周公又营成周,召公营王城,为东都以朝诸侯,内分之为周、召,外辅之以鲁、卫,内外相维,周之所以多历年所者,非偶然也。夏人托有吕、昆吾于许,而都晋阳阳城,封支庶于越,此从术也。殷人建三亳而委东土于彭、韦,周人以西都固根本,以东都朝诸侯,而辅之以鲁、卫,此横术也。三代之操术也各不同。惟周人之立制,其用意更密也。然自周公兼夷狄至穆王享国才百年,仅成、康之际刑错而已。在昭王时,王室已不振,图治固又若斯之难。《周本纪》言:"昭王之时,王道微缺,昭王南巡狩不返,卒于江上。"《吕氏春秋》言:"昭王亲将征荆蛮,辛馀靡长且多力为王右,还反涉汉,梁败,王及祭公陨于汉。"①《竹书纪年》:"昭王十六年,伐楚涉汉,十九年,祭公、辛伯从王伐楚,丧六师于汉,王陟。"②周室至是已微弱,二南被化独深之国,而荆蛮已抗命于其间,则王室之衰可知也。《周本纪》言:"昭王卒于江上,子满立,是为穆王。穆王即位,春秋已五十矣,王道衰微,穆王闵文、武之道缺,乃命伯臩申诫太仆国之政,作《臩命》,复宁。"是周室至是而衰也。穆王将征犬戎,祭公谋父谏曰不可,王遂征之,得四白狼、四白鹿以归,自是荒服者不至③。则穆王内修政理,外攘夷狄之令主也。《匈奴列传》言:"武王放逐戎夷,其后二百有余年而穆王伐犬戎,后二百有余年犬戎攻杀幽王骊山下。"则穆王西征,固周之一大事也。《赵世

---

① 《吕氏春秋·音初》作"王及蔡公抎于汉",蔡、祭,抎、陨字通。
② 此据今本,古本亦并载其事。文字有异。
③ 节用《国语·周语》上文。

家》、《秦本纪》皆言:"缪王使造父御,西巡狩,见西王母,乐而忘归。徐偃王作乱,缪王日驰千里马,攻徐偃王大破之。"(《纪年》以征徐在前,西巡在后①,与《史记》不同,此从《史记》。)《东夷传》言:"徐夷僭号,乃率九夷以伐宗周,西至河上。穆王畏其方炽,乃分东方诸侯,命徐偃王主之,偃王处潢池东,地方五百里,行仁义,陆地而朝者三十六国。穆王得骥騄之乘,使造父御以告楚,令伐徐,一日而至,于是楚文王大举兵而灭之。"②盖穆王方有事于西征,徐偃王乘之,率九夷以伐宗周,通沟陈、蔡之间,欲舟行上国。穆王之兵尚西征未返,不得已暂分东方诸侯命主之,而南合楚,周、楚之兵合而偃王败也。《韩非子·五蠹》说:"徐偃王处汉东,地方五百里,行仁义,割地而朝者三十六国,荆文王恐其害己,举兵伐徐遂灭之。"《说苑·指武》说:"王孙厉谓楚文王曰:徐偃王好行仁义之道,汉东诸侯三十六国尽服矣,王若不伐,楚必事徐,文王遂兴师伐徐,残之。"《左氏桓六年传》鬬伯比曰:"我不得志于汉东也,我则使然。"是徐人之王以得汉东诸侯,而楚人亦欲得志于汉东,故穆王令楚伐徐,而楚人利为之。《纪年》:"穆王六年,徐子诞来朝,锡命作伯。十二年,毛伯蕤、共公利、逄公固,帅师从王伐犬戎,冬十月北巡狩,遂征犬戎。十三年,祭公帅师从王西征,次于阳纡。七月西戎来宾,徐戎侵洛。十四年,王师、楚子伐徐戎克之。三十五年,荆人入徐,毛伯迁帅师败荆人于泲。三十七年,伐楚,大起九师,东至

---

① 此《纪年》系今本,可能有误。
② 《后汉书·东夷列传》。

【十一】周之兴替

九江,叱鼋鼍以为梁,遂伐越,至于纡,荆人来贡。"①此穆王将有事于西戎,而命徐子作伯以羁縻之,至戎事方急,而徐伐洛,则使楚人攻之,及楚已得志遂争徐,则使毛伯败之,又大起九师亲征至于九江,而楚人来贡。《左氏昭四年传》说:"穆有涂山之会。"《纪年》:"穆王三十七年伐楚,三十九年会诸侯于涂山。"②盖东土于是大定,至是而三方之外患平,则穆王固周之令主耶!"诸侯有不睦者,甫侯言于王作修刑辟,命曰《甫刑》。"③《孔子》编之《尚书》,良有以也。盖穆王作《冏命》以申政令,作《吕刑》以齐诸侯,故能西克戎,东克夷,南克楚,盖内修而外武也。

《后汉书·东夷传》说:"偃王仁而无权,不忍斗其人,故致于败,乃北走彭城,百姓随之以万数。"《说苑·指武》说:"徐偃将死,曰:吾赖于文德而不明武备,好行仁义之道而不知诈人之心,以至于此。"《淮南子·说山》说:"徐偃王以仁义亡国。"许慎曰:"夷俗仁。"④于徐偃王见之也。《汉书·地理志》说:"东夷天性柔顺,异于三方之外,故孔子悼道不行,设桴于海,欲居九夷。"《后汉书·东夷传》说:"东夷率皆土著,天性柔顺,憙饮酒歌舞,或冠弁衣锦,器用俎豆。"此其为君子之国乎?刘宝楠《论语正义》据《地理志》以为汉人师说浮海即居九夷⑤,皇侃说九夷

---

① 此皆今本《纪年》,虽多不见于古本《纪年》佚文,然多见他书,可参雷学淇《竹书纪年义证》。
② 此引今本,古本亦载三十七年事,唯或作"伐楚",或作"伐越",或作"伐纡"、"伐荆"。
③ 《史记·周本纪》,《甫刑》,《尚书》篇名,皆作《吕刑》。皮锡瑞《考证》云:"甫,其国也;吕,其姓也。"
④ 《说文解字》羊部羌字下。
⑤ 《论语正义·子罕第九》。

名师讲义
蒙文通中国古代史讲义

悉高丽、乐浪迤东地①，故欲浮海者，将之朝鲜，从箕子之迹耳。自淮、徐以属之胶、莱，沿渤海达于朝鲜、日本悉九夷地，其民则泰族之同支也。《子思子》称东扈氏之熙载也②，将即此之东屠乎？古都养或作扈养，都、屠则皆从者声也。《东夷传》："高句骊其国东有穴，号燧神，以十月迎而祭之。"将即燧人之传说乎？

宣王中兴之初，外攘夷狄，命秦仲伐西戎，尹吉甫伐玁狁，方叔伐荆蛮，召穆公伐淮夷，王自帅师伐徐戎。《江汉》之诗美"召穆公平淮夷也"。曰"淮夷来求，淮夷来铺"。又曰："江、汉浮浮，江、汉之浒。"此淮南之夷也。《常武》之诗曰："率彼淮浦，铺敦淮濆。"亦平淮夷事也。又曰："省此徐土，濯征徐国。"则淮北之夷也。吉甫、方叔、召虎既平三方之难，而王又自帅太师皇父、司马程伯休父东征，盖宣王之注全力以经略东方也。《崧高》之诗曰："王遣申伯，路车乘马，往近王舅，南土是保。"盖方叔既平荆蛮，周人则以南方托之申伯。《韩奕》之诗曰："王锡韩侯，其追其貊，奄受北国，因以其伯。"盖吉甫既平玁狁，周人即以北方之任付之韩侯，迥与周初分陕之治殊也。《烝民》之诗曰："王命仲山甫，城彼东方。"又言"仲山甫徂齐，式遄其归"③。淮、徐既平，东方之任，周人使王臣自理之，不以属诸侯。《鲁世家》言："宣王伐鲁，杀其君伯御。"自伐鲁、城齐，则威势东振，由丰、镐以达徐、淮，皆天子自理之。《尚书大传》及郑玄并以《鲜

---

① 皇侃《论语义疏·子罕》其释九夷：一玄菟，二乐浪，三高丽，四满饰，五凫史，六索家，七东屠，八倭人，九天鄙。
② 《路史·前纪》四载《子思子》"东户氏之熙载也，东户又作东扈"。
③ 《江汉》、《常武》、《崧高》、《韩奕》、《烝民》，皆《诗·大雅·荡之什》篇名。

誓》在《顾命》后、《甫刑》前①,则《鲜誓》一篇,非成王时事,固徐偃王僭号而鲁人南征之书耶!穆王之时,鲁人尚专征伐,及宣王东伐,乃鲁不与焉,鲁之不复主东诸侯,盖自此始也。宣王亲征徐戎,而以召穆公伐淮夷。《崧高》之诗曰:"王命召伯,定申伯之宅。"宣王以南土付申伯,而使召伯定之。《韩奕》之诗曰:"溥彼韩城,燕师所完。"宣王以北国付韩侯,而命燕师完之。燕,召康公之胤也,是宣王中兴,多倚于召穆公,已非周初周召分陕之局,而侧重于召公也。《召旻》之诗则曰:"昔先王受命,有如召公,日辟国百里。"《黍苗》之诗曰:"悠悠南行,召伯劳之,烈烈征师,召伯成之。"②皆周人独扬召公之证。《周语》上:"鲁武公以括与戏见王,王立戏,樊仲山甫谏曰:不可立也,不顺必犯,犯王命必诛,王卒立之。武公薨而戏立,是为懿公。兄括之子伯御攻弑懿公而自立,宣王遂伐鲁杀伯御。"③是鲁之乱,宣王乱之,于是陕以东亦召公治之。岂宣王以鲁之大,固召其乱因伐而弱之耶!此见宣之中兴,重视东土,远过南北二方,其轻视西戎则又更甚,故西戎唯付之附庸之大夫秦仲,秦仲遂以死于戎,将穆王之创西戎也最深,故宣王之轻戎人也亦最甚耶!宣王晚年,西戎之祸益炽,五败王师,则以中国久疲,兵力耗竭故也。《周本纪》言:"三十九年,战于千亩,败绩于姜氏之戎,宣王既亡南国之师,乃料民于太原。"则王室卒徒以丧于江、汉者既众,而周以困也。《祈父》之诗《序》:"谓刺宣王也。"《郑笺》云:

---

① 《鲜誓》即《费誓》。鲜或作粊、胖、柴,古今字也。详孙星衍《今古文尚书注疏》。孙以鲁征徐戎为穆王时事,皮锡瑞以为与管蔡事同时,此从孙说。
② 《召旻》,《诗·大雅·荡之什》篇名;《黍苗》,《诗·小雅·鱼藻之什》篇名。
③ 此据《国语·周语》上参《史记·鲁世家》整合而成。

"此勇力之士,责司马之辞也,爪牙之士,当为王闲守之卫,女何移我于忧。谓见使从军,与姜戎战于千亩而败之时也。六军之士,出自六乡,法不取于王爪牙之士。"①则千亩之战,宣王感战士之不足,起爪牙之士以战不胜,又料民于太原,而终不能克西戎。《赵世家》云:"造父以下六世至奄父,周宣王时伐戎为御,及千亩战,奄父脱宣王。"则骊山之变之未现于千亩之役者亦仅也。宣王之创东夷也独深,故东夷是后遂不可复振。西征则屡战而屡挫,故骊山烽炬,而卒覆宗周者即西戎,中兴之功,亏之一篑,盖强弩之末,不能穿鲁缟,固势理之恒然者也。

《左氏昭四年传》:"周幽为太室之盟,戎狄叛之。"岐阳之蒐,涂山之会,太室之盟,其事一同,幽王盖亦欲以武力服诸侯者。于时承戎人五败王师之后,命伯士伐六济之戎,军败,伯士死焉。《周本纪》言:"幽王为烽燧大鼓,有寇至则举火,诸侯悉至。"于时王室之迫危,有待于征攘可见也。《诗序》:"《采菽》,刺幽王也,侮慢诸侯,数征会之而无信义。"《笺》云:"幽王征会诸侯,为合义兵,征讨有罪,既往而无之。"见幽王之常申约束,以备不虞,与太室之盟,其意一也。《史记》采杂说谓"褒姒不好笑,幽王为数举烽火,其后不信,诸侯益不至。"此乃大远于人情,未可信也。《诗序》:"《苕之华》,闵幽王之时,西戎、东夷交侵中国,师旅并起。""《何草不黄》,下国刺幽王也,四夷交侵,中国背叛,用兵不息。"亦足见幽王之勤于武事。"《渐渐之石》,下国刺幽王也,戎狄叛之,荆、舒不至,乃命将率东征。"②见于时内

---

① 《祈父》,《诗·小雅·鸿雁之什》篇名。
② 《采菽》、《苕之华》、《何草不黄》、《渐渐之石》,皆《诗·小雅·鱼藻之什》篇名。

叛外侵,师旅不息,东征荆、舒,致力为尤勤也。《小雅》之诗曰:
"鼓钟将将,淮水汤汤。"《毛传》:"幽王用乐,不与德比,会诸侯
于淮上。"①是幽王犹袭宣之前猷,汲汲于经营东土。《十月之
交》诗曰:"皇甫孔圣,作都于向。"②皇甫为濯征徐国之帅臣,则
向当于东方求之。《春秋》有四向,襄十四年"会吴于向"。于今
为凤阳府怀远县东北四十五里,盖此即皇父作向处也。皇父作
向,仲山甫城齐,其事一同,非作私邑。朱右曾以为"周幽为太
室之盟,戎狄叛之,颍水出于太室而入于淮,意太室会后,遂浮
颍入淮。"因有作向之举也③。《诗》曰:"皇父孔圣,作都于向,择
三有事,亶侯多藏。"《笺》云:"作都,立三卿,皆聚敛之臣。礼,
畿内诸侯二卿。"则三卿固非畿内采邑之制。《诗》曰:"不憖遗
一老,俾守我王,择有车马,以车徂向。"《笺》云:"尽将旧在位之
人,与之皆去,无留卫王。又择民之富有车马者,以往居于向。"
《正义》曰:"王官列职,皇父欲矜形势,尽将往向。"④则又尽移王
官于向也。下篇《雨无正》之诗曰:"谓尔迁于王都,曰予未有室
家。"又曰:"正大夫离居,莫知我勩,三事大夫,莫肯夙夜。"谅皆
都向之事。王官三公,至是胥东徂也。是皇父作向,周公营洛,
其事同也。《诗》曰:"胡为我作,不即我谋,彻我墙屋,田卒汙
莱。"《笺》云:"女何为役作我,不先就与我谋,使我得迁徙,乃反

---

① 《诗·小雅·谷风之什·鼓钟》。
② 《十月之交》,《诗·小雅·节南山之什》篇名。
③ 朱右曾《诗地理微》《小雅·鼓钟·三洲》条,唯朱释"作都于向"之向在河南怀庆府济原县。此不与同,而用江永、沈钦韩说向在安徽凤阳府怀远县北,地近淮水,遂仍用朱右曾幽王作乐会诸侯于淮上之说释"作都于向"之故。
④ 以上皆《诗·十月之交》。

彻毁我墙屋，令我不得趋农田，此皇父所筑，邑人之怨辞。"①则当时作役之浩大可知。《毛序》："《大东》，刺乱也，东国困于役而伤于财。"《诗》曰："小东大东，杼柚其空，纠纠葛履，可以履霜。"又曰："东人之子，职劳不来，西人之子，粲粲衣服，舟人之子，熊罴是求，私人之子，百僚是试。"②岂以作都立三卿皆聚敛之臣，遂致东土之困耗若斯，而反以奉西人之奢逸耶？《常武》之诗曰："不留不处，三事就绪。"至皇父则"作都于向，择三有事。"宣王未竟之志，幽卒成之，周人固大致力于东也。南土遂全付之申伯，自申伯以郐人西戎灭宗周而向亦废，周衰而申亦不能自保。《扬之水·序》以为"刺平王远屯戍于母家"。《笺》云："平王母家申国，在陈、郑之南，迫近强楚，王室微弱，数见侵伐，王是以戍之。"③申固周之南藩，周以申之叛而衰，申亦以周之弱而病于楚，自是上无天子，下无方伯，夷狄披猖，而中国遂不可振也。自西周以来，周公兼戎狄于前，穆王肆其心于后，及宣王修政，法文、武、成、康之遗风，周之能统一此三百年者，则三君之力，亦犹殷之有武丁中兴也。然周公、穆王先西攘而后东征则兴，宣王、殷纣皆先东征而后西攘则败，盖东夷弱而西戎强，先克强者而弱者自易制，先致力于弱者，已损其精锐，而后攻其强，则势成弩末，其败必也。武丁先伐鬼方，而后东剪彭、韦，故兴。桀为仍之会而起九夷之师，则东征之成功可知，至其伐岷山，迫逐公刘，是又西侵也。然公刘徙邠，从者十有八国，则西方固未大挫。而庆节佐汤，终屋夏社，亦先东后西而致败

---

① 以上皆《诗·十月之交》。
② 《大东》，《诗·小雅·谷风之什》篇名。
③ 《扬之水》，《诗·王风》篇名。

者也。东夷,泰族之支也,其民引弓决矢,焦侥、僰人,炎族之支也。西戎傥亦与黄族同一血统欤!其民尚武,被甲荷戈,不同于獯粥、猃狁之为犬种而得侪于人,故孟子以文王为西夷之人也。黄族崛起而羲、炎遂弱,与戎人东侵及于周京者之多,正可互证其同为强武悍鸷之民也。

《左氏昭二十六年·正义》引《汲冢书·纪年》又云:"平王奔西申,而立伯盘以为太子,与幽王俱死于戏。先是申侯、鲁侯及许文公立平王于申,以本太子,故称天王。幽王既死,而虢公翰又立王子余臣于携,二王并立。二十一年携王为晋文侯所杀,以本非适,故称携王。"《吕氏春秋》以"幽王染于虢公鼓、祭公敦。"①见虢公等内诸侯之党于王,而外诸侯若申若鲁党于太子,及晋文侯杀携王,而外诸侯之势强也。《左氏昭二十六年传》:"王子朝曰:幽王愍厥位,携王奸命,诸侯替之,而建王嗣,用迁郏鄏。"自外诸侯替携王而王人弱也。《吕氏春秋》、《墨子》并说"厉王染于虢公长父、荣夷终。"②此虢之党于厉王。王子朝曰:"厉王戾虐,流王于彘,诸侯释位,以间王政。"③是于时诸侯盖有释位以间王政者。《纪年》:"厉王十三年,王在彘,共伯和摄行天子事。"④《鲁连子》曰:"卫州共城县,本周共伯之国也。共伯名和,好行仁义,诸侯贤之,周厉王无道,国人作难,王奔于彘,诸侯奉和以行天子事,号曰共和元年。十四年,厉王死于

---

① 《吕氏春秋·当染》。
② 《吕氏春秋·当染》、《墨子·所染》。
③ 《左传》昭公二十六年。
④ 此今本《纪年》。《史记·周本纪·索隐》:"《汲冢纪年》则云:'共伯和干王位。'"与今本意略同而文字大异。

彘,共伯使诸侯奉王子靖为宣王,而共伯复归国于卫也。"①《吕氏春秋》:"共伯和修其行,好仁贤,周厉之难,天子旷绝,而天下皆来谓也。"②司马彪曰:"厉王之难,诸侯知共伯贤,请立为天子,共伯不听,弗获免,遂即王位。"③则奉共伯和者,外诸侯也。《史记》:"召公、周公二相行政,号曰共和。"韦昭云:"彘之乱,公卿相与和而修政事,号曰共和。"④此王人之自奉天子以行政也。其事盖亦犹平王、携王之并立,共伯贤而能让,立宣王而复归国于卫,宣王遂中兴周室也。《郊特牲》曰:"觐礼,天子不下堂而见诸侯,下堂而见诸侯,天子之失礼也,自夷王以下。"《郑玄注》曰:"夷王时微弱,不敢自尊于诸侯。"⑤穆王之后,共王灭密,懿王烹齐,王室威灵,尚足以蓻诸侯。自觐礼之废,见周之弱而夷王之卑退也。《楚世家》曰:"夷王时,王室微,诸侯或不朝相伐,熊渠甚得江、汉间民和,乃举兵伐庸、杨粤,至于鄂,立其三子为王,皆在江上楚蛮之地。及周厉王之时暴虐,熊渠畏其伐楚,亦去其王。"见厉王之欲强王室、削诸侯也。《周语》上曰:"诸侯不享,王流于彘。"则厉王奔彘,正以诸侯叛之,势之必然者也。而遂奉共伯和立为天子,《鲁连子》以共伯复归国于卫,则共之为卫,亦犹唐之为晋为翼耶!《卫世家》:"釐侯四十二年卒,太子

---

① 《史记·周本纪·正义》引。
② 《吕氏春秋·开春》。
③ 《晋书·司马彪传》载彪注《庄子》,《隋志》亦著录。然此书已佚。陆德明《经典释文·庄子音义》颇载其说。《庄子音义·让王》载:司马云:"共伯名和,修其行,好贤人,诸侯皆以为贤。周厉王之难,天子旷绝,诸侯皆请以为天子,共伯不听,即于王位。"《路史发挥》卷二《共和辨》罗苹注引司马彪,当即据《音义》,而文句略有不同,当系罗氏所改。此处所引当据罗氏。而又略有删改。
④ 《国语·周语》上韦昭《解》,《史记·周本纪·正义》引同。
⑤ 《礼记·郊特牲·郑注》。

【十一】 周之兴替

共伯馀立为君,共伯弟和赂士以袭攻共伯于墓上,而立和为卫侯,是为武公。"《史记·正义》云:"按此文,共伯不得立而弟和为武公,武公之立在共伯卒后,年岁又不相当。"盖张氏之意既疑两共伯相涉,而又疑其年岁不相当,然共伯和之是否即卫武公,尚须考证,而《毛诗序》云:"《抑》,卫武公刺厉王,亦以自儆也。"①则卫武公固上及厉王时也。)

诸侯不享而厉王流于彘,诸侯则立共伯和为天子,而周、召二公奉宣王行政以与之对峙,此王人之抗诸侯也,而虢公长父即王人而党于厉王者也。诸侯不至而幽王死于戏,申、许则立平王,而虢公翰则立攜王以与之对峙,此亦王人之抗诸侯也,而虢公石甫亦王人而党于幽王者也。宣王兴而共伯退,平王定而攜王诛,则王人与诸侯强弱之判在是也,此周之所以废耶!晋文侯、郑武公、许文侯、卫武公夹辅平王,徙居王城,二十一年,晋文侯杀王子余臣于攜,是平王之定,外诸侯之力也。《隐六年左传》:"周桓公曰:我周之东迁,晋、郑焉依。"《宣十二年左传》:"随季曰:昔平王命我先君文侯曰:与郑夹辅周室,毋废王命。"《晋语》四:"叔詹曰:吾先君武公,与晋文侯戮力一心,股肱周室,夹辅平王。"皆见东迁之初,王室之恃于晋、郑也。《左氏隐三年传》:"郑武公、庄公为平王卿士,王贰于虢,郑伯怨王,王曰无之。故周、郑交质。"王崩,周人将畀虢公政,周、郑交恶。及王夺郑伯政,伐郑,祝聃射王中肩,则周于是乎失郑也。《隐五年左传》:"曲沃庄伯伐翼,王使尹氏、武氏助之。曲沃叛王,王命虢公伐曲沃。"是后王使虢伐曲沃者再三,而曲沃卒并晋,则

---

① 《抑》,《诗·大雅·荡之什》篇名。

名师讲义
蒙文通中国古代史讲义

周又失晋也。周之东迁，依于晋、郑，及畀虢公政以恢王人之权而失晋、郑，则周之自败其力也。贾逵曰："虢仲封东虢，制是也。虢叔封西虢，虢公是也。"①周人畀政于虢，东虢据虎牢之险，西虢守崤黾之塞，为洛邑之门户，而郑灭一虢，晋灭一虢，而王室之屏蔽撤也。《秦本纪》称："县杜、郑，灭小虢。"②三虢灭而王室自卑，与诸侯无异，《诗》不能复雅，谓之王国之变风，礼乐征伐自诸侯出，政由方伯，而变为春秋之局也。《帝王世纪》言："虢有三焉。"其曰北虢，盖即此小虢，三虢亡而周亦废也。

---

① 《左传》僖公五年孔《疏》引。
② 《史记·秦本纪》武公十一年。《正义》引："《舆地志》：'陕州之虢谓之小虢。'又云：'小虢，羌之别种。'"

【十二】 三代文化

《汉书·地理志》言:"颍川、南阳本夏禹之国。"战国所谓争夏道者即是地也。颍川之崇高、阳城,固即鲧、禹之都。禹有天下号曰夏,则以一国之号为一代之号。曰夷狄,曰诸夏,则又以一代之号为一族之号。故《说文》说:夏,中国之人也①。三代以还,遂皆以中国为夏。《荀卿子》曰:"居楚而楚,居越而越,居夏而夏。"又曰:"越人安越,楚人安楚,君子安雅。"②夏后以后,历三代称中国人为夏,犹炎汉以后别中国人于异族称汉,唐以后

---

① 《说文解字》攵部。
② 分见《荀子》《儒效》、《荣辱》二篇。王引之曰:"雅读为夏,夏谓中国也。"(参王先谦《荀子集解》)

名师讲义
蒙文通中国古代史讲义

别中国于异族称唐也。汉、唐为中国文化变迁之两大限界,文治武事,均有特殊之成绩,谅夏亦羲、炎以来文化变迁之一限界,则区别文化为夏前时期,夏后时期,汉后时期,唐后时期可也。自禹平水土,制定九州,作《禹贡》,殷周沿之,大略不甚相远。禹抑下鸿而传《洪范》。彝伦攸叙,历商及周,箕子又以是传之武王①。《夏小正》②《周月解》③,则亦先后相因,斯亦三才之道,皆禹之化,而衣被三代。亦犹汉之化衣被六代,唐之化被于宋明也。

夏曰《连山》,殷曰《归藏》,周曰《周易》,此之三《易》,即伏羲、神农、黄帝之《易》④,是三代虽自为一期,而于远古文化,又各有崇尚,故前文以夏尚忠、殷尚敬、周尚文三统循环之义,亦即羲、农、黄帝三族文化之殊。殷人好鬼而尚刑,即确宗苗黎之化,而文化之新故代谢,固又不必与国祚之终始同时。盖文化每先动摇而政治紊乱,国势遂亦由衰而即于亡。殷人好鬼,而好鬼之风开于夏之晚季,《夏本纪》言:"帝孔甲好方鬼神,事淫乱,夏后氏德衰,诸侯畔之。"则孔甲之世,即夏道衰而殷道之始。《殷本纪》言:"帝武乙无道,为偶人谓之天神,与之博,令人

---

① 《洪范》,《尚书》篇名。《汉书·五行志》载:"刘歆以为禹治洪水,赐雒书法而陈之,《洪范》是也。圣人行其道而宝其真,降及于殷,箕子在父师位而典之。周既克殷,以箕子归,武王亲虚己而问焉。"即箕子传之武王。

② 《夏小正》,《大戴礼记》之一篇,记载每月之物候、天象及当月应举行之农事、祭祀等。旧说以为夏代之书,近世有学者据所载天象定为西周作品。然此说亦未必确实。

③ 《周月解》为《逸周书》之一篇,记载日月周天十二辰,四时成岁,十二月中气等,故有学者谓之天文历法作品。

④ 《周易正义卷首》八论,第三论三代易名云:"《周礼太卜》三易云:一曰《连山》,二曰《归藏》,三曰《周易》。杜子春云:《连山》,伏牺;《归藏》,黄帝。郑玄《易赞》及《易论》云:夏曰《连山》,殷曰《归藏》,周曰《周易》。"

【十二】三代文化

为行,天神不胜,乃僇辱之,为革囊盛血,仰而射之,命曰射天。"此实殷人尚鬼之教已动摇也。史迁亦言:"纣慢于鬼神。"①《牧誓》谓其"昏弃厥肆,祀弗答"②。《墨子》引《泰誓》曰:"纣夷居不肯事上帝鬼神,祸厥先神祇不祀,乃曰吾有民有命。"又曰:"在彼殷王,谓人有命,谓敬不可行,谓祭无益,谓暴无伤。"③此皆见殷末鬼教之不行。《微子篇》称:"今殷民乃攘窃神祇之牺牷牲,用以容,将食无灾。"④则其风已及于民庶。《周语》下谓:"孔甲乱夏,四世而殒。帝甲乱商,七世而殒。"则夏道之变,始于孔甲,殷道之变,始于帝甲。羲和生十日,生子以日名,固苗黎之旧俗为然,而商代帝王皆以日名,盖亦袭于苗黎者。然夏自孔甲已以日名,后又有履癸,《史记》言:"自孔甲以来,诸侯多畔,夏桀不务德,武伤百姓。"⑤是尚刑好神之化,夏季已然。冯景《解春集》亦证孔甲为好武之君⑥,殷之先公以日为名,亦始于上甲微,而微又灭有易,灭皮氏,《帝王世纪》又言:"微字上甲,其母以甲日生故也。商家生子以日为名,盖自微始。"亦正夏之末世也。

《帝王世纪》谓:"孔甲以后,诸侯相兼。"则固夏末一战国也。帝甲以后,谅亦殷末一战国,非独周末为然。孟子称:"世衰道微,邪说暴行有作,孔子惧,作《春秋》。"处士横议,所谓邪

---

① 《史记·殷本纪》。
② 《牧誓》,《尚书》篇名,武王伐纣战于牧野之誓师词。
③ 《泰誓》见《墨子》《非命》上、《非命》中、《天志》中,次段见《非命》下。
④ 《微子》,《尚书》篇名。
⑤ 《史记·夏本纪》。
⑥ 《解春集》收入《清经解》。说孔甲好武载《疏证第六十七》,仅言"是时孔甲即位,废豕韦,迁刘累,为诸侯者必皆愿之不安"。言之至略。可参雷学淇《竹书纪年义证》卷九载孔甲时事稍详,可补冯说。

说,诸侯放恣,所谓暴行,此谓周末之事也。孟子又称:"尧、舜既没,圣人之道衰,邪说暴行又作,及纣之身,天下大乱。"①此谓夏、殷之末,亦有处士横议、诸侯放恣事也。《汉书·艺文志》杂家有《孔甲盘盂》,小说家道家有《伊尹》,此夏末之邪说横议也。墨家有《尹佚》,道家有《辛甲》,有《太公》,而小说家道家皆有《鬻子》,此殷末之邪说横议也。禹会诸侯于涂山,执玉帛者万国,殷汤受命,存者三千,则以孔甲以来,诸侯相兼,盖夏末之暴行放恣可见也。殷时诸侯三千,及周初唯有千八百国,则以帝甲以来,诸侯相兼,而殷末之暴行放恣又可见也。及于衰周,事更显白。旧文化之崩溃,新文化之酝酿,殆皆于此三代之战国时期相代谢。汉之文化亦始于秦,而成熟于中叶,唐之文化亦始于隋,殷、周之化,诚亦自夏商之末而始也。再推论之,则三代文化虽成于夏,而盖始于颛顼。服虔说:"少昊之前,天子之号象其德,百官之号象其徵;颛顼之后,天子之号因其地,百官之号因其事。"②此正郯子所谓"颛顼以来不能纪远,乃纪于近,为民师而命以民事"③。《吕刑》所谓:"绝地天通,罔有降格。"④见上世之囿于神道,至颛顼而绌之,六府之制,尤始于颛顼而被于三代者,则颛顼、虞、夏之交,又上世文化与三代文化之代谢期也。

唐、虞以上,三族文化各不同,纪于远而听于神或略同,此

---

① 两引皆《孟子·滕文公》下。节引。
② 《礼记·月令》孟春之月孔颖达《疏》引服虔。
③ 《左传》昭公十七年。
④ 《尚书·吕刑》。盖言颛顼时九黎乱德,民神杂揉,常降祸灾,颛顼"乃命南正重司天以属神,大正黎司地以属民,使复旧常,无相侵渎(神民不杂),是谓绝地天通"。绝地民与天神相通之道。事详《国语·楚语》下。

亦初期文化之必然者也。唐、虞以下，三代文化各不同，纪于近而命以民事则大体不异，则智识已进于实际之效也。《庄子》称："禹亲自操橐耜而九杂天下之川，腓无胈，胫无毛，沐甚雨，栉疾风。"①《尸子》又称："禹之丧法，死于陵者葬于陵，死于泽者葬于泽，桐棺三寸，制丧三月。"②孔子称："禹菲饮食而致孝乎鬼神，卑宫室而尽力乎沟洫。"③则禹之道可见也。《淮南子》称："墨子背周道而用夏政。"④墨子书亦著墨子谓公孟子曰："子法周而未法夏。"⑤墨之道即不必出于夏，而夏之道固大同于墨道也。殷之道好鬼而任刑，因乎苗黎之教，近于道家之旨，故伊尹之书在道家，《别录》在兵权谋，以伊尹之道观殷之道，亦不中不远。太公之书亦志在道家而《别录》在兵权谋，马迁亦说："周之阴权皆宗太公为本谋。"⑥则太公之法于伊尹，在周初为旧派，宗道德，擅权谋；而周公宗仁义，秉礼乐。一守商之陈规，一开周之新局。三统之实，于是得略窥之伊尹、太公。古之道家，以内圣而兼外王，及周末老、庄之为道家，有内圣而无外王，则后之道家，非古道家之全。而墨子之于禹，孔子之于周公，殆皆言体则益精，言用则或疏也。孔子之志，其为东周乎？故曰："吾观周道，舍鲁何适！"⑦韩宣子亦谓"周礼尽在鲁矣"⑧。此孔子之

---

① 《庄子·天下篇》。
② 汪继培整理《尸子》卷下。
③ 《论语·泰伯》。
④ 《淮南子·要略》。
⑤ 《墨子·公孟》。
⑥ 《史记·齐太公世家》。
⑦ 《礼记·礼运》节引。
⑧ 《左传》昭公二年。

从周也。子思言:"仲尼祖述尧、舜,宪章文、武。"①是孔子近从周而远法唐虞。庄子言:"有虞氏招仁义以挠天下,天下莫不奔命于仁义。"又言:"有虞氏其犹藏仁以要人。"②则庄子固以仁义之说为自有虞,此仲尼之所以祖述尧、舜者乎?荀子言:"文、武之道同伏戏。"③庄子言:"有虞氏不及泰氏。"④则远而伏戏,而有虞,而周公,一系相承,此固孔子之所宗也。伏戏,东方之族也,舜,东夷之人也,而鲁,礼文备物之国也。孔子删《书》始于虞、夏,为其为仁义之本,删《诗》本文、武,赞《易》本伏戏,作《春秋》本鲁史,文、武、伏戏、有虞、周公之道同也。是孔氏所祖述者,以仁义为本之东方文化也,此孔子所以鲜称炎、黄、夏、商,而特表伏羲、尧、舜、文、武、周公者乎!

此篇略言三化文化之异同与统绪,至典章制度相沿相革之详,别为《古礼甄微》论之⑤。笔者附识。

---

① 《礼记·中庸》。
② 前引《庄子·骈拇》,后二引《应帝王》。
③ 《荀子·成相》。
④ 《庄子·应帝王》。
⑤ 此书未成,此后颇有论文与此问题有关:1935年撰《先秦职官因革考》,载北京大学潜社编《史学论丛》第二册;1938年撰《从社会制度及政治制度论〈周官〉成书年代》,1942年载成都《图书集刊》创刊号;1938年又撰《左传、周官中之商业》,载1943年《图书集刊》第五期;1951年撰《对殷周社会研究提供的材料和问题》,载《成都工商导报》10月21日《学林》第二十期;1958年撰《再释〈周颂〉之主伯、亚旅、强以》、《〈司马法〉所载田制、军制为夏殷制度说》。以上诸文除《周官成书年代》一文收入巴蜀书社1995年出版之《蒙文通文集》第三卷《经史抉原》外,其余皆收入巴蜀书社1999年出版之《蒙文通文集》第五卷《古史甄微》中。诸文皆论三代典章制度,可供参考。

北宋变法论稿

北宋变法论稿

历史记载之互异，不仅存于宋代，然以宋代为最甚。北宋有变法派之史料，有反对派之史料，是非同异至为难定。南宋有主战派之史料，有主和派之史料，其相互矛盾亦如北宋。然论史要在能观全体，究其始终，若自后来之实效求之，而得失是非之故亦未尝不可明也。南宋初年，兵将之能战与否，毁誉纷纭，说亦难定，然自战地之移动考之，初年之战场日移而南，金强而宋弱，是可以知也。建炎四年以后，战场日移而北，则不能再责宋之不能战矣。自数千年历史观之，必先能战然后能和，若非襄淮苦战、蜀口死守，金兵且席卷大江以南，尚何和议之可言。以金、宋战端初启数年考之，和使未尝绝，和议无一成。此不能战即不能和之验也。秦桧和议，非桧之功，正韩、岳能战之故。南宋立国，实诸将百战之功，当时纷纷毁誉之说，一概弃之可也。北宋书言荆公变法之善者有之，言不善者亦有之，即如《宋史纪事本末》，专言变法之短，此何足以难荆公。至清蔡上翔，以荆公乡人，为荆公作《年谱》，专收称颂荆公之空文以为书，又何足以为益。新会梁氏以主张变法，于是略取蔡氏之书作《荆公评传》，赞扬变法不已。然从未求其实效，综其始终，书行四十年，似已成定论。蒙少年时读其书，信其说者十数年，年将四十，以所见史料核之多不合，于是始疑之。盖新法重在理财，熙宁、元丰之间行之十余年，其收支数目大略可考，总合宋开国以来收入数字，与靖康祸发时收入数字，一一相比，再以新法施行之措施求之诸《会计录》及各朝《会要》，事实显然，罕有不同，是其影响于国计民生者皆一一能验。《神宗实录》经再修三修，若无定说，而《会要》、《会计》诸录虽亦官书，从无不同。朱、墨本及新、旧之史，其异同之处，《续资治通鉴长编》及《长编纪事本末》二书皆比而载之,即数字之异,亦备记出,只不过一二好恶之辞、爱憎之口,于事实罕有出入。盖毁誉予夺纵不同,而事实具在者,谁能改之。梁氏诋《宋史》不足信则诚然,而谓朱、墨本无可考见,则未必然也。今悉弃爱憎之辞,而一究其施行之措施及其实效与结果,此亦犹南宋考战场移动之意,以不可移易之实事,衡反复好恶之虚辞,重其同者而略其不同者,此诚空言不如行实、事实胜于雄辩者也。乃知宋之法不可以不变,而荆公之变尚未为得,温公、苏轼、韩、吕之流亦莫不主于变,乃计议之无当与荆公等,未可以遽为优劣也。元祐罢新法,未尝不取新法之所长,绍圣复行新法,未尝不除新法之所短,故《通考》言"绍圣聚敛之意反不如熙宁之甚",则荆公新法之无济于宋可知。谓后来行之变质者,亦未必然也。新法之行,无人谓其有善效,荆公所用之人,无人谓之为善人,孤立王荆公于整个新法之外,而称之不已,治史当不宜如是也。

【一】 北宋一代人民负担与熙丰变法

甲、王朝岁入缗钱

《玉海》与《建炎以来朝野杂记》言:"混一之初(太宗太平兴国四年,公元979年),天下岁入缗钱千六(淳熙诏书六作二)百余万,天禧之末(公元1021年,真宗朝)所入至二千六百五十余万,嘉祐间(公元1056—1063年,仁宗朝)又增至三千六百八十余万,熙丰间(公元1068—1085年,神宗朝)合苗、役、(市)易税等钱,乃至六千余万,元祐之初(公元 1086—1094 年,哲宗朝),除其苛急,岁入尚四千八百余万。"此数数字盖据淳熙十五年(公元 1188 年)诏书。宋王朝之岁入有加无已,且于仁宗时已言国用不足矣。赋税岁入增加,而此时期之税率并未改变,是仁宗以前岁入之增加,当因户口、垦田增加之故。中国土地广大,而古代人口不多,唐天宝时定垦田为五千二百余万顷,每户耕田百亩,可容五千二百万户。宋至徽宗时始达二千万户,则当时土地颇有剩余,若社会安定,人民自有田可垦,财富自会日益增加。中国古代史上只清乾隆末年达五千万户,宋仁宗、英宗时不过一千二百万户,土地有余,人口日众,国家收入自然逐渐增多。既言哲宗时"除其苛急(指新法),岁入四千八百余万",此应为当时正常收入数字,而熙丰间所多出之一千二三百万,显即为新法所增收也。

《玉海》百八十六卷《宋朝岁赋》条所载数字,与《朝野杂记》完全符合,仅《玉海》略去尾数。然蔡襄《强兵说》:"真宗与北虏通和以后近六十年,约一岁总计天下之入不过缗钱六千余万。"陈襄《论冗兵》亦言:"治平二年(公元 1065 年,英宗朝),天下所入财用大数都约缗钱六千余万。"此两数字较《玉海》、《杂记》所载天禧数字多出许多,然此非有矛盾。《景德会计录》丁谓言:景德三年(公元 1006 年,真宗朝)赋入之数六千三百七十三万一千二百二十九贯石匹斤,较咸平六年(公元 1003 年,真宗朝)计增三百四十六万五千二百九,此显为真宗时合贯石匹斤为六千余万,《玉海》只举缗钱便止二千余万。又如包拯《论冗官》言:"景德中,天下财赋等岁入匹贯石两与在京岁入匹贯石两合六千五百六十万三千匹贯石两。"与林特《祥符会计录》亦颇符合。是知蔡襄所言六千余万，原是合贯石匹斤，只其文字省略仅说钱而止。所言"近六十年"，亦为约略之说，绝非六十年之后犹停滞于原初数字。至于陈襄所言治平二年岁入数字，亦当同样为言钱而省略石与匹两。《宋史·食货志》田赋言："景德中赋入之数，总四千九百一十六万九千九百，皇祐中（公元1049—1054年，仁宗朝）增四百四十一万八千六百六十五，治平中又增一千四百一十七万九千三百六十四。"以皇祐所增数加景德数字，知皇祐田赋岁入当为五千三百五十八万八千五百六十五。又以治平所增数相加，知治平田赋岁入为六千七百七十六万七千九百二十九。陈襄所言治平二年天下所入都约缗钱六千余万，系指二税，此仅为田赋。此六千余万亦不仅为钱而包括贯、石、匹、斤，且包括丝线之两、茶之斤、刍茭稻藁之围、薪之束、炭之秤在内。陈襄仅言钱，亦为省略之辞。蔡襄、陈襄所言六千余万，皆与《玉海》所言熙丰新法所入六千余万之内容不同。《玉海》所言全为京师所入缗钱一项之数，两者显然有别。因近人常将此数项数字混而不分，以致错用史料，故附论于此。

仁宗为北宋前期收入最高之时，不过三千六百万贯，当时民户为一千二百四十万户，每户平均负担略为三千文左右。熙丰时收入达六千余万，当时民户为一千七百余万，每户平均负担略为三千六百文左右。自货币视之，人民负担仅增百分之二十，如折为实物计算，则所增多矣。熙丰新法期间岁入既六千余万，以元丰时米价每石五百文计，则自民间剥削一亿二千万石米,当时民户一千七百余万,每户平均负担达七石米。仁宗嘉祐间岁入三千六百余万贯,当时米价每石八百到一千,每年自民间剥削三千六百余万石至四千五百余万石米,以其时主客户一千二百四十六万计之,每户平均负担为三石到三石七斗。而神宗时每户平均负担高达七石,则是增加一倍左右。负担增加一倍,人民财力势必下降,则无疑也。

宋代米价于后用之颇多,故附论于此,文献所载当时米价材料颇多,然多为丰年或凶年价格,或为特别事故如战争时价格,但皆不足以概一般,须取通常较平稳者乃可。范仲淹言:"皇朝之初,时物至贱。"司马光言:"太宗平河东时(公元979年),米斗十余钱。"此或为宋初米价最贱之时。《续资治通鉴长编》言:"真宗祥符间(公元1008—1016年),襄、许、荆、南、夔、归、峡等州米斛钱三百。"此略为宋初平稳时价格。仁宗时米价上涨,《宋会要》载:"天圣四年(公元1026年),荆、湖、江、淮四路米价,每斗七八十文有至百文足者。"范仲淹亦言:"今江浙之米,石不下六七百文足至一贯文者。"此当为仁宗时之平稳价。宣和四年(公元1122年,徽宗朝)榷货务言:"熙丰以前,每硕米价不过六七百,今米价硕二贯五至三贯。"此材料乃就一般价格而言,非仅某一区域之价格。其言熙丰前价格与范仲淹所言相合;所言徽宗时价格,当亦一般情况。司马光元祐元年言:"平时一斗值四五十钱,更急则二三十也。"此当亦元丰至元祐时之一般价格,此时正值钱荒而物贱也。宋人言此时钱荒者颇多,是此时米价最高五百一石。神宗一代米斗五十最早见于熙宁八年之苏州,是至元丰时已为一般价格。

【一】 北宋一代人民负担与熙丰变法

熙宁元丰斗米五十从另方面亦可证明。宋代之酒以米酿造,酒价应与米价有关联。王荆公诗:"百钱可得酒斗许。"苏东坡诗:"百钱一斗浓无声。"此皆当为熙丰间诗。此时酒价为百文一斗。《东京梦华录》所记为徽宗时事,书中言:"酒梢桶如长水桶,每桶三斗许,一贯五百文。"是每斗价五百文,较熙丰时上涨五倍。熙丰时米石五百文,徽宗宣和时米二贯五百文或三贯,亦略涨五倍。熙宁添酒钱每升一文,徽宗崇宁时添酒钱每升五文,是亦五倍。是司马光言当时米斗四五十钱的为可信,为一般通常价格。苏东坡言黄州米斗二十,亦可证司马光所言二三十钱一斗亦为可信。

若以《玉海》与《朝野杂记》所载为基础,结合其他材料,尚可探究其他问题。《宋史·虞策传》言:皇祐时(公元1049—1054年,仁宗朝)岁入三千九百余万,较之嘉祐时(公元1056—1063年,仁宗朝)岁入三千六百余万稍多,此为庆历(公元1041—1048年,仁宗朝)西夏用兵,社会凋弊之故,收入下降,是为必然。《虞策传》又言:"治平时岁入四千四百余万,较嘉祐三千六百余万,五六年间,人户止增四十五万,而岁入竟增八百余万缗,此当为战火已息,社会经济逐渐恢复之故。元祐之初,除其苛急,岁入四千八百余万,此为除新法所增之经常收入。此时户数比治平增加四百三十余万,二十年间岁入止增四百万,较之治平,是或经济又入于凋弊也。(《虞策传》言熙宁年间岁入五千六十余万,应为合新法所增收入之数字)

《通考》载淳熙十年(公元1183年,孝宗朝)诏:"考昔验今,至道中(公元995—997年,太宗朝)岁入一千二百余万,天禧末岁入二千六百余万,嘉祐岁入三千六百八十余万,熙宁岁入五千六十余万。"《宋史·虞策传》奏疏徽宗请均节财用言:"尝以祖宗故实考之,皇祐所入总三千九百万,治平四千四百万,熙宁五千六十万。"此项数字与《朝野杂记》、《玉海》大致相符。苏子由《元祐会计录》言:"今者一岁之入钱以千计者四千八百四十八万,而其出之多者一百八十二万。"是元祐一岁支出需五千三十万。虞策言:"熙宁岁入五千六十万,而费尽之。"是此时间一岁支出数字前后大略相当。合苗、役、(市)易税共六千余万,知新法所增略为一千二三百万上下(此当就役钱一项计算,苗、易当对收入无补益,说见后)。此即当时每岁所能储存者。熙宁时岁铸钱五百万或六百万贯,社会所增流通钱币不过此数,然一岁封桩即达一千二三百万贯,社会流通货币即应减少七八百万贯。北宋初年岁铸钱不过八十万贯,后岁至百三四十万贯,仅庆历时岁铸三百万,知宋初以来十年所铸之钱,仅足熙丰间一年封桩,十年封桩即将百年所铸紧缩殆尽。二十年不断封桩,是为熙丰间造成天下钱荒之主要原因,亦即物贱之主要原因。仁宗、英宗两代岁入三千六百万或四千四百万贯,是钱贱物贵时之收入数字。神宗时钱贵物贱,旧时四千四百万缗只合四千四百万石米至五千五百万石米。神宗元丰时,即按旧额收入,实际已是八千八百万石米。是货币收入不变,却因钱荒而人民负担即加重一倍。再加苗、役、易税一千余万,社会经济更形凋弊矣。神宗前岁入三四千万中,商、酒、杂利之比重较大;至神宗时二税之入未变,杂利又锐减,则岁所入六千余万中,新法收入应占有相当大部分,或不止一千余万。神宗前,宋王朝岁耗钱四千四百万或多至五千五百万石米。神宗时即令岁出钱币依旧,而折合实物则已耗费达八千八百万石米。熙宁间支出增至五千六十万贯,值米一亿余石,人民负担增加甚多,政府依旧耗费殆尽,而储蓄反少,岂非有害于民,无益于国。庆历铸当十大钱,造成物价上升,而熙丰铸大钱,则既不能调济物价使之下降,反而不免于钱荒。苏子由言:"常平、役钱山积,钱积于官,无宣泄之道,民无现钱,百物日贱。"赵君锡言:"诸路钱货在官者大抵数千万贯,民间钱货,无从而得,所以艰难匮乏,反甚于前。"王岩叟论免役坊场钱云:"聚敛之吏,倚法以削,天下缗钱出私室归公室者,盖十分而九,故物日以轻,民日以困,钱入于公,无复流通于外。"苏东坡亦言:"当时掊敛民财,钱聚于上,而下有钱荒之患。"黄裳《演山集》言:当时"钱贵物贱,在谷帛也伤农,在器械也伤工,唯工与农,独受其弊。"工农并困,则生产凋弊必然也。

或有人以为,宋代收入为贯石匹两,缗钱增多,是否因为别项减少。但这种交互变动最可能为绢帛,尤以征自农村之二税为然。考宋代二税收入至道时绢布二百一十八万匹,天禧二百五万四千匹,嘉祐二百七十六万三千匹,熙宁二百六十七万二千匹,见八十年间绢数无甚出入。至道时岁入钱四百六十五万六千贯,天禧时七百三十六万四千贯,嘉祐时四百九十三万二千贯,熙宁时五百五十八万五千贯,亦无多大出入。是钱币收入增多非因以钱代替谷帛。嘉祐收入谷一千八百七万石,熙宁收入谷一千七百八十八万石,亦无多大出入。钱币收入增多,当来自各项杂利,张方平言:"景德以前,天下财利所入茶、盐、酒岁课一千五百余万缗,庆历以后财利之入乃三倍于前朝。"《玉海》《朝野杂记》所载数字只为京师一岁所入钱币,至于京师一岁所入贯石匹两数字,显当较大。至于天下内外所入贯石匹两,无疑更大,天禧时已达一亿以上,因此种数字,另只皇祐、治平二数,又缺熙宁数,很不完全,不便比较,故未引用。

叶水心《财总论》言:"熙宁、元丰以后,随处之封桩,役钱之宽剩,青苗之结息,比治平以前数倍。"又言:"王安石大挈柄,封桩之钱,所在充满。"毕仲游言:"今诸路常平、免役、坊场、河渡、户绝庄产之钱粟积于州县者,无虑数十巨万,可供二十年之用。"熙丰变法不过十五六年,随即元祐更化,新法大改。十五六年间之储蓄即可供二十年之用,是人民在一年中显将提供两年多应提供之常年贡赋。熙丰时人民每年供给京师五千万缗支出,每户平均提供六石米价值之财物,再加"供二十年之用"之征收,每户每年平均就应提供十二石米,则略为庆历时每年每户负担三石七斗之三倍多,人民焉得不困。如以熙宁岁费五千六十万缗、元祐岁费五千三十万缗作为一般支出计,是两年即须支出一亿缗,二十年费岁须存蓄十亿缗,真难相信当时能有偌大储积。如以熙丰间岁费五千万、封桩一千万计之,必将百年封桩始足二十年之用。李常言:"现今常平、坊场、免役、积剩钱共五千余万贯散在州县。"此与毕仲游所言相差太大。案蔡京尝谓其蓄藏赢五千万,已自感非常满意,可证李常之言不诬。然五千万决不能足二十年之用。但二人所言绝非诬讧,应皆有据。苏轼元祐七年尝言:"方今民荷宽政,但为积欠所压,如负千钧而行。"又言:"市易、盐钱、酒税、和买绢四事,钱物虽多,皆是虚数,必难催理。"再审傅尧俞、苏子由所言,知常平、免役亦多有逋负,是积剩之数实少,不过如李常所说;而逋欠之数则甚多,或实如毕仲游所说。故神宗亦言"督索艰难",人民自必"如负千钧而行"也。是毕仲游所言乃虚数,合逋欠在内,李常所说始为实数。倘以十亿缗折合二十亿石米,是为散在民间之官本债务,以当时一千七百万户分摊,则每户当负担一百二十石米。即以二三分息计,则付息即需三四十石米,若五分取息,则年息达六十石米。在如此重担下,社会焉得不穷困而人民将难以遂其生也。

《宋志》:"凡岁赋:谷以石计,钱以缗计,帛以匹计,金银丝绵以两计,薰秸薪蒸以围计,他物各以其数计。至道末,总七千八十九万三千,天禧五年视至道之数有增有减,总六千四百五十三万,其折变及移输比壤者,则视当时所须焉(《通考》前列至道数字及天禧末增减数字,当即此数,而不甚符合,盖两计、围计不悉数耳)。"又云:"景德中赋入之数,总四千九百一十六万九千九百,至皇祐中增四百四十一万八千六百六十四,治平中又增一千四百一十七万九千三百六十四。"所载皇祐、治平增数全与《通考》文同,知《通考》夺景德数。《宋志》于至道、天禧皆计总数,而《通考》于至道、天禧皆详列细数,故不同。

熙宁七年,中书奏事,神宗与冯京论及市易,神宗言:"天下之民,所纳二税至有十七八种,吾民安得泰然也。"是宋代杂税种类至多。韩琦当时亦尝言:"今天下田税已重,更有农具、牛皮、盐钱、曲钱、鞋钱之类,凡十余件,谓之杂钱。每夏秋起纳。官中更以紬绢斛斗低估价值,令民以此杂钱折纳。"张方平亦言:"且举应天府为例,内县共主客六万七千余户,夏秋米麦十五万二千有零石,绢四万七百有零匹,此乃田亩桑功之自出,是谓正税。外有沿纳诸色名目杂钱十一万三千有零贯,然虽有钱数实不纳钱,并系折纳谷帛。惟屋税五千余贯,旧纳本色见钱。……岁纳役钱七万五千三百有零贯,青苗息钱一万六千六百有零贯。"总计此数,正税一十九万二千七百石匹;杂税一十一万八千贯,苗、役八万一千九百贯,已超过正税。仅杂税已超过正税一半。陈止斋言:"其他杂敛,皆起熙宁,则以常平宽剩、禁军阙额之类,令封桩迄今为额,至于元丰则以坊场、盐、酒、香、矾、铜、锡、斛、秤、披剃之类凡十数色,合而为无额上供。"是皆熙丰新法行后,人民负担所以大增也。

《文献通考》载:宋初收入,至道末总八千九十一万三千贯石匹斤。《续资治通鉴长编》载,咸平六年总六千二十六万六千,咸平比至道减二千万贯石匹斤。此宋初沿五代苛敛,故收入多。宋朝不断减轻人民负担,故尔后岁入反少。《玉海》载:混一之初,天下岁入缗钱千六百余万。淳熙十年诏书言:至道末岁入千二百余万。是较混一之初减四分之一。"混一之初"应指太平兴国年间。在屡次减少之后,而王朝收入又不断上升。至道末岁收谷三千一百七十万七千余石,嘉祐以来止收二千余万石,或一千七八百万石,是知所减轻者为农民负担。而商税、酒税自至道至庆历则不断上升(并未变更税率),是劳动人民经济渐丰而购买力提高也。熙宁新法行后,农民负担加重,商、酒税遂不断下降,是劳动人民生活贫困而购买力下降也。

【一】 北宋一代人民负担与熙丰变法

乙、商税、酒课、盐课

宋初至仁宗时,社会生产当有所提高,经济当有所发展,事至显然。唐之租庸调与两税皆缴纳实物,宋之盐、茶、商、酒各税皆缴纳货币。货币使用量扩大,乃经济提高、交换发展之需要与反映。然宋代二税五分之一为货币,五分之四为实物,是都市已大量使货币而乡村仍只限于五分之一,故又不能过高估计宋代货币使用程度。《元丰九域志》较《太平寰宇记》所记各县之场镇增加一倍以上,是乡间市场亦增一倍以上。前此地理书无记载乡镇市场者,有之,则始于宋。宋代各县乡镇皆设有商税务、酒税务,置专人司之。是民间贸易发展,农民购买力提高,民间手工品供应扩大,皆于此可见也。市场增加数目,各县及农村市场商、酒税收入数字,《宋会要》皆有记录可以考见,此祖国丰富史料中之至可宝贵者。《朝野杂记》言:"景祐中,天下商税四百五十余万缗,酒课三百五十五万余缗,盐课三百五十五万余缗。庆历中,商税一千九百七十五万余缗,酒课一千七百一十余万缗,盐课七百一十五万余缗。"(《玉海》同)是此时期商税增长三倍以上,亦即商品贸易增长三倍以上。盐税增长较少,盖人户虽较前富有,而盐则不能多吃。惟此言"景祐中"疑有误。盖自景祐至庆历不过十年左右,商税能否猛增三倍多?且人口绝不能增加一倍,而盐课竟增长一倍,亦于理不合。又案《宋史·食货志》载:至道中岁入商税四百万贯,天禧末增八百四万贯。按景祐在天禧后,不应反低于天禧。至道至天禧二十余年,自四百万增至一千二百万,天禧至庆历亦二十余年,张

名师讲义
蒙文通中国古代史讲义

方平《论国计》言,庆历中商税一千九百七十五万,龚鼎臣《东原录》言,庆历中商税二千二百万(张方平言为庆历五年,则龚言当为八年),所增大致相当。张方平言景德中商税四百五十万贯,是《朝野杂记》之"景祐"当为"景德"之误,《玉海》正作"景德",是也。至道、景德户四百余万,盐课三百余万,庆历户一千数十余万,盐课七百余万,户增一倍多,盐课亦增加一倍,则正相合。或谓商税以海上珠宝商为主,然《玉海》言:"海船岁入皇祐中五十三万,治平中增十万。"较商税岁入数百、千万、二千万者相去甚远。是商税主要当来自各州县及其乡镇场务。考《宋会要》所载,酒税收入增加较多,殊觉可异。酒乃消费品,必当生活优裕、生产剩余之家,始能享受此项消费。当时两广及福建、四川部分地区无酒禁,亦无酒榷,当因其地民贫酒少之故。张方平言:"景德中酒课四百二十八万,庆历五年一千七百一十万。"若合此无榷地区而并课之,则仁宗时之酒课当略在两千万贯左右,则每年酒之消费可谓巨矣。造酒皆用谷类,是当时粮食生产剩余较多亦可想见。苟其时粮食不足,官府必将禁酒,由酒课增长之巨视之,是北宋于仁宗以前社会生产颇有提高而非贫窘之境,明矣。

宋代商税,太宗至道时岁入四百万贯,天禧五年一千二百万贯,庆历时达二千二百万贯。庆历八年主客户一千七十二万余,平均每户负担商税二千文以上,仁宋时米价每石八百至一千文,商税二千文略当米二石或二石五斗。至皇祐商税岁入仅七百八十六万余贯,英宗治平时亦仅岁入八百四十六万余贯,下降几达三分之二,亦颇可骇异。此显为用兵西夏影响当时社会生产有关。唐李翰尝言,用兵十万,七十万家不得操作。仁宗"庆历之籍总一百二十五万,而禁军马步八十二万六千",而乡军、藩军不与焉。是当时略有六百万家不得生产也。故范仲淹、包拯、欧阳修、韩琦等皆极言征发病民之苦。是用兵以后必致社会凋敝也。张方平所论极明:"七年之间,民力大困,耕夫织妇,莫能给其衣食。"到神宗时,《宋会要》言:"熙宁十年前商税一千一百万,熙宁十年后八百五十四万。姑以熙宁十年后为元丰六年,时主客共一千七百二十一万余户,其时米价每石四五百文,更有低至二三百文者。姑以每石五百文计,每户平均负担商税不过五百,合米约为一石。较仁宗盛时人民每户平均可负担商税合米二石或二石五斗者相去远矣。是人民此时购买力降低一半有多。其时西师之累不得过于庆历,是显由新法行后人民负担加重之故。苏轼尝言:"商贾贩卖,例无现钱,若用现钱,则无利息。须今年索去年所卖,明年索今年所赊,然后计算得行,彼此通济。今富户先已残破,中民又有积欠,谁敢赊卖货物,则商贾自然不行,此酒税、课利(商税)所以日亏,城市房廊所以日空也。"于此可见宋代商业惯例,部分商家尚非现金交易,而为大部赊欠,赊欠不行,交易自然停滞,交易停滞自然影响商税。郑侠《奏议跋》云:"诸门及本务税钱亏折,乃为市易拘栏商旅入务官买,以致商旅不行,税乃大亏。"是新法之市易法亦为导致商税亏短之重要原因。

陈止斋言:"天圣七年,福建运司奏:福州商税有当增收钱者八,当减钱者五,当不收钱者十,当创收钱者十二。有旨创收、增收更不行,余依奏。及王安石更改旧制,增减税额。熙宁三年九月,中书札子:自来场务课利增亏,并自本州保明三司,立定新额,始令本处趁办,往复动经年岁,莫若令本州自此立定祖额比较,有旨从之。而本州比较从此始。商税轻重,皆出官吏之意,有增而无减矣。"仁宗于天圣时诏商税有减无增,然自龚鼎臣《东原录》按之,庆历中商税已增至二千二百余万。后虽下降至七八百万,乃因西夏战事之故,而非降旨减征。治平至熙宁初,又渐上升。《宋会要》言:熙宁十年前又复上升至一千一百余万。《宋会要》此处所言"熙宁十年前",应为治平以后。因治平间商税八百余万见《食货志》。此"十年前"又应为熙宁四年前,因《宋会要》于旧额中有智州、南仪州等,而此数州于熙宁四年皆已废弃。故所说"十年前"应为治平至熙宁四年之间。熙宁三年后,商税之课税品种,有增无减。然十年之后竟自一千一百余万下降至八百余万,此一变化略为十一与八之比。宋代商税法。"行者赍货,谓之过税,千钱算二十;居者市鬻,谓之住税,每千钱算三十。"(见《通考》及《食货志》)若税法(率)不变,课税品种增加,而税额反减少,自当为商品量减少之故。但自物价核之,又未必然。熙宁初,每石米七百文,元丰米价每石为五百文,亦略为十一比八,是此时商税总额之下降,盖物价使然,未必商品量减少也。然自民户之增减视之,元丰比熙宁初年,由一千二百余万户增至一千七百余万,民户增加四分之一有多,而商品数量仅仅相等,则是每户之商品平均消费量必降低四分之一。是生产萎缩而购买力下降也。若以庆历之民户、物价、商税数字相较,则其下降更甚矣。

再就盐税考之:景德中盐税三百五十五万,民户为四百余万,庆历中盐税七百一十余万,民户为一千万余,此一比例大致合理。景德至庆历,商税、酒税自四百余万贯增长至一千九百万或一千七百万,此为生产发展、社会富裕,故增长较多。盐则

【一】 北宋一代人民负担与熙丰变法

不然,不能因经济生活之丰裕而多吃,只能依人口增长之比例而增加。但就《梦溪笔谈》所载,其事殊可惊骇。沈括言:元丰间岁收盐税达二千二百三十余万。此时民户仅千七百余万,自人口比例计之,最高不能过千二百万,然实际竟高达二千二百余万,此显因盐为政府专卖提高盐价之故。《通考》言:"熙宁新法,增长盐价。福建路祖额卖盐收到二十七万三百余贯,自推行盐法,元丰三年收六十余万贯。"扣除人口增长因素,是元丰盐价较庆历提高百分之八十三。夫盐为无论贫富皆不可或缺之日用必需品,用提高盐价以达到增加税收之目的,虽封建社会亦将以其最为苛政,不幸而此举竟出于熙宁新法之中,良可叹也。至徽宗宣和元年,盐税又增至二千五百余万(《山堂考索》),按崇宁时(公元1102—1106年,徽宗朝)民户已增至二千万,扣除人口增长因素,宣和盐价较庆历提高百分之七十八。是蔡京当政时所提盐价尚略低于王安石当政之熙丰时也。而后世之论史者,皆相与非蔡京时盐政,而于王安石之大提盐价则不置一辞,是尚得谓公允之见乎?

　　商税增减,与人民生活日用必需品流通量之增减及商品生产量之增减密切相关,亦即与人民生活及社会生产密切相关。酒课则不同,酒乃高级消费品,经济不充裕者,可以不饮。宋代酒税,景德时为四百万,庆历时升至一千七百万,此应为农业发展社会富裕现象。商税较酒税为多,亦为正常现象。庆历以后,社会生产受西夏用兵影响,商税、酒税皆下降,然商税下降比率大,由二千二百万下降至皇祐时七百万、治平时八百万。而酒则下降比率较低,由千七百万下降至皇祐千五百万、治平时千三百万(并见《食货志》及《通考》)。《通考》言:"初,酒场岁课不登,州县多责衙前或五保输以充其数,嘉祐、治平中数戒止之。"是或皇祐、治平酒税下降甚少之原因乎?熙丰间又出现此等现象,商税自一千一百万贯降至八百余万,而酒税则仍高踞一千三百余万,此又奇事。盖中国原本农业国,粮食生产丰富,果腹而外,惟可用以造酒,故日用商品交换虽萎缩,而农业生产则未必随之萎缩,而酿酒自亦不必随之下降。宋之酒税为酒曲税,曲由政府专卖,民间煮酒,虽为自饮,不作商品出售,而税则仍不能免。酒税较多反映农产品剩余多。商税较少则为生活日用品生产萎缩。盖农村经济因剥削太甚,农业生产虽能继续维持,而日用手工业品生产则不能不衰退。然商税低于酒税究非正常现象。庆历以后显因西夏用兵、经济破坏之故,而元丰时则自为受新法之影响也。苟以酒税多寡作为农产品剩余多寡之标尺,庆历时酒税一千七百余万,民户一千万余,每户负担酒税一千七百,此时米价八百至一千文一石,则每户酒税略当二石米,熙宁十年前(即四年前)酒税一千五百三十八万八千贯,民户千二百万,每户负担酒税一千三百文,米价每石七百文,每户酒税略当一石九斗米。陈止斋言:"熙宁五年正月,令官务每升添一文。"时酒价斗百钱,是每升十钱,升添一文,是税增十分之一也。熙宁十年后,酒税共一千三百八万,其中加税一百三十万,除去加税则略为一千一百七十八万贯,时民户一千七百余万,每户负担酒税至多七百文,米价每石五百文,则每户负担酒税略当米一石四斗。由此观之,是元丰较庆历时每户用于造酒之农产品减少四分之一,即较熙宁初年亦略少。是元丰时不仅商品交换萎缩,农业生产亦有萎缩也。又苏东坡论青苗事尝言:"官吏无状,于给散之际,必令酒务设鼓乐倡优,或关

【一】 北宋一代人民负担与熙丰变法

扑卖酒牌,农民至有徒手而归者,但每散青苗,即酒课暴增。"是熙丰酒税下降少,此亦一因也。

自宋初至道三年至天禧五年,共 25 年,民户由四百一十三万增至八百六十七万,政府岁入数字亦同时增加较多,其为社会经济上升也至明。自天禧五年至庆历八年共 27 年,此时期民户止增至一千七十余万,岁入所增亦较少,此显为受西夏用兵之影响。庆历八年至嘉祐八年 15 年间,民户增至一千二百四十六万,与前 27 年所增略等,同为二百万户左右,而商税则下降特甚,盖战争停止则人口增加较快,社会经济受到破坏而恢复发展则较慢也。商税恢复较慢显然以此。嘉祐五年至治平三年,不过 6 年,时间既短,民户当不能增加很多,然政府岁入却增加颇多,此显为社会经济已开始恢复发展之反映。自治平三年至熙宁初(应为四年前),商税由八百余万增至一千一百余万,酒税由千二百万增至千五百万,此显为社会经济既已恢复发展,而税收亦随之上升也。治平至元丰六年,共 17 年,主客户所增较多,已达一千七百二十一万,然至元祐初年,共 20 年,主客户当已增至一千八百万左右,而政府岁入所增则少,仅由四千四百万增至四千八百万,且商、酒税反有下降,显与正常趋势不合。此岂非新法行后,人民负担增加一倍,购买力下降一半,工农业生产皆衰退之明效乎?北宋一代社会经济之升降,不难于政府岁入增长之速度及商税、酒税之升降概见之也。且新法既行,"青苗、免役皆责出钱,是以百物皆贱,唯钱独贵,欲民之无贫,不可得也。"(苏辙语)"熙宁以来,行青苗、免役之法,民日益贫,盗日益炽,谷帛日益轻。"(苏轼语)于是出现钱贵物贱之"钱荒"现象。而官府复将所搜刮之钱,大量封桩储存以备后日之用。及至用时,钱币大量流出,则又形成钱贱物贵局势。熙丰收进时,米价最高时每石五百,官府收钱三贯,人民实际出米六石。徽宗时大量消费,物价不断上升,宣和四年,米每石二贯五至三贯,岂非人民纳六石米之实,而官府仅获一石米之用,似此有损于民无益于国之举措,其可谓善于谋国者乎?熙丰君臣何思之不及此也。

丙、北宋疲弊之由与王安石、司马光之议论

宋太祖尝言:"国家财赋,再倍汉、唐。"叶水心于南宋亦言:宋之收入"十倍汉、唐"。宋之财入既丰,然犹常称"财用不足"者,何也?马端临《文献通考》言:"宋大概其以疲弊者:曰养兵也,宗俸也,冗官也,郊赉也。"此言切中宋代弊政要害,是宋政治之首当改革者。曾巩《议经费》言:"景德官一万余员,皇祐二万余员,治平并幕职州县官三千三百有余,其总二万四千员。景德郊费六百万,皇祐一千二百万,治平一千三百万。"《朝野杂记》言:"祖宗时,中都吏禄兵廪之费,全岁不过百五十万缗,元丰间月支三十六万缗。"是全岁应为四百三十二万缗。《太平治迹统类》载王拱辰言:"太祖时兵十三万,太宗时十八万。"《通考》言:"真宗时内外兵九十一万,仁宗时兵百二十五万。"此皆宋廷首当解决之问题。冗官既已如此,熙宁间裁定京官,蒲宗孟言:京官岁损者常百余员,十年亦不过千余员,但时新增吏禄:京师岁增四十一万三千四百余缗,监司诸州六十八万九千八百余缗。元丰兵籍六十一万,是已减少一半,然又用之于保甲民兵七百八十余万。熙宁元年,执政以河朔旱伤,乞南郊勿

赐金帛,王安石言:"常衮辞堂馔,时以为当辞职不当辞禄,以此责西府。"是郊赉亦不能省。元祐时,范祖禹已言国用不足之根源即在于此。如以马端临所见的当,是王安石所变之法皆未能对症下药。王船山尝言:汉唐之富以其无,宋之贫以其有。宋代社会经济之发展高于汉唐,宋代政府收入多于汉唐,然自仁宗时已感财用不足,此显非收入之不足而浪费太多故也。熙宁元年议南郊赐金帛,执政以国用不足,乞勿赐。诏学士议,司马光言:"救灾节用,当自贵近始。"王安石曰:"国用不足,未善理财故也。善理财者,不加赋而国用足。"司马光曰:"安有此理,财货百物不在于民,则在官,设法夺民,害乃甚于加赋。"是时安石尚未执政,而二人政见之矛盾已显露矣。盖司马光主于省用节流,而王安石主于理财开源。是时京师岁入五千余万,数倍于宋初,而犹言财用不足,究当减少浮费、节约开支,抑当虐取于民以供浪费?其是非得失,本自显明。故神宗于此次争论赞同司马所言,然竟亦未能蠲省此次郊赉。且于翌年任安石为宰相,而陆续开展其以理财为核心之变法改革。司马光之反对新法,其核心亦即坚持省用节流方针而反对理财开源以资浪费也。

丁、上供

叶水心《财总论》言:"熙宁、元丰以后,随处之封桩,役钱之宽剩,青苗之结息,比治平以前数倍。"又言:"熙宁新政,重司农之任,更常平之法,排兼并,专敛散,兴利之臣,四出候望,市肆之会,关津之要,微至于小商贱隶什佰之获,皆有以征之。盖财无乏于嘉祐、治平,而言利无甚于熙宁、元丰。"此言新法赋敛之多及积蓄之富。《通考》言:"哲宗元祐元年,议者谓熙宁以前,上供无额外之求,州县无非法之敛,自后献利之臣惟务刻削,事有所减,如禁军阙额,与差出衣粮,清汴水脚,外江纲船之类,例皆责转运司封桩上供。即用度有增,又令自办,上供名额,岁益加多,有司财用,日惟不足,必至多方以取于民,非法之征,其原于此。因请罢熙宁以来旧上供所创封桩钱物。"此言内外封桩皆额外上供。陈傅良《开基事要》言:"祖宗时内藏库止是收簇给费之余,或坊场课利,不以多寡,初无定额。熙宁二年,始命三司户部判官张讽核实。讽取自嘉祐、治平十年以来输送之数,而十年之间所入殊不等,乃诏今后并令纳左藏库,逐年于左藏库拨金三百两、银五十万入内藏,遂为永额。然讽元奏治平以前诸路所进坑冶、山泽、河渡、课利悉在其中,既合为元额矣,在后中书再取旨,以诸路提点银铜坑冶司所辖金银场冶课利,并依久例尽数上供入内库,则坑冶之入不仅为左藏库年额之数,自是条例益严密,皆王安石之为也。"又言:"上供增额,起于熙宁,虽非旧贯,尤未为甚。崇宁三年三月,始立上供钱物新格,于是益重。"又言:"元丰五年,又以上供年额外,凡琐细钱,定为无额上供(自注云:谓坊场税钱、增添盐酒钱、卖香矾钱、卖秤斗钱、卖铜锡钱、披剃钱、封赠陶寻野料钱、额外铸到钱、铜铅水脚钱、竹木税钱、误支请受钱、代支失陷赏钱、赃罚钱、户绝物帛钱)。盖自系省而后有应在司,而后有封桩,而后有起发。"是元额之外有增额,又有额外,是为无额上供。内外封桩,本自如此,是南宋之经制钱、总制钱、月桩钱、板帐钱等,其弊皆导源于此。叶水心言:"王安石大掣利柄,封桩之钱,所在充满。"此皆

【一】 北宋一代人民负担与熙丰变法

所谓"上供额外之求,州县非法之敛"。此封椿钱所以积累盈满也。宇文粹中言:"祖宗之时,有额上供四百万,无额上供二百万,京师商税、店务、抵当所诸处杂收钱一百余万,三司以七百万之入,供一年之费而储其余。"是上供原额,仅于此数。陈止斋备载宣和元年户部尚书唐恪稽考诸路上供钱物之数,比之宇文粹中所言祖宗时上供钱数增加颇多。唐恪系分列各路数字,其中无河东路,当为残佚。又如江南东西两路共五百余万贯,淮南不分东西仅一百一十万贯,想必为淮南西路之数,淮南东路之数应较大,当亦残佚也。即据此不完全之数字,全部已是一千五百余万贯,较祖宗时六百万贯增加一倍半。此正陈止斋所谓熙宁新法增旧额一倍;崇宁率一路之增至十数倍也。毕仲游言:"今诸路常平、免役、坊场、河渡、户绝庄产之钱粟,积于州县者,无虑数十百钜万,可供二十年之用。"则与叶水心《财总论》所言完全一致。此类非法额外之征甚多,元丰五年诏:"京东、淮、浙、江、湖、福建十一路,发常平钱八百万缗输元丰库、左藏库、内藏库外,又复有元丰库杂储诸司羡余钱。至熙宁行役法……时则有坊场钱,至元丰初,法行既久,储积赢羡,司农请岁发坊场钱百万缗输中都元丰库贮之,几百楹。凡钱帛之隶诸司,非度支所主,输之数益广,欲以待非常之用。"皆足明当时储积之多,亦即搜刮之巨。

宋代皇祐时,岁入三千九百万缗,嘉祐岁入三千六百万缗(当因西夏军事而收入下降),治平岁入四千四百万缗,熙宁为五千六十万,元祐岁入四千八百万。宋代田赋收入前后差数不大,差额大者为商、酒等杂利。治平、熙宁、元祐比之皇祐,正杂利下降之时,然岁入却由三千九百余万上升至四千四百万、四千八百万,所增收入从何而来?当应研究。人口增加,身丁钱当亦增,是为其中部分,然为数不多。其主要者应为上供钱。陈止斋言:"嘉祐至治平十年之间,所入殊不等。"此时数字不明。宇文粹中既谓"祖宗之时,有额上供四百万,无额上供二百万"。陈止斋又言:"诸路上供岁额,熙宁新法增额一倍。"可知治平时上供略为三百万至四百万,即四千四百万之部分来源。熙宁时略为六百万。熙宁九年又诏:"坊场不给役人,岁上之司农。"则亦计入官府岁入缗钱之数矣。元丰七年,坊场钱六百余万,熙宁时或不及此数。故熙宁岁入止五千六十万。至于元祐四千八百余万,据苏辙于元祐初言:"今坊场钱一岁四百二十余万。"此数显较元丰为少。上供之封椿钱,元祐元年诏:"三路(河北、河东、陕西)、岭南(广南东、西)被边,勿封椿,仗帅臣以占募,余路封椿仍旧。"是上供所取亦较少,故岁入略为三千九百余万至四千八百余万。

前此上供数字虽无可详考,然自陈止斋论上供钱言:"开国以来,迄于至和,天下财物皆藏州郡,祖宗之深仁厚泽于此见矣。"又言:"熙宁二年,始命张讽核实,取自嘉祐至治平十年以来输送之数,而十年之间所入殊不等。"显见至和以前财物藏于州郡,上供者少。张讽惟取嘉祐、治平间十年之数,当即上供钱系自嘉祐以后始渐增多。陈止斋又言:"宋初天下留州钱物,非尽取之。自建隆至景德四十五年,应在金银、钱帛、粮草、杂物以七千一百四十八万计,在州郡不会,可谓富藏天下矣。"《通考》言:"治平二年,内外入一亿一千六百一十三万,出一亿二千三十四万,非常出者又一千一百五十二万,是岁诸路积一亿六千二十九万。"内外超支既多,州郡又有大量积蓄,则上供钱之增加当属可能。

戊、人民债累

元祐七年,苏轼上言:"方今民荷宽政,无他疾苦,但为积欠所压,如负千钧而行。"元祐五年傅尧俞亦言:"逐处监司以今岁蚕麦并熟,催督积年逋负,百姓必不能用一熟之力了积年之欠,徒费鞭扑,长公人贪暴乞取之弊。"元祐元年,苏辙亦言:"乞将民间官本债负、出限役钱及酒坊元额罚钱,见今资产耗竭实不能出者,令州县监司保明除放。"是役钱、官本封桩,民间所欠为数不少。元祐放免诏书即包括坊场钱。苏轼上书又言:"臣所论市易、盐钱、酒税、和绢四事,钱物虽多,皆是虚数,必难催理。"是所谓"所在充满",实多虚数,实数究有多少,则至难言。况其皆"额外之求、非法之敛"乎?熙宁十年,神宗尝问沈括:"公私钱币皆虚,钱之所耗安在?"张方平亦言:"比年以来,公私上下并苦乏钱。"是所积现钱并不多。荆公新法主要为取息,青苗、市易、和买、免役,皆归于取息。然神宗已言:"常平(青苗)钱谷,倚阁殆半。"是人民拖欠不能偿还者太多。议行青苗法时,温公尝言:"提举官欲以多散为功,州县官恐以逋欠为负,必会贫富相兼,共为保甲,仍以富者为之魁首,贫者得钱,随手皆尽。小有不登,二税且不能输,况于息钱?吏督之急,则散而之四方,富者不去,则独偿数家所负,力竭不逮,则官必为之倚阁,春债未偿,秋债复来。或值凶年,则流转死亡。幸而丰稔,则吏并催积年之债,是使百姓无有丰凶,长无苏息之期,贫者既尽,富者亦贫。若不幸有边隅之警,凡粟帛军需之费,将谁从取之。"此司马光自当时社会情况逆料将来必然产生之恶果。自神宗"倚阁殆半"之语及元祐七年苏轼所言观之,温公所料一一如见,且更有出温公所言之外者。以后验前,是温公所言不虚,新法已行之后,其弊固有为始料之所不及者,苏轼上书所言甚悉,兹再摘述如下:

今二圣临御,八年于兹,而帑廪日困、农民益贫,商贾不行,臣窃痛之。所至访问耆老,阴求其所以,皆曰:方今民荷宽政,无他疾苦,但为积欠所压,如负千钧而行,免于僵仆则幸矣,何暇营求于一饱之外哉?今大姓富家昔日号为无比户者,皆为市易所破,十无一二。其余自小民以上,大率皆有积欠。监司吏卒,文符日至其门,鞭笞日加其身,虽有白圭、倚顿,亦化为筚门圭窦。祖宗以来,每有赦令,特以民既乏竭,无以为生,虽加鞭打,终无所得。自二圣临御,随事指拨,皆从宽厚,而官吏刻薄,大率县有监催千百家,则胥徒举欣欣然日有所得。其间贫困扫地,无可蚕食者,则县胥教令通指平人。或云衷私擅买,抵当物业,或云买不当价,蔓延追扰,自甲及乙,自乙及丙,无有穷已。每限皆空身到官,或三五限得一二百钱,谓之破限,官之所得至微,而胥徒所取盖无虚日,俗谓此等为县胥食邑户。……诸路连年水旱,所以逐县例皆拖欠两税,人户既未纳足,则追扰常在。臣顷知杭州,又知颍州,今知扬州,亲见两浙、京西、淮南三路之民,皆为积欠所压,日就穷蹙,死亡过半,而欠籍不除,以致亏欠两税,走陷课利,农末皆病,公私并困。以此推之,天下大率皆然矣。臣自颍移扬州,身过濠、寿、楚、泗等州,所在麻麦如云,访问父老,皆有忧色。云：丰年不如凶年，天灾流行，民虽乏食，缩衣节口，犹可以生；若丰年，举催积欠，胥徒在门，枷棒在身，求死不得。又所主城邑，多有流民，官吏皆云，以夏麦既熟，举催积欠，故流民不敢归乡。孔子曰："苛政猛于虎。"以今观之，水旱杀人百倍于虎，而人畏催欠，乃甚于水旱。臣窃度之，每州催欠吏卒不止五百人，以天下言之，是有二十余万虎狼散在民间，百姓何由安生，仁政何由得成乎？

自东坡所言，可见积欠为害之甚。新法之主要目的在取息，为造成积欠之重要原因。自神宗之言，可见积欠为数之大，自东坡所陈，可见积欠为祸之烈，人民生计焉得不困。

己、钱荒

宋代农村钱少，于二税过半征实物可见也。都市用钱虽多，亦非全用钱，于酒税等仍少数征实物亦可见也。张方平言："下户细民平日何尝识一钱。"是当时社会实况如此。孙升言："为国者不取民之力而取民以钱，则货殖百物无以售，而民至于困极也。今东南民间所用无完钱，皆乌旧缺边，而乡村所出谷帛，贱无人售。城郭户人比十五年前，破家者十七八，皆困纳钱免役之患。"苏子由言："自熙丰以来，民间出钱免役，又出常平息钱，搜索殆尽，市井所用多私铸小钱，有无不交，田夫蚕妇力作而无所售，常平、役钱小积而无救于饥馑，积钱于官，无宣泄之道，民无现钱，百物日贱。"此言钱币大量积于官府手中，民间行使，多为劣钱。王岩叟论免役坊场钱亦云："聚敛之吏，倚法以削天下，缗钱出私室而归公府者，十分而九，故物日以轻，民日益以困。钱入于公无复流通于外,而群众相生养之道必待乎此,则势将何如?"赵君锡言:"诸路钱货在官者,大抵数千万贯(依李常言,共五千余万贯在州县),民间钱货无从而得,所以艰难匮乏反甚于前。"吕陶言:"今泉币绝乏,货法不通,商旅农夫,最受其弊。"现钱大半入官,市井少有流通。司马光亦言:"免役及赋敛多责现钱,迫于期限,不得半价,此农民所以重困,钱皆聚于官中,民间乏钱,货重物轻。"皆说明钱聚于官,引起钱贵物贱,而民生困苦,是熙丰新法虽能积蓄钱货又何善足颂?且官家之钱,多为虚数,泰半皆为民间逋欠。既搜刮民钱以充官府储蓄,何以神宗又谓"公私钱币皆虚"?此正沈括所言:"有钱十万,聚于一人之家,虽百岁故十万也。贸而迁之,使十万之利遍于十室,则利百万矣。"迁而不已,则钱不可胜计。然钱不在下,则在于上,今所以上下俱乏者,正以钱被冻结之故。钱不流通,则失其作用,虽多何益?更何况钱聚官中,民间乏钱,而致货重物轻、农夫重困乎?

【二】 熙丰新法之施行及其实效

甲、免役法

宋初役法之弊,言者最多,所以诏书屡降。皇祐间韩琦言:"每乡被差疏密,与赀力高下不均,假有一县,甲乙二乡,甲乡第一等户十五户,计赀为钱三百万;乙乡第一等户五户,计赀为钱五十万。番休递役,即甲乡十五年一周,乙乡五年一周,富者休息有余,贫者败亡相继。请罢里正、衙前,命运司以州军见役人数为额,令佐视五等簿,通一县计之,籍皆在第一等,选赀最高者一户为乡户衙前,后差人仿此,即甲县户少而役蕃,听差乙县户多而役简者。"下其议京畿、河北、河东、陕西、京东西转运司度利害,皆以为便。蔡襄、韩绛又极论福建、江南里正、衙前之弊。绛请行乡户五则之法,襄请以产钱多少定役重轻,遂命与三司参定。遣吴机复趋江东,蔡廪趋江西,与长吏转运司议可否。因请行五则法:凡差乡户衙前,视赀产多寡置籍,分为五则,又第其役轻重放此。假有第一等重役十,当役十人,列第一等户百;第二等重役五,当役五人,列第二等五十,以备以番役。遂更著淮南、江南、两浙、荆湖、福建之法,下三等颁焉。于此可见南北之法不同。然以赀之高下定任役之轻重则同。至于两种法之不同:盖韩琦以一定富力分五等户,以第一等户任重役,又通数县计之,役简则应役之次远,役蕃则应役之次密;一等户概任一等役,使重役不及于贫民。韩绛之法,盖以役之轻重为定额,依轻重役所需人户之多少,以定一县一等户二等户之多少,则重役始终不及于贫户,而应役者皆限于富民。殆以北方民贫而役多,南方民富而役少;北方役重民贫,故其要在分户等之高下,使重役只及于富户,而役之疏数不必计;南方役轻而民富,邻乡邻县应此乡此县之役似无此必要,而徒增烦扰,民力既能负担,故不重在分户等之高下,而重在定役之疏密。南北社会经济情况不同,而立法固各有其宜也。

免役法之不善,以各路役钱多少之不均为甚。曾布言:"天下户口多少,徭役疏数,所在各异。如两浙路户一百四十余万,率钱七十万缗而已;畿内户十六万,而率钱亦十六万缗。是两浙所输,盖半于畿内。"负担如此不公,何能使人民悦服?杨绘言:"凡等第升降,盖视人家产高下,本县凭户长里正,自下而上,乃得其实。今乃自司农寺先画数,令本县依数定簿(五等簿),岂得民无争诉?司农寺不依诸县元定户等,却以现管户等第均定助役钱数付诸县各令管认,升降户等,别造簿籍。"是依各路元有役数敷钱,各地徭役疏数不同,因之各地役钱亦轻重不同,此陕西一路所以始终反对"免役法"也。考陕西户口,依毕仲衍说,为九十六万余户,熙宁九年,陕西各路役钱计一百三十六万七千余贯,陕西各路平均每户千四百文,较畿内平均每户负担一千文已重,与两浙路每户平均五百相较,则为尤重。

《三朝名臣言行录》引《邵氏闻见录》一节,颇有理致,其言曰:"役法新旧差募二议俱有弊,吴蜀之民以雇役为便,秦晋之民以差役为便。荆公与温公皆早贵,少历州县,不能周知四方风俗,故荆公主雇役,温公主差役,苏(轼)、范(纯仁)温公门士,复以差役为未便。章子厚(惇)荆公门下士,复以雇役为未尽。三人皆聪明晓吏治,兼知南北风俗,其所论甚公。"此言二法皆未善,差役宜于北而不宜于南,雇役则宜于南而不宜于北,此理亦易明了。叶水心言:南宋土地虽失其半,然天下财赋仍十分之七在宋。宋代社会经济南富北贫,相去本远。自役钱多少考之,北方元本役重,南方则役轻。开封及京东西为中央政府所在地,禁军大部驻于此地,自然役重。河北、河东接近契丹,当亦役重;陕西仁宗时西夏战起,役事骤增。熙丰诸路将兵,总天下九十二将,西北四十二将,西京、河北三十七将,两淮以东南只十三将,北重南轻,更为明显。南方人富而役轻,役轻则出钱少,人富又出钱易。辛稼轩言:"北方之人,养生之具,不求于人,是以无甚贫甚富之家,南方多末作以病农,而兼并之患兴,贫富不侔矣。""多末作"言手工业、商业发达,工农分二、贫富分化已显。因南富而北贫,故皇祐改里正衙前为乡户衙前时,韩琦之法行于京东西、河东北、陕西各路,蔡襄之法行于两淮、两江、两浙、荆湖、福建各路,是南北役法已自不同。自《太平寰宇记》、《元丰九域志》按之,客户数字,南方远多于北方,此见大地主上户多在南方,上户所出较多,则中小户所出即轻。北方适与相反,役重人贫大地主上户少,而所出又多;上户既少,于是升三四等户为二三等户,户等既升,负担必加,此北方各路之所以反对免役法也。

新法以青苗、免役、市易为主,免役法为近来论者以为最善之法,因官户亦出助役钱也。元祐时,司马光罢各种新法,王安石在金陵,夷然不以为意,及闻罢免役法,愕然失声曰:亦罢及此乎?是荆公亦以此法为最善。宋人言:民不苦重赋而苦重役。役为国史上之一大事,明以后始不见重役之害,而只见重赋之害。乡户衙前、里正衙前,原为宋代重役,充此役户往往有破产者。免役法系由人民出免役钱,由官府雇人服役,故又称雇役。且"官户"、"寺观户"、"单丁"、"女户"原不服役者亦出"助役钱"。"凡敷钱:先视州若县应用雇直多少,随户等第均取雇直,既已用足,又增取二分,为免役宽剩钱。"从此,人民可免充役之苦。自条例视之,固无足以病民者,然施行之效则否。利州路岁用役钱九万六千六百余缗,而转运使李瑜率三十三万有奇,时皆以为太重。然自熙宁九年诸路上司农寺岁收免役钱为一千四十一万四千五百五十三贯观之,其中各路所收细数,利州路已达四十二万九百七十五贯,较九万六千增长三倍多。元丰七年岁收免役钱为一千八百七十二万九千三百,比熙宁九年所增近一倍。如广西一路民出役钱二十九万缗,募役实用钱止十四万缗,不及所征数之一半。政和中臣僚言:"巩州,元丰

【二】 熙丰新法之施行及其实效

年中岁敷役钱止四百贯,今敷至二万九千余贯。"此见免役钱为害之甚。元丰八年史载:"自来宽剩各不过二分,今来申到帐内有及三四分以上。"是并未按雇直多少随户等第均取,宽剩钱亦颇过规定之二分。熙宁九年收役钱一千四十万余,支役钱才六百四十八万七千六百八十八贯,剩余高达百分之四十。元丰七年收一千八百七十二万九千三百贯,则应剩余一千二百二十四万一千六百一十二贯。刘安世言:"元丰之后,新定役人止放四十二万九千余人,比之旧法减十万七千之数。"役人有减无增,役钱有增无减,役钱所剩太多,则非用免役以减轻人民负担,而为用免役之名以加重人民负担也。陈止斋言:"熙宁四年八月行免役,耆长于第一第二等户轮充,一年一替,与免户下本年役钱一十五贯文。壮丁于第四第五等户轮充,半年一替,并不出纳役钱。户长于第四等召募有人丁物力者充,一岁一替,盘缠钱五贯文。"是免役法行,重役为上户轮充,仍为差而非雇;只免应役者本年应出之役钱一十五贯,是此即一年之雇值。户长为募下户充当,一年雇值五贯,可见五十三万六千余人之雇值为六百四十八万七千六百八十八贯,最多者不过一人年十五贯。然时以军校主公物,月给食钱三千,是一人年三十六贯,是乡户雇值不及军校之半。周尹尝言:"宽剩数已倍多,而募值太轻,仓法又重,役人多不愿就募。"雇值既轻,当然不愿应募。熙宁四年初行役法时,即已有人预见及此,故名为雇役,而实为差役。至熙宁七八年,耆壮之役归于保甲之正长,户长之役归于催税之甲头,已变而为保役,已是差而非雇矣。然曾布于讨论役法之初即言:"今投名衙前半天下。"此为事实。以川峡四路而言,原皆长名衙前,本是雇而非差。此何以能雇?苏辙于元祐初尝言:"今天下坊场钱一岁四百二十余万,而衙前支费及非泛纲运,一岁不过一百五十余万缗。则是坊场之值自可了办衙前百费。"按熙宁以前即用扑买坊场钱酬奖衙前重难分数,此即长名衙前之雇值。至熙宁九年,诏买扑坊场钱更不以给役人,岁上之司农,又许人添剗见卖坊场。元丰七年,府界诸路实已岁收六百九十八万六千缗,谷帛九十七万六千石匹,此款皆收归政府,当系改前此之雇法为差法,故能有此大笔余款。元祐又再以坊场钱充衙前雇役之用,以下诸役轮差,尽免六色钱,显又改衙前为雇役矣。

  雇役法行后,对人民生活发生极大影响。杨绘言:"民难得钱,钱非出于田者也;民宁出力而惮出钱,钱所无也。"司马光言:"农民出钱,难于出力,官中以免役及诸色督之,则谷愈贱矣。"范镇亦言:"免役之弊,百物不用,必收现钱,布帛米粟,贱货速售,失利倍蓰。"此皆因民间少钱,民有米物而官不用米物,民有力而官不用力,民无钱而官必使之出钱,物轻钱重,势之必然,而农困矣。苏子由言:"青苗、免役、保甲三者之弊,百姓贱卖田宅,非一家也。"司马光言:"青苗、免役钱为害尤甚,自行新法之时,民间之钱已少矣,其贫者亦有未尝识钱者矣,今有司惟钱是求,农民贱粜以输官,比常岁之价,或三分减二,于斗斛之数,或十分加二以求售,今货重物轻,年虽饥,谷不甚贵而民益困。"此言免役法行后,劳动人民负担最重而所遭灾难巨大也。

  免役法既行,自然皆为雇役。然后役亦不雇,代之以"保正"、"甲头",实际已变为保役。《续通鉴长编》熙宁七年载:"神宗曰:今已令出钱免役,又却令保丁催税,失信于民。又保正只合令习兵,不可二事。安石曰:催税不过二十余家,于人情无所

【二】 熙丰新法之施行及其实效

苦；保丁只令习兵，不可二事，不知余事令谁勾当。"同书元丰八年又载："耆壮、户长，法之始行，皆出于雇，及其既久，耆壮之役则归于保甲之正长，户长之役则归于催税甲头，一切封椿（役钱全存库），是何异于出钱免役而又使之执役。"此亦明言役既不雇而以保甲任差役。自徽宗至南宋皆是如此。胡舜陟言："章惇、蔡京述安石之弊，行之东南，故民当正副（保长）必破其家。大小保长，日被追呼，废其农业，民遭差役者，如驱之就死地。"如此，则保长、甲头之苦，有若前日之乡户衙前、里正衙前。此种情况，熙宁时即已出现。按之《宋会要》，言保役之苦者不下二十处，其害有更甚于里正衙前者。此论免役法者所当合而观之者也。

陈止斋言："罢募户长而取其钱（熙宁五年罢，十年以其雇钱别椿管），罢募壮丁而取其钱（熙宁七年罢，十年以其雇钱别椿管），罢募耆长而取其钱（熙宁八年罢，十年以其雇钱别椿管）。役法者，五等簿是也；保甲法者，鱼鳞簿是也。五等簿者，以通县计之，自第一至第五，以其户强弱，各自为簿；鱼鳞簿者，比屋计之，自第一都至第几都，不以其户强弱并为一簿。方行保甲时，但以讥察盗贼而已，与免役初不相关。熙宁七年，始以保丁充甲头催税，而耆、户长、壮丁之属以次罢募，利其雇钱，而封椿之法起矣。元丰遂著为令，以甲头同大保长催科，今之困民力诚非一事，而役害最大，中人之家，破荡相继，推究其所自来，要不以保甲法乱役法，实大惠矣。"《玉海》亦言："熙宁五年六月一日，以产税钱均定免役钱，并罢五等户簿，州县版簿，皆保长簿也（鱼鳞簿）。自以保籍催科，而民始困。"此言变雇役为保役之经过甚为明悉。雇役法于熙宁四年甫颁布推行，五年即罢五等簿,同时亦罢募户长。七年罢募壮丁,八年罢募耆长。熙宁七年已行保役,显然仍为差役,何得以雇役名之。《通考》言:"熙宁征免役钱,非专为供乡户募人充役之用而已,官府之需用,吏胥之廪给,皆出于此。及其久也,则官吏可以破用而役人未尝支给。是假免役之名以取之,而复他作名色以役之也。为法之弊一至此哉!"于以见所收役钱究作何用场!然熙宁九年又言支役钱六百四十八万七千余贯,似又与陈说不同。谢方叔言:"豪强兼并之患,至今日而亟,百姓膏腴,皆归贵势之家,小民百亩之田,频年充保役,官吏诛求百端,不得已而献其产于巨室,以规免役,小民田日减而保役不休,大官田日增而保役不及。"熙宁七年始以保丁充甲头催税,绍圣二年二月详定所又言:"保丁充甲头,皆最下户,人既不服,事率难集,宜罢甲头,于是催科悉用大保长矣。"此则章惇所行,又稍与王安石不同。南宋一代皆行保役,实皆为差而非雇。南宋后期,又部分改行义役。熙宁四年始行雇役法,五年即已变化,七年而保役法确立,熙宁以来何得有雇役之实?而助役钱、免役钱则长期收取。宋代职役,原以里正充衙前,后觉其太苦,皇祐中始改为乡户衙前,不使兼役,然仍有破家荡产者;故南方始有投名衙前,或名长名衙前,已类似雇役。熙宁变法,用雇役为名以收免役、助役钱,而实际所行仍为保役,以保长兼役,实同里正衙前。免役法虽名为新法,然不转瞬间复又归于皇祐以前之旧法矣。

新法行后,役钱负担多者,既非"官品形势户",亦非"物力高强户",仍以劳动人民中下户为主要负担者。新法于"官户"、"寺观户"役钱减半,虽神宗亦疑"官户"取役钱少,然王安石曰:"官户、坊郭取役钱诚不多,然止可如此。不然,则在官者须着

【二】 熙丰新法之施行及其实效

意坏法,坊郭等第户须纠合众人打鼓截驾、遮执政。"坊郭户即含大商人。"神宗以民供税敛已重,坊郭及官户不须减,税户升等第更与少裁之,无害。安石言:今取于税户,固已不使过多,以臣所见,今税敛不为重,但兼并侵牟多耳。神宗言:此兼并所以宜摧。安石言:摧兼并惟古大有为之君能之。"是安石以官户、坊郭户为有势力之人,惟可退让,不可碰撞。是免役新法并未能予官僚及商人以打击也明矣。且免役钱下及本不服役之五等户亦未能免,则显为优便上户也。刘安世言:"今使上户止纳数千,下户自来无役者,例使加赋,损九分之贫民,益一分之上户。"时广西曾请中下户不必出免役钱,使尽归上户,神宗未许,谓中下户多,上户少。司马光亦言:"免役于下户困苦,于上户优便。"皆明免役法未尝打击"高强户"。章惇驳司马光所言亦甚明:"光称臣民封事,言民间疾苦,所降出者约数千章,无有不言免役之害。臣(惇)看详臣民封事降出者,言免役不便者固多,然其间言免役之法为便者亦自不少,非人人皆言免役为害,事理分明。然臣所见,凡言便者,多上三等人户,言不便者,多下等人户。"章惇为执行新法之主要人物,所言出臣民封事,当最为可信,所说是新法为优便上户、有损下户之有力确证。盖因行差役法时,上户充重役,数年一次,往往有破家者,今行免役,但每年纳钱数千而已,所以为优便,故称免役之法善。行差役法时,下户应轻役,至有无役者,且数年一次,又无大害,今行免役,概使每年纳钱,而钱为下户所匮乏者,所以贫困,故言免役之法不善。绍兴四年,高宗谕李元論所论,且曰:"役法推行,浸失本意,致富者益富,贫者益贫,民力重困,此宜讲究。"赵鼎言:"差役本是良法,王安石但见衙前一事,州县奉行失当,尽变旧法,民始不胜其扰。"上(高宗)曰:"安石行法,大抵学商鞅耳。自安石变法,天下纷然,但免役之法行之既久,不可骤变耳。"南宋统治者言北宋事,自无北宋时之各执偏见,虽南宋仍行"免役法",然皆言免役法并非良法。浙东史学家亦大都如此。胡舜陟言:"熙宁间王安石当国,创立新法,元祐间司马光秉政,一切罢去,民复苏息,盗亦销弭。"《太平治迹统类》言:"元祐初,温公当国,天下之刑减往时少半。"《续通鉴长编》载:神宗问:新法行后,天下盗贼多。王安石并不辩说,但言:"不知陛下推行得如何政事,便欲百姓皆不为盗贼也。"新法行后,王朝岁入自三千余万缗增至六千余万缗,人民负担加重,生活困苦,自然要反抗。新法罢去,岁入自六千余万缗减至四千余万,人民负担减轻,盗贼自然销弭也。

乙、青苗法

青苗法与常平仓相较,二者于人民之利害,前世论之已详。今仅就青苗法施行之事实言之。此法初行于河北、京东、淮南,然后推行于各路。王广廉在河北,第一等户给十五贯,第二等十贯,第三等五贯,第四等一贯五百,第五等一贯。是富民本不须钱,却得多借,贫者须钱,反限以少借。即与诏书所谓"给散青苗钱本为惠恤贫乏"之意大不符。韩琦当时即已指出:当时行法,于三等以上户更许增数,坊郭户有物业抵当者,依青苗例支借。又言:"乡村三等(户)并坊郭有物业户,乃从来兼并之家,今皆多得借钱,与初折兼并、济困乏之意绝相违戾。"《三朝名臣言行录》引琦《家传》载琦再奏言:"今放青苗钱,凡春贷十

【二】 熙丰新法之施行及其实效

千,半年之内,便令纳利二千,秋再放十千,至年终又令纳利二千,则是贷万钱者,岁令出息四千也。"此岂荆公所谓二分取息? 又如王广渊在京东,乞留本道钱五十万贷之贫民,言:"岁可获息二十五万。"亦显逾二分之息也。欧阳修于当时亦言:"夏料钱于春中俵散,犹是青黄不接之时,尚有可说;若秋料钱于五月俵散,正是蚕麦成熟、人户不乏之时,何名济阙,直是放债取利耳。"此为的当之论。至陈舜俞言:"正月放夏料,五月放秋料,而所敛亦在当月。"此则尤为不成道理。《通考》言:"青苗钱所以为民害者三:曰征钱也(时民间少钱),取息也,抑配也。初时只说愿给者听之,然官吏以多散为功,致有抑配。至元丰六年户部准朝旨,诸路敛散常平钱物至今,酌三年之中数,取一年立为额,岁终比较增亏,今以钱银谷帛贯石匹两定年额,散一千一百三万七千七百七十二。"至此,抑配且有定额矣。而年有丰凶,凶年固须济阙,丰年又岂须济阙? 当时亦颇有此种议论。至元丰八年(哲宗已即位),诏"给散青苗,不许抑配。仍不立定额"。是前此既有定额,则必至强制抑配,所以为病民也。至于征钱之害,又过于取息,刘安世言:"今弃其易出之力,而责其难致之钱。"司马光亦言:"民有米而官不用米,民无钱而官必使之出钱。"是民借钱以买米时,米贵则得米少;民收米以偿钱时,米贱则卖米必多。即熙宁二年行坐仓之法,王安石言:"今立价自一千至六百。"姑定米价平时八百,贵则一千,贱则六百。民间须粮,自是米贵之时,民借千钱买仅得一石,至秋收时米贱,卖米以偿千钱,则须卖米二石始得一千二百钱,仅足还本付息,是借一石而实还二石,苟若以四分计息,则贫民损失更重。民须买谷时,卖者自为富豪;民须卖谷时,买者自亦为富豪。朱熹言:"青苗立法之本意未为不善,但其给之也以金而不以谷,其职之也以官吏而不以士君子。"是官家出钱而富豪操谷米之奇赢。李常亦言:"现今常平、坊场、免役积剩钱共五千余万贯,散在州县,本民作业,常若币重,方夏蚕功毕,秋稼初敛,丝帛米粟,充满廛市,而坐贾蓄家,贱价取之,农夫红女,贱易谷帛,而未免饥寒。"豪家蓄贾,贱买贵卖,坐收倍称之息,而曰将以抑兼并之家,岂非南辕而北辙乎!旧日常平仓法:谷贱时,如价八百,官家增为千钱买进,谷贵时价千二百,官家减为千钱卖出,官家手握谷米,而富家不能乘时倖利。且不取息,公私皆便,此所以为善法,行之二千余年不弃。苏子由言:"小民闻官中支散青苗,竞欲请领,及至纳官,贱卖米粟,浸及田宅,以致破家。"司马光言:"青苗散予人户,令出息二分,农夫巢谷,十不得四五之价。"上官均言:"自行(青苗)法以来,民用日困……及其敛也,迫于期会,贱卖谷帛,而苟免刑责。"又曰:"民恃青苗之散,不图难偿之患,迫于期会,贱卖谷帛,破产失业,固非一二。"自粮价涨跌之规律审之,因青苗钱而致丧家破产,此必然之势也。

青苗法颁,反对议论极多,咸料其实施必将有害。此等空言,姑置勿论。既行之后,熙宁九年,神宗谓:"常平钱谷,十常八九,散在民间,连岁灾伤,倚阁殆半,止务多给,计息为功,不计督索艰难,岂惟亏失官物,兼百姓被鞭挞必众。诏自今两经倚阁人户,更不得支借。"是借而不能还者近半,数目当不在少数。果不出韩琦、苏辙、陈舜俞、司马光等所逆料:将来必难催纳,必有行刑督索者,能洞察社会情况,故能有预见之明也。且"两经倚阁人户",自是更贫困者,依王广廉法:"贫者少借",自此诏后,更贫者竟不能再借,而多数借与富户矣,则贫困何所惠

【二】 熙丰新法之施行及其实效

恤？司马光尝言："常平仓钱谷，一旦尽作青苗钱散之，若有丰年，将以何钱平籴？若有凶年，将有何谷赒赡？散青苗之害犹小，坏常平之害尤大。"至熙宁七年，帝以诸路灾伤，常平司未能赒济。是司马温公之言不幸而再中。温公亦早有抑配之言，后来诏书亦屡禁抑配，所以屡诏者，禁而不止也。《宣和遗事》出自民间，此书开卷未几，即诋王安石，反对青苗法，此当可视为民间意见。《遗事》谓："青苗十分供一分为息。"此系哲宗、徽宗时事。自绍圣以后，青苗始改一分取息。王安石在神宗时原为二分，或有至三四分者，此前后之变，固非民间作者所及知。彼见徽宗时为一分，遂以神宗时亦为一分，此正民间作者本色，一分已遭强烈反对，二分以上则更无论矣。

宋世高利贷，据苏辙等所言，皆为倍称之息，借钱一千，一年之息钱亦一千，为十分之十。青苗息钱不过十分二，为何宋人极力反对青苗法，极言其病民，极言民间颇以为苦，究系何故？韩琦论青苗法疏言："大凡兼并所放息钱，虽取利稍厚，缘有逋欠，官中不许受理，往往旧债未偿其半，早已续得贷钱。兼并者既有资本，故能使相因岁月，渐而取之。"原因即在于此，私家之债官不受理，故言不甚病民。青苗为官府放债，欠负则行刑督索，病民即在于此。私家之债，未偿其半，又续得贷钱，使欠债者可以继续生产，冀其最终能偿清债务，此所谓"以债养债"者也，民尚不致破家。因官不受理，故司马光言"借债不易"，见当时放债不多。青苗钱则易于支给，然人民财力有限，还债维艰耳。神宗既言"倚阁殆半"，则行刑督索者必众。给青苗钱须十家为保，坊郭户愿请钱者亦五家为保，督索之时则"勒干系书手典耆户长同保人等均赔"。是一人欠债则累及五家

217

十家。青苗之所以病民,正在行刑督索。宋代民间借债,官不受理,至元朝则官为商人收债偿债矣。既言"倚阁殆半",则半数借青苗钱者,其中必有部分系由五家十家代为赔备者;明于此,则青苗之病民不难见矣。

行青苗法时,颇多矛盾现象,至为可笑。神宗于熙宁七年已言"常平钱谷倚阁殆半",是人户支借中有半数不能偿还。然熙宁二年初行青苗法时,天下常平钱谷见在一千四百万贯石,是为青苗本金。至元丰六年,户部言:"准朝旨,敛散常平可自行法至今,酌三年敛散之中数,取一年为格,今定年额散一千一百三万七千余,敛一千三百九十六万五千余,比元丰三年散增二百余万(贯),敛增一百余万(贯),比元丰四年散增三百余万,敛亏一百余万。"先后散敛数字大致相符,为何神宗言"倚阁殆半"?哲宗绍圣二年,郑仅言:"青苗之法,其济甚博,然而行法之吏,有贪多务速之扰,转新还旧之弊,非法之过也。青苗义仓最便民,愿诏有司以行之。"于此见神宗言"倚阁殆半"的是事实。是人民不能偿时,则转旧债为新债,似是旧债已清,现又借出新债,实则全为弄虚作假,只转换账簿而已。此种欺骗手法,谅神宗原本知道。是元丰敛散数字,原本全为假账,故神宗所言似矛盾而实不矛盾。又如青苗钱,若是民间愿借,为何熙丰间要抑配?若是民间不愿借,为何宣和间诏书又言:"常平钱谷多是形势户(官吏)请求,及胥吏诈冒支请。"前后相反如此,岂不又是矛盾?其实,此间道理亦易明了,熙丰间物价日日下降,借钱买物不利,故不愿借;崇观间物价日日上涨,借钱买物,到期卖物还钱,则有大利可图,故虽官吏亦愿支借。是物价升降异势则不矛盾矣。自韩琦所言及宣和诏书观之,是青苗钱始终

【二】 熙丰新法之施行及其实效

皆不免为兼并之家、形势之户所利用也。

丙、市易法

熙丰新法自青苗、免役而外，以市易免行最为苛扰。其为民患，不亚于苗、役。当时立法之意何尝不善，然甫行二年，弊害已见，神宗始有疑矣。熙宁五年诏书言："天下商旅货物至京，多为兼并之家所困，往往折阅失业，至于行铺裨贩，亦为较固取利，致多穷窘，宜出内藏库钱帛，选官于京师置市易务，商旅货物，滞于民而不售者，官为收买，随抵当物力多少，均分赊请，立限纳钱出息。"嗣王安石欲令市易新法普遍推行，吴充恐远近人情不同，以为不可。神宗言："官为出钱市之，复令坐贾量出息以赊价入官，蕃商既得早售，坐贾亦无所费，官又收息，此事所以为便也。"魏继宗亦言："京师百货所居，市无常价，贵贱相倾，或倍本数，富人大姓，皆得乘伺缓急，取数倍之息，宜置常平市易司，使审知市物之价，贱则稍增价取之，令不至于害商；贵则稍损出之，令不至于害民，则取余息以给公上。"于是中书奏请在"京置市易务，以地产为抵，官贷之钱，货之滞于民用者，为平价以取之，一年出息二分。"市易法于是遂行。

熙宁七年，神宗手诏曾布曰："市易收买货物，颇害小民之业，众言喧哗。"魏继宗亦言："市易多收息以干赏，凡商旅所有，必卖于市易，或市肆所无，必买于市易，而本务率皆贱以买、贵以卖，广收赢余。"显然行法之弊已见。《宋会要》言："当时市易司榷籴糯米，以贷酒户收息，商人以官籴贱，不至。又值岁俭，京师糯米益高，本息钱厚，故诏酒户贷市易司糯米，去年中限末限息钱减半。"是贱价取之商贾,又贵价售之酒户,乃病民之实例。神宗亦言:"市易之设,本欲为平准之法以便民,今正尔相反,使中下之民如此失业。"其病遂致中下之民失业矣。冯京言:"开封祥符县给散民钱,出息抵当银绢米麦如此七八种,小民见官中给钱,无不愿请,续累数多,实艰送纳。"是其病多在不能偿纳。甚至有如《宋会要》所载:"百姓郭怀信请市易司盐钞,既偿纳本息,犹以纳不如期,罚钱千五百余缗,已纳百七十余缗讫,市易司又使增纳百三十余缗。"其为民害则更大矣。熙宁九年,诏市易司不得赊请钱货与皇亲及官员公人。元丰二年,诏罢立保赊钱法。同年八月,都市易司又言:"诸路民以田宅抵市易钱,久不能偿,公钱滞而不行,欠户有禁锢之患,依赊当在官,于法当卖房廊田土,重估实值,未输钱(期)间,官收租课,不惟少宽欠户禁锢,而公家亦享实利,在京市易务准此。"于是始官收欠户房廊田土租课矣。元丰三年又诏内外市易司:"民欠见屋业等抵当出限尚欠,即估卖抵当,监掠保人填纳。"于是始卖欠户田土屋业矣。《通考》言:"贪人及无赖子弟多取官货不能偿,积息罚愈滋,囚系督责,徒存虚数,实不可得。于是都提举市易王居卿言:市易之法有三:结保赊请,一也;契书金银抵当,二也;贸迁货物,三也。三法之中,惟赊保之法,行之积年,逋负益众,去岁有旨,先罢结保见钱,惟赊请物货,旧法未革,尚恐久远未便,旧欠之户,多以出限规避不输,既费催督,再赊物货之人,势亦如此。宿贷新赍,岁增月累,不能备偿者十有四五,则与赊取见钱,同归于弊。乞自今以后,听旧户赊请以济接在京行铺之家,期以五年,收息已逾元数,然后或行或止。其非旧请人户,则惟用抵当、贸迁二法,可以敛滞货、通余财矣。其诸路

【二】 熙丰新法之施行及其实效

市易钱,各以四分为率,留一分接济旧户,亦不行赊借之法,虽取息稍薄,而所收皆实利,庶使法行无弊。"王居卿为力行新法之人,亦言"不能备偿者十有四五",可见当时欠户之多,则估卖抵当田宅、刑罚禁锢、保人填纳者必不少。政府收入为虚数,人民所受是实祸。故王居卿在元丰元年主张止用抵当、贸迁二法。元丰五年市易司言:"赊贷人户所欠至多,诏内外市易务钱,展三年均作月限纳,限内罚息并除之。"神宗亦言:"市易法本要平准百货,官失其职,一切赊贷,公私颇不便之。虽云有收息之数,名存实亡,今已改用金银钞帛抵货,最为善法。"收息全为虚数,名存实亡,于公于私,皆颇不便,徒为扰民而已,神宗已知之也。

市易法既行二年,熙宁七年,已见官吏作弊之事。九年,又见皇亲官员公人贷款之风。王居卿乃言:只赊请钱物之法有弊,抵当、贸迁二法无弊。原抵当田宅之弊,早在元丰二年之前已显。而贸迁之法,据时人所言亦未必无弊。元丰七年,尚书省言:"市易当令所在官司量度州县遇贱则买、遇贵则卖,元诏半年出息一分,一年以上出息二分,然所在物价增减难以定期,而一州一县价所增减,相去亦必不甚远,则货或积而难售,所在州县物价不同,又不能遍知。今若每旬令一路州军估定物价报提举司,提举司报辖下州,州下所属,榜募人出抵当或见钱以市,收息自一分至二分,令商人自卖,则官已收二分之息,而又余利以资贩者,则商贾流通,货无湮滞。"是贸迁之法,仍归抵当,二分取息,仍不免失陷官物,累及保人。是于公于私仍无好处。是则三法皆未能无弊。元丰二年,邢州曾请:"权住散本州市易司绢钱,以宽民力。诏市易司按民户逋负数多,州县毋得给钱。"知当时需宽民力之州县尚多,王居卿言"十之四五",当为可信。元丰四年,曾置局拘催,然不过徒扰民户,终于无效。故元祐元年:"诏内外市易,尚欠官本钱,而家业荡尽,及无抵保,或正身并保人孤寡者,权住催理。"元丰二年尝定:"请物毋得过其家产物力之半。"而今已至于"家业荡尽"矣。崇宁二年户部言:"人户旧欠市易官本钱米,系熙宁、元丰年所逋欠钱物,元符元年勑展限三年,分季送纳未足,后不许除放,请再与展作二年。诏依元降催科。外路依此。"虽拘催禁锢、官收租课,又估卖田宅,勒保人填纳,而熙宁元丰间之欠户,有拖累至崇宁时犹尚催科者,是人民受其累、政府未获其利也明矣。

《文献通考》论市易言:"熙宁五年,赐内藏库及京东路钱为市易本,共百八十七万缗。至九年,中书言:市易息钱并市例钱,仅总收百三十三万二千缗有奇。呜呼!以县官而行黜商豪家之事,且贸迁图利,且放债取息,至使物价腾踊,抑买贵卖,商贾怨讟,而挈挈五年之间,所得子本盖未尝相称也。然则是岂得为善言利者乎?桑、刘有知,宁不笑人地下!"曾布为力行新法者,亦言:"今市易之为虐,骎骎乎间架除陌之事矣。不独唐虞三代所无,历观秦汉以来,衰乱之世,恐未之有也。"神宗既言"市易司市物,颇害小民之业"。又言"使中小之家失业"。且于统治者亦无好处,故神宗又言"公私皆不便之"。依《通考》所载,五年之间,政府毕竟收回百三十三万。《宋会要》亦载:熙宁十年,太府寺市易本息市例,岁收缗钱七百三十九万七千有奇。本五百八十七万八千余贯,息百四十三万余贯,市例九万七千九百九十二贯余。此皆亦为收入数字。然为何神宗认为"虽有取息之数,名存实亡"? 当时人及《通考》亦皆以为是"虚数"。

【二】 熙丰新法之施行及其实效

谓之虚数,究有何说?案苏子由于元祐间言:"市易本钱,前后诸处拨到共计一千二百二十六万贯余,中间拨还内藏库等处共计五百三十万贯余,朝廷支使过三百八十四万贯余,即今诸场务见在共计三百五十三万贯余。"是拨还、支使、见在三项合计为一千二百六十七万贯,仅与前后诸处拨到数略等,何息钱之可言!《宋会要》载:元祐元年,御史孙升言:"市易之法,意在使商贾流通货财、平准物价,吕嘉问实领其事,县官所得虚名,官吏皆冒实赏。自元丰四年置局拘催,取责内外,所欠九百二十一万五千九百余贯,今近五年,除放免支拨外,纳未及其半,其间失陷固多,自京师以及四方之人,破家丧身者不可胜数,害及公私。"时御史韩川亦言:"市易之设,今所收不补所费。"此九百多万欠数即虚数也。苏子由论市易欠户又言:"访闻京师欠户贫乏之家,从初多作诡名,请新还旧,无缘通计。"此事甚巧,青苗有"转新还旧之弊",市易亦有"请新还旧"之事,非仅行法之吏其欺骗手法相同,而小民遭"破家丧身之祸"更亦相同。《通考》言"五年之间,子本未尝相称",诚所谓有害于民无益于国,"桑、刘有知,宁不笑人于地下"者也。

苏轼言:"商贾之事,委典难行,其买也,先期而与钱,其卖也,后期而取值。多方相济,委曲相通,倍称之息,由此而得。"又言:"商贾贩卖,例无现钱,若用现钱,则无利息,须今年索去年所卖,明年索今年所赊,然后计算得行,彼此通济。今富户先已残破,中民又有积欠,谁敢赊卖货物?则商贾自然不行,此酒税课利所以日亏,城市房廊所以日空也。"先期予钱后期取直之惯例,大有利于手工业生产,熙宁九年手诏禁止赊法,元丰二年,又诏市易司罢立保赊钱法,是即禁止商贾"先期予钱,后期取直",而用现钱交易。用现钱交易,与宋代经济水平、贸易习惯皆不相容,显然破坏当时生产,亦必影响贸易,当时商税下降,此亦为其重要原因之一。苏轼上书又言:"臣所论市易、盐钱、酒税、和买绢四事,钱物虽多,皆是虚数,必难催理。"据孙升所言,欠项高达九百万余贯,既无益于官,又深为民累。

　　市易法行后,同时又有免行钱。案郑介夫《奏议跋》所言,市易司之免行钱,实亦病民者也。介夫言:"官中每所需索,或非民间用物,或虽民间用物,间或少缺,率皆数倍其价,收买供官。今立法每年计官中合用之物,令行人众出钱,官为预收买,准备急时之用,如岁终不用即出卖,不过收二分之息,特与免行,所贵于行人不至于急时枉用数倍之价。此法固善,若要深合民心,上等行人多出,中等助之,下等贫乏特与免,官中只取足用,无冀其余,则善矣。洎至立法,更不辨上中下之等,一例出钱,富者之幸,贫者之不幸,其不愿者固多,而愿者少矣。才立法随有指挥,元不系行之人,不得在街中市卖,纳免行钱方得在市卖易。此指挥行,京师街如提瓶者必投充茶行,负水担粥以至麻鞋头髲之属,无敢不投行者。"熙宁新法多是不能令富者多出、而贫者不出,所以病民。况又贱市贵鬻、横敛赢余,如神宗言:"市易科细,市梳朴则梳朴贵,市脂麻则脂麻贵",非特不能"权贵贱以平物价",且更致物价腾踊矣。

丁、和买

　　熙宁三年程颢言:"京东漕司王广廉和买紬绢,增数抑配,率钱千课绢一匹。其后和买并税绢皆输钱一千五百。"原折帛

【二】 熙丰新法之施行及其实效

和买,宋初有之,大中祥符七年,内帑发下三司预市紬绢时,青、齐间绢匹值八百,紬六百,官给钱率增二百,民甚便之,后稍行之四方。至熙宁新法,给钱千文,令输千五百。此马端临所谓:"假和买紬绢之名,配以钱;而取其五分之息"者也。时陈瓘亦言:"预买之息,重于常平(青苗)数倍,人皆以为苦,何谓愿请?"至熙宁五年,户部上其数,凡八百十六万一千七百八十四两,三百四十六万二千缗有奇。《通考》谓:"介甫秉政,专以取息为富国之务,然青苗则春散秋敛,是以有赊贷之息;市易则买贱卖贵,是以有贸易之息;至于和买,则官以钱买民之紬绢而已,息钱恶出?"程颢当时言之,神宗诏条析以闻。王安石袒庇王广廉,程颢之言不行。则千五百之法自是行之各路,至南宋时愈益加重,最为残酷剥削。

戊、保甲、保马

荆公欲变募兵为民兵,于是制为保甲之法。熙宁三年诏:"民十家为一保,五十家为一大保,十大保为一都保,各置保长、大保长、都保长,又以一人为副,主客户两丁以上选一人为保丁。"初但以捕盗贼相保任,四年始诏畿内保丁肄武事,定其赏罚。五年更令分番隶巡检司、尉司,于是月给口粮、薪菜钱,分番巡警。尉司上番保丁如巡检司之法。因而兵籍虽自治平初之一百一十六万二千(禁军马步六十六万三千)减至六十一万,而又需养义勇保甲民兵七百一十八万。初意"保甲之费才养兵十之一二",然元丰二年计开封府界、河北、河南、陕西岁省旧费一百六十六万,而"保甲岁费三十一万,而团教之赏一百万有奇不与焉"。已大出始料之外,而保丁上番、教阅,保正长弄权,则更大为民苦,益非始料所及矣。元丰八年司马光上疏缕陈保甲之害,略言:"无问四时,每五日一教,一丁教阅,一丁供送,虽云五日,而保正长以泥埘除草为名,日聚教场,得赂则纵,不则留之,是耕耘收获稼穑之业,几尽废也。……事既草创,调发无法,比户骚然,不遗一家。又巡检指使按行乡村,往来如织,保正保长依倚弄权,坐索供给,多责赂遗,小不副意,妄加鞭挞,蚕食行伍,不知纪极,中下之民,罄家所有,侵肌削骨,无以供亿,愁苦困弊,靡所投诉,流移四方,襁负盈路。又朝廷时遣使者遍行按阅,所至犒设,赏赉靡费金帛以巨万计。此皆鞭挞平民铢两丈尺而敛之,一日用之如粪土,而乡村之民但劳苦役,不感恩泽,于农民之劳既如彼,国家之费又如此,终何所用哉!"王岩叟亦极言其为民间所苦,此不赘引。

保马,盖将军马变官养为民养,熙宁五年所行为户马,元丰七年募民养马,每都保养马五匹,是为保马。户马蠲其科赋,保马则蠲其征役。《通考》言:"法之初行,民皆乐从,初非官府抑逼。……盖民本非乐为官养马也,当时科赋、征役必是繁重,故苟有一役于官而得以自免,则亦不暇详虑,却愿而靡从之。……及其久也,马之毙者,赔偿不訾,且奉行之吏务为苛峻,于是数少者增之,期之宽者促之,始重为民困矣。"保甲、保马,虽不以聚敛扰民,而其扰民则一也。正以其扰民之甚,故虽力行新法之章惇亦不能不承认:"保甲、保马一日不罢则有一日害。"宜乎元祐诸臣之论更化而首罢此也。而梁任公竟言:保甲法为"民所已安者",未审其何所据也?

【二】 熙丰新法之施行及其实效

己、方田、均税

宋代变法,势之必然,且亦不始王安石。窃以宋代变法以庆历时范仲淹所变者为善。即以理财言之,司马光主张省费节用,即与范仲淹如出一辙。宋代理财,最当以清理垦田、户口为要务,盖垦田、户口乃安定民生、整理赋税之基础。元丰六年,天下主客户一千七百二十一万一千余,口二千四百九十六万九千余,每户平均不及二人,岂非怪事。《朝野杂记》言:"西汉户口至盛之时,率以十户四十八口有奇,东汉户口率以十户为五十二口。唐人户口至盛之时,率以十户为五十八口有奇。元丰至绍兴率以十户为二十一口。以一家止于两口,则无是理,盖诡名子户漏口者众也。"元丰间,天下户一千七百二十一万余,天下垦田四百六十一万六千五百五十六顷,每户只二十余亩,此亦奇事。《玉海》:"天禧二年,天下垦田五百二十四万余顷。"经熙丰新法农田水利之讲求后,翻较真宋天禧时减少许多。钱彦远言:"唐开元户八百九十余万,而定垦田一千四百三十余万顷。今(仁宗)国家户七百三十余万,而定垦田二百一十五万余顷。"英宗治平中垦田为四百四十余万顷,治平户一千二百余万。元丰时户较治平多五百余万,口翻较治平少五百余万,此皆行新法时之紊乱现象。用元丰户比开元户、元丰田比开元田,则相去更远。《治平会计序》言:"此计其赋租以知顷亩之数,而赋所不加者十居其七,率而计之,则天下垦田无虑三千余万顷。"是宋代户口、垦田之隐漏殊可骇异,为前此各代所罕见。刘后村言:"阡陌相望而多无税之田。"《通考》言:"按《食货志》

言:天下荒田未垦者多,京、襄、唐、邓尤甚,至治平、熙宁间相继开垦。然凡百亩之内起税止四亩,欲增至二十亩,则言者以为赋重,再至转徙,遂不增。以是观之,则田之无赋税者又不止于十之七而已。盖田数之在官者虽劣于前代,而遗利之在民多矣。"然拥有此项遗利者,非豪富莫属,故朱熹力主正经界:"卖者无业而有税,则私家有输纳欠负追呼监系之苦;富者有业而无税,则公家有隐瞒失陷岁计不足之患。"《宋史·孙子秀传》言:"懋(州)多势家,有田连阡陌而无赋税。"《朝野杂记》言:"汀州豪民漏税,常赋十失五六。"垦田户口之隐漏,主要为官僚富豪之家,此为官府租税漏失之大宗。熙丰新法以理财为主,则固当以清理垦田、户口之漏失为首务。然熙丰君臣虑不及此,所定方田之法虽为整理田赋,然意在均税而不在清理漏失,故熙宁五年重修方田法诏以均税条约并式颁之,其法中一则曰:"以为地符均税之法,县各以租额税数为限。"再则曰:"不得均摊增展致溢旧额,凡越额增数皆禁之。"是只在旧日税额基础上而均之之意甚明。且此均税之法亦仅试行于部分地区,尚未及全面推行,于元丰八年,"帝知官吏奉行多致骚扰(富豪),诏罢方田。"仅此稍可调整有税无业之贫民利益之均税法亦只半途而废。而学者辄谓熙丰新法将以抑兼并、恤贫弱,愚于此知其必不然也。

庚、农田水利

荆公新法中惟农田水利一项,确有推进生产之作用。熙丰时酒课高于商税,是粮食生产尚多余粮,然当时米价太低,谷贱

【二】 熙丰新法之施行及其实效

伤农,颇影响农民兴修水利之兴趣。然自熙宁三年至九年,总计所兴水利仍达一万余处、田三十六万余顷(载《宋会要》与《宋史·食货志》),是平均每处得田不过三十余顷,其规模皆不大。且宋世垦田据《治平会计录》言:"无虑三千余万顷",则此三十六万顷不过百分之一略强,其作用显然不大,所增赋税当亦不多。更何况此三十六万之数未必确实。据载,此三十六万顷中,广南西路兴水利田为一千顷,然《通考》载毕仲衍所述元丰四京十八路垦田数,广南西路仅一百二十四顷,与千顷之数迥不相侔,是此三十六万之数未必可信也。且与此同时,王朝开二股河,河决曹村,淹没四十余州县,坏田三十万顷,宋初周二十里之梁山泊遂扩至周八百里。此言坏田三十万顷,至明时梁山泊水害除,得良田百万余顷,是熙宁兴水利之所得,远不及河决为患之所失,故熙宁兴水利之作用实不足道也。

【三】 元祐更化、绍述之论与"党争"

甲、元祐更化

　　元祐初，温公为相，于熙丰所创新法，一切罢去。于旧法为熙丰所改者，如差役法，温公固未尝复用旧法，实采新法并用之。孙升言："元祐罢去出钱免役，令下之日，四方民庶莫不鼓舞。然自去年九月中旬以来，复议城郭五等以上出钱；今年（元祐二年）正月以后，又使乡村三百贯以上，减半免役。一年之

【三】 元祐更化、绍述之论与"党争"

间,诏令三易。"此即《通考》所言"差雇二者,杂然并行"。温公入相言:"自行免役法以来,富者差得自宽,而穷者困穷日甚。臣以为莫若敕天下免役钱一切并罢,其诸役人并依熙宁以前旧法差之。若正身自愿充役者,即令入役,不愿充者任便,选雇有行止人自代,其雇钱多少,私下商量,若犹以衙前为力难独任,即乞依旧法于官户、僧道寺观、单丁、女户有屋业,每月掠钱及十五贯,庄田中年所收及百石以上者,随贫富等第出助役钱,不及此数者,与免放其助役钱,约本州衙前重难分数,即行支给。"元祐元年九月,"诏诸路坊郭五等以上,及单丁、女户、寺观、官户三等以上,旧输免役钱者减五分,余户下此悉免之。"是六色助役钱并未尽罢,衙前仍可雇役。《通考》又谓:"以坊场充雇役之用,承符以下诸役,仍复轮差民户,元祐之法也。然元祐复差役之初,弓手许募曾充有劳效者,则雇役不特衙前而已。"是元祐罢新法,实未悉举熙宁以前之法而尽复之,而为差雇并行。温公又言:"衙前一役,号为重难,近来(熙丰)条贯,颇为优假,诸公库设厨酒库茶酒司,并差将校勾当。诸上京纲运,召得替官员,或差使臣殿侍军将管押,其杂色及畸零之物,差将校或郎级管押,衙前若无差遣,不闻更有破产之人,若今日差充衙前,料民间赔备亦少于向日。"知新法于减轻衙前负担,温公实蹈行之,六色免役钱仍收之,只免下数等户之负担。元丰八年(哲宗已立)"诏旧以保正代耆长催税,甲头代户长、承帖人代壮丁,并罢。如元充保正、户长、保丁,愿不妨本保应募者听。"此上官公颖所谓"使民出钱免役,而又使之执役",此诚新法之弊政,温公于新法盖罢其非者,而仍其是者耳。

乙、绍述之论

王安石所行之法，其效果影响于民生者如何？此为评判新法之重要问题。或谓安石立法之意皆善，而其所用之人不善，故其效果不佳。此种言论，系将安石与整个变法活动分开，此似未必妥当。或谓安石之法因受地主官僚反对，未能彻底施行，故未能收到预期效果。然当时官僚中之反对派无出富弼、韩琦、文彦博、司马光之右者，此辈先后皆逐一罢免，曾不能阻止新法之施行，更何人能阻止新法之实行，新法实已尽皆施行。又或谓元祐更化破坏新法，故效果不大。实则熙丰新法行之十八年，岂能无有效果！元祐罢新法不过八年，绍圣又复新法，直至靖康，计三十余年，不得谓新法复行之时间不长。又或谓绍圣以后，新法变质。苟诚如是，则应指出其如何变质，何所变质，然曾无人尝言及此。自法制观之，绍圣以后之复行新法，亦犹元祐之复行旧法；元祐于熙丰新法有所变，亦有所不变，而非尽复熙丰以前之法；绍圣复行新法，于元祐议论长处亦有所取，而非尽复熙丰之旧。绍圣至元符年间皆章惇为相，惇于元祐时尝言："保甲、保马一日不罢，则有一日之害，如役法，熙宁初以雇代差，行之太速，故有今日之病，今复以差代雇，当详议熟讲，庶几可行，而限止五日，其弊将益甚矣。"马端临谓惇言"不惟切中元祐之病，亦且深知熙宁之非"。是章惇为能知熙丰变法之是非者，故其复行新法宜乎与熙丰不同也。绍圣元年诏复行免役法："悉用元丰八年见制，所输免役钱，自今年始，耆、户长、壮丁召雇，不得以保正、保长、保丁代充，其他役色应雇放此。所

【三】 元祐更化、绍述之论与"党争"

敷宽剩钱不过一分,昔常过数,今应减下者,先自下五等人户始。"又同年右承议郎董遵言:"青苗之制,乞岁收一分之息,给散本钱,不限多寡,各从人愿,仍毋推赏。其出息至寡,则可以抑兼并之家;赏既不行,则可以绝邀功之吏。诏并送详定重修敕令。"又绍圣四年,复置市易务,唯以钱交市,收息勿过二分,勿令贷请。是章惇为能改熙宁之非者。故《通考》言:"至绍圣国论一变,于绍述故事宜不遗余力。然考其施行之条画,则青苗取息止于一分,且不立定额,抑配人户,助役钱宽剩亦不得过一分,而蠲减先于下五等人户,则聚敛之意,反不如熙宁之甚矣。"及观崇宁元年尚书省言:"民户既输钱免役,复令大保长催税而不给雇值,是为差役,非免役也。"诏以元输雇钱均给。政和八年御笔:"常平敛散必时,违者以不大恭论。"是蔡京作相,亦能略革熙丰之弊,或后优于前。是变质之说非确论也。

　　章惇于绍圣时复行新法,既多采元祐议论,自当较荆公所行为善。然绍圣以后之效果如何?请试论之。熙丰新法为聚敛之法,如青苗取息二分,范镇、韩琦皆说为三四分,绍圣只取息一分,民力当纾。然司马光于神宗时尝言:"先帝(英宗)尝出内藏库钱一百万缗助天下常平仓作籴本,前日天下常平仓钱谷共约一千余万贯石。"是常平集而不散,久久钱谷亦大聚于官而民必受困。叶水心于《财总论》中言:"财无乏于嘉祐、治平,言利无甚于熙宁、元丰,兴利之臣四出,候望市肆、关津之要,微至于小商贱隶什百之获,皆有征之。崇观以来,蔡京专国柄,托以其策出于王安石、曾布、吕惠卿之所未工,故变钞法、走商贾、穷地之宝,以供上用,自谓其畜藏至五千万,百侈并斗,竭力相奉。……加以平方腊则加敛于东南,取燕山则重困于北方,而西师凡二十年,关陕尤病,然后靖康之难作矣。……尝以祖宗盛时所入之财,比于汉唐一再倍;熙宁、元丰以后,随处之封桩,役钱之宽剩,青苗之结息,比治平以前数倍;而蔡京变钞法以后,比熙宁又再倍矣。"是蔡京、徽宗以来,腐败浪费更甚于前,其搜刮民财亦更厉于前,人民因以更困于前,北宋亦因之遂亡矣。北宋自开国以至于亡,就其财政数字视之,一代高于一代,人民焉得不困,国家焉得不亡。

丙、"党争"

北宋庆历之时为一大转变,在此之前,政治上主于安静,而失之疲弱不振。《邵氏闻见录》言:"国初赵中令(普)于听事坐屏风后置二大瓮,凡人有投利害文字,皆置瓮中,满则焚于通衢。李文靖(沆)为相,凡建议务更张、喜矫激者,一切不用,日用此以报国耳。"《谈苑》:"太宗谓宰相曰:治国之道,在宽猛得中。吕蒙正对曰:治大国若烹小鲜。近日内外皆来上封求更制度者甚众,望陛下渐行清净之化。"《麈史》言:"宋元宪(庠)既登庸,尤务清净,无所作为。"概略言之,庆历以前,政治风气一直委靡不振,文法细密。叶水心所谓"举世为弛缓之行,相与奉繁密之法,其志专以矫弊防乱,而不务求长治久安之道。"《涑水纪闻》言:"吕相在中书,令宋绶编例曰:自吾有此例,使一庸人执之,皆可为相矣。"此正叶水心所言者。废人而用法,废官而用吏,此种政治实无能已极。《刘元城语录》言:"祖宗以忠厚仁慈治天下,至于嘉祐末年,天下之事,似乎舒缓,委靡不振,当时士大夫亦自厌之,多有文字论列。"事穷则变,至仁宗时实应大变,

【三】 元祐更化、绍述之论与"党争"

亦不变不止之时也。此前之学术思想、文学、史学,皆墨守唐以来之传统,庆历而后,传统文化皆一扫而空,政治风气于是亦丕变矣。

宋代新旧派之分,应结合思想学术、文章、风气考察。旧为注疏之学,新为义理之学,旧者为四六之文,新者为散文,旧者务为宽宏安静,新者每峻急好言更革。《邵氏闻见后录》言:"庆历中富郑公(弼)、韩魏公(琦)俱少年执政,颇务兴作。"《韩忠献(琦)家传》言:"庆历中,公与杜衍、富弼、范仲淹同心辅政,更革弊事,援引正人。"此所谓"庆历改革",比之吕夷简辈,此皆新派。范仲淹、欧阳修以改革为事,韩、富诸人亦主改革,司马光、王安石亦皆主改革。英宗时司马光言:"置乡户衙前以来,民益困乏,不敢营生,富者反不如贫,贫者不敢求富,安有圣帝在上,四方无事,而立法使民不敢为久生之计乎?臣以为农民租税之外,宜无所预,衙前当募人为之,以优重相补,不足以坊郭上户为之。"废差役、行募役,温公盖先荆公言之,再结合元祐更化温公亦主差募并行视之,谓温公反对荆公变法,岂其然乎?即三苏父子,亦主改革,叶氏《避暑录话》言:"苏明允本好言兵,是元昊叛,西方用事久无功,天下有当改作,因挟其所著书来京师,一时推其文章。王荆公为知制诰,方谈经术,独不喜之,屡诋于众。"《朱子语类》言:"东坡初年若得用,未必其患不甚于荆公。但后来见得荆公狼狈,所以都自改了。初年论甚生财,后来便不言生财,初年论甚用兵,后来更不复言用兵……以前进说许多如均户口、较赋役、教战守、定军制、倡勇敢之类,是煞要出来整理弊坏处。"是于新派思想学术风气下,几无人不主变法。朱子又言:"熙宁更法,亦是势当如此。自荆公以改法致天下之乱，人遂以因循为当然。天下之弊，所以未知所终。"又言："元祐诸贤议论，盖矫熙丰更张之失，而不知其堕于因循。"案宋承五季余风，其法显当更革。范仲淹所变之法，颇合实际，自法之废弛以建法，自财之浪费以节财。与当时官僚集团利益冲突，故遭反对而失败，而法亦旋废。王安石有鉴于庆历之败，故不主节用而主生财，加重人民负担以解决财政困难而事以愈非。元祐时司马光诸公实无所作为，失之因循；绍圣以后，似将有所作为，然循熙丰新法，则确难以为治。北宋士风专重道德文章，故皆难以为政。南宋之学深究历代制度，故其论北宋弊政，颇能切中实际。自切中实际言之，虽范仲淹亦不济于事，王安石、司马光则更无论矣。自北宋之学术言之，于北宋法制之变革实恐无人能胜任也。

与庆历改革同时而起者，为喜逞意气之争、各不相下，当时人谓之"党争"，其事与近世之党争邈不相涉，彼此间虽有异同离合，然俱非重大政见之分歧，而多为无谓之争，此种斗争迄于北宋之亡犹未能已，下至南宋犹尚喋喋纷纭。叶水心《习学记言》云："国初宰相权重，台谏侍从莫敢议。至韩琦、范仲淹始空贤者而争之。天下议论，相因而起，朝廷不能主令而势始轻。虽贤否邪正不同，要为以下攻上为名节地可也，而未知为国家计也。然韩、范既以此取胜，及其得用，台谏侍从方袭其迹。朝廷每立一事，则是非蜂起，哗然不安。盖韩、范之所以攻人者，卒其所以受攻而无以处此，是以虽有志而无成也。至如欧阳，先为谏官，后为侍从，尤好立论，士之有言者皆依以为重，遂以成俗。及濮园议起，未知是非所在而倾国之人回戈向之，平日盛美，一朝堕损，善人君子，化为仇敌。然则欧阳之所以攻人

【三】 元祐更化、绍述之论与"党争"

者,亦其所以受攻而不自知也。"朱子亦言:"秀才好立虚论事,朝廷才做一事,哄哄地哄过了事又只休。"又言:"议论盛亦自仁庙后而蔓衍于熙丰,若是太祖时,虽有议论亦不过说当时欲行之事耳,无许多闲言语也。"又言:"自汉唐来,惟本朝臣下最难做事,故议论盛而功名少。皆仁宗以前上重而下轻,以后则下重而上轻,上轻则执政不能有所作为,下重则浮论多而朋党立。此古今之所同,惟宋代更甚耳。"王铚《默记》言:"张安道尝言:自真宗以前,朝廷尊严,天下私说不行,好奇喜事之人不敢以事操撼朝廷,故天下之士知为诗赋以取科第,不知其它。……仁宗初年,王沂公(曾)、吕许公(夷简)犹持此论。自设六科以来,士之翘俊者皆争论国政长短。二公既罢,轻锐之士,稍稍得进,渐为奇论以撼朝廷,朝廷往往为之动摇。庙堂之浅深既可得而知,而好名喜事之人盛矣。其始也范讽、孔道辅、范仲淹三人以才能为之称首,其晏元献(殊)为政,富郑公参知政事,乞多置谏官,以广主听,上方向之,而晏公保为之助,乃用欧阳修、余靖、蔡襄、孙沔等并为谏官,谏官之势自此日横。郑公尤倾身下士以求誉,相帅成风,上以谦虚为贤,下以傲诞为高,于是私说遂盛而朝廷轻矣。"宋代风气之转变,张方平之言可谓切中肯綮。王铚引张方平之言而非之,叶水心之言,罗氏《鹤林玉露》亦非之。其实,言各有当,权奸居位而上重,其政尚何足言!应据当时实际而论,不可执一以衡百也。宋代政治之弊,叶水心、朱元晦、张安道皆言之切当。濮议只为君子与君子为敌,熙宁变法,王安石与司马光为敌,后之吕惠卿亦与王安石不相容,元祐时洛党、朔党、蜀党又不相容,崇宁时人指元祐诸人为党,郑居中、张商英、王黼诸人皆自相水火,互指为党。逞意气之争是实,目为党争则误解也;后来为权利势位之争,目为政见之争亦误也。

唐自中叶以还,经济文化皆起大变,新思想、新学术于以萌芽,又皆欲以新学术运动为新政治运动,故有二王八司马及牛李党争。至于宋初,朝廷皆为旧派,庆历以后,朝野皆为新派,而莫不主变法,是变法固为一世之风尚,自当时之学术议论可以证之者也,是当时之斗争实皆新派之自相争斗耳。

【四】 王安石其人其友

甲、荆公自知其变法之不尽善

　　荆公于仁宗嘉祐三年使还,上书万言,反复所说尽为人才、教育之事,其道及理财者不过百余言,且皆空洞无物。其奏略曰:"陛下虽欲改易更革天下之事,合于先王之意,其势必不能,以方今天下之人才不足故也。臣观在位之人,未有乏于此时者,臣之求于闾巷草野之间,而亦未见其多焉。以臣使事之所及,以一路数千里之间,能推行朝廷之法令、知其所缓急者甚少,而不才苟简贪鄙之人,至不可胜数。其能讲先王之意,以合当时之变者,阖郡之间,往往而绝。夫人才不足,则虽欲改易更革天下之事以合先王之意,大臣虽有能当陛下意而欲领此者,九州之大,四海之远,孰能称旨以一二推行而人人蒙其施者乎?"荆公所言当否姑不必问,然其意在先造就人才而后始能改革,则无疑也。然神宗时人才之不足,同于仁宗也,及其登于相位,未见其先培养人才,而遽行其政治改革,且其政治改革之首要任务即其"固未尝学"之财利之事,何其一背初衷竟如是也,其意诚不可解。荆公所长为文学、哲学,皆有深造,其主张则教育为首,言亦成理。其所制新法处处皆据《周官》为说,宜乎其于《周官》制度深有研究,然其所著《周官新义》仅以《字说》为主,重在训诂,而于经义鲜所发明,以其行事论之,似《周官》仅有泉府一官、仅放高利贷一职者然。读其书,实令人不敢相信其真有变法本领。重人治而忽法治,本北宋通病,固非荆公一人为然。其卑视汉唐以为不足法,甚至废史学,弃封建社会之历史经验以为不足究,置历代制度之得失于不顾,而遽欲以变更一代之法度为己任,且曰我将以救天下,岂不难哉!北宋一代士夫皆疏于制度,欧阳修作《五代史记》,不能作"志",司马公作《通鉴》,亦略于制度,讲史学者,尚不免此,废弃史学之王荆公将更不能行其所学、展布其志也。然荆公固君子人也,故其言谈常多诚实不欺之语,亦足贵也。熙宁五年,神宗问:新法行后盗贼多,荆公未予否认,但言:"不知陛下推行得如何政事,便要百姓皆不为盗也。"是荆公自知其法之未尽善也。《元城语录》载:"老先生(温公)尝谓金陵曰:介甫行新法,乃引用一副当小人,或在清要,或在监司,何也? 介甫曰:方法行之初,旧时人不肯向前,因用一切有才力者,候法行已成,即逐之,用老成者守之。老先生曰：介甫误矣。君子难进而易退，小人反是。若小人得路，岂可去也？若欲去，必成仇敌，他日将悔之。介甫默然。"此荆公自知其用人之未善也。熙宁五年荆公上札子言："求其法最大，其效最晚者五事曰：和戎之策效矣，青苗之令行矣，惟免役、保甲、市易三者有大利益焉，得其人而行之则为大利，非其人而行之则为大害，缓而图之则为大利，急而成之则为大害。"是荆公自言其法未必善也。必得其人乃可以行之，而于人则荆公已知其未可。此三法又遽于熙宁三五年间行之，是当不能谓为"缓而图之"也。然近数十年之间，称道荆公者、相信荆公之法者，似较荆公更为自信，岂足以知荆公耶。荆公上仁宗书本止于人才及教育，《丛谈》云："荆公改科举，暮年乃觉其失。曰：本欲变学究为秀才，不谓变秀才为学究。"是其养人才之说及改教育之事，亦自知其非耶！

乙、吕惠卿与章惇

王安石所用之人，自来皆谓其非尽为善人君子，王安石所交之友其情谊亦多不终。近世梁任公为荆公辩诬，谓所用之人贤士泰半，其交谊之恶皆为国事，必欲谓其尽皆善士而后已。今请先言与荆公交恶"皆缘国事"之吕惠卿。陈瓘《尊尧集》略言："熙宁之末，论安石之罪，中其肺腑之隐者，惠卿一人而已。惠卿之言曰：安石尽弃旧学而隆尚纵横之才，欲以此为奇术以至潜慝胁持，蔽贤党奸，移怒行很，方命矫令，罔上要君。……平日闻望，一旦扫地，不知安石何苦而为此也。谋身如此，以之谋国，必无远图，而陛下以为不可少而安之。臣固未易言之也。……陛下平日以何如人遇安石,安石平日以何等人自任,不意窘急,乃至如此。……臣之所论,皆中其肺腑之隐。"似此等人身攻击之言语,岂"皆缘国事"乎?《清波别志》言"荆公居钟山,公弟和甫执政,吕(惠卿)意惮之,以启讲和。自言:内省凉薄,尚无细故之嫌,仰揆高明,夫何旧恶之念。……冰炭之息,豁然傥示于至恩,桑榆之收,继此请图于改事。"和甫执政在元丰五年,是惠卿本趋炎附势、反覆不常之徒,如何能附于善士。吕惠卿前段文字为熙宁九年知陈州任内上书自诉,且讼邓绾、王安石,前后数十纸,原文颇长,亦见于《长编》,又有:"匿其忮心,托请小事,以脱误诏令之出,引皆奸贼之臣得以擅命作威于阓世者也。"似此等谗慝之辞,岂能出于善士之口!

  章惇亦荆公门下士,其为人则远非吕惠卿可比。惇为相时,虽仍行安石新法,然好而能知其恶,并非盲从。《通考》言:绍圣绍述之事,章惇实为宗主,"青苗取息止于一分,且不立定额抑配人户。役钱宽剩亦不过一分,而蠲减先于下五等人户。则聚敛之意反不如熙宁之甚矣。元祐时尝言:保甲、保马,一日不罢则有一日害。如役法,熙宁初以雇代差,行之太速,故有今弊;今复以差代雇,当详议熟讲,庶几可行,而限以五日,其弊将益甚矣。"马端临称其:"不惟切中元祐之病,亦且深知熙宁之非。"可谓中肯之论。知惇固非阿私荆公者流。更有进者,哲宗崩,而太后与大臣议立新君。惇提立简王,太后不允,再提申王,又不允,太后提立端王,惇曰:端王轻佻,不可以君天下。言未毕,曾布叱曰:章惇听太后处分。遂立端王,是为徽宗。轻佻一语不载《惇传》,见《徽宗本纪·赞》中。在封建专制制度下,章惇敢于犯颜直争,敢于指出端王轻佻,非有忘身为国不顾后祸之胆识者不能出此。惇言不幸而中,北宋竟亡于端王之手。然《宋史》以惇与吕惠卿并入《奸臣传》,诚所谓老子与韩非同传者耶!且于传中删去轻佻一语,实深文周内弗可加矣。虽章惇之斥贬元祐诸臣实为已甚,然要不得为大奸也。是荆公之友中固亦有忠心王室不顾其身者。然总言之,荆公所用之人固多非善士,荆公固已自言之也。

均输之法,熙宁二年曾以薛向领之,"然均输后迄不能成"。此见熙丰士人之无能。均输,汉唐桑弘羊、刘晏皆行甚有效,故《史记》、《唐书》皆称道之,后来言利者莫能及,而薛向则终无所成。元丰二年,神宗因论薛向语侍臣曰:"新近之人,轻议更法,其后见法不可行,犹遂非惮改。均输之法,如齐之管仲、汉之桑弘羊、唐之刘晏,其智仅能推行,况其下者乎?然于国计甚便,姑静以待之。"宋代之无能,于此可见。马端临言:"桑弘羊、刘晏二子,其才亦有过人者,阴笼商贩之利,潜制轻重之权,磨以岁月,国富而民不知。介甫志于兴利,慕前史均输之名,张官置吏,废财劳人而卒无所成,桑、刘有知,宁不笑人地下。"考熙宁所改之法,及其未能成就之法,知北宋人才实不足以言变法。彼辈侈谈不屑学汉唐,实不了解历代制度,其所知者惟高利贷耳。是荆公所用之人不特多非善士,亦多为庸才也。

丙、王安石与司马光

《玉海》卷二十言,乾德元年(公元963年,太祖朝)十二月,初置形势税簿。熙宁四年四月,曾孝宽奏罢之。宋代官户称形势户,太祖乾德时置形势税簿,规定做官者之禁条及较平户提早半月纳税。熙宁时罢形势税簿,即取消此种种规定。神宗嫌官户、坊郭户出助役钱一半太少,王荆公说只能如此。神宗言兼并之家所当裁抑,荆公说非大有为之君不能。坊郭户与官户显然为熙丰新法中得其优便者。《建炎以来系年要录》载绍兴四年,王居正上书言:"杀人者死,百王不易之法,主殴佃客至死,初无减等之例。至元丰始减一等,配邻州;而杀人者不复死也。及绍兴又减一等,止配本州,由是人命寝轻,富人敢于专杀。"此为中国史上所罕见之反动法律之一,不幸而始见于熙丰变法之际。黄潜《半山报宁寺碑记》言:"荆公居江宁,大治居第,(后)施为僧寺。寺基为八十亩,环其旁田园陂池为亩二百。其在句容、乌江两县为之庄五,太平青山庄之田出于荆公长子雱之妇萧氏者,为亩一千。"荆公有田数千亩,盖可推知之也。章惇在崑山强买民田。吕惠卿在华亭县强买民田,而命华亭知县张若济强贷部民朱庠钱四千余贯以付买价。此辈变法巨擘显皆大官僚、大地主,其举措究代表谁家利益可知也。温公元祐时罢免或修改熙丰新法,未见其复行形势税簿,王居正亦未言元祐时废止主殴佃客至死减等之法,是荆公、温公虽有不同,而其本质则一也。且温公虽主节费,而元祐更化时于冗官、冗兵、冗费等弊政,仍无所触动。是二人之政治才能实伯仲之间耳。太抵北宋士夫皆相差无几,既看不出症结,也抓不住要害,更提不出办法,倒是南宋人如叶水心、陈止斋、吕东莱、李焘、李心传、马端临等于北宋一切弊政尚能看得清楚、说得透澈,然已不能拯宋室于倾亡矣。

【五】 北宋变法之史料问题

甲、实录、国史、会计录、会要

宋代史料主要为实录,而实录则颇有争论。《太祖实录》经太宗亲予笔削,真宗尚谓其"多所漏略",又予重修,增添诸臣传104人。《神宗实录》争论更大。元祐六年,吕大防诸人撰进一本200卷,绍圣时曾布、蔡卞重行修订,晁公武言:"其书以旧录为本,用墨书,添入者用朱书,删去者用黄抹。宣和中或得其本于禁中,遂传于民间,号《朱墨史》。"先后两部不同之《神宗实录》,显为司马温公、王荆公两派政见不同之作品。至南渡后,又有《神宗实录考异》200卷,赵鼎、范冲撰进。陈振孙言:"建炎之初,有诏重修,绍兴六年书成。《考异》者,备朱、墨、黄三书,而明著其去取之意。初,蔡卞既败,旧录每一卷成,纳之禁中,将泯其迹而使新录独行,所谓朱墨者不可得而见也。及梁师成用事,自谓苏氏遗体,颇招致元祐诸家子孙,若范温、秦堪之流,师成在禁中见其书,为诸家人道之,诸人幸其书之出,因曰,此不可不录也,师成如其言。及败,没人(入),有得其书者,携以渡江,遂传于世。"此《神宗实录》之各本也。《哲宗实录》为蔡京撰,绍兴四年,高宗言:"神宗、哲宗两朝史,录事多失实,非所以传信后世,当重别修定。"因有《重修哲宗实录》。至于《徽宗实录》,为程俱撰。乾道五年秘书少监李焘言:"此书疏舛特甚,请重修。"淳熙四年成,共200卷,又《考异》150卷。但徽、哲两朝争论不大。

宋代第二种史料为正史。景德时,诏王旦、杨亿撰《太祖、太宗两朝史》。至天圣五年,又诏吕夷简加入《真宗朝史》,八年,书成。晁公武云:"计七百余传,比之《二朝实录》增者太半,事核文赡,褒贬得宜。"是为第一部,称《三朝国史》,计150卷,内《纪》10卷,《志》60卷,《列传》80卷。第二部称《两朝国史》,120卷,记仁宗、英宗两朝政事,王珪撰,元丰五年修成,《纪》5卷,《志》45卷,《列传》70卷。晁公武谓此书"比之《实录》,事迹颇多"。第三部为《四朝国史》共250卷。绍兴二十八年置修国史院修《三朝国史》,至三十一年陈康伯奏《纪》成,淳熙七年王希吕奏《志》成,十三年洪迈奏《列传》成。《中兴艺文志》言:"后又进《钦宗本纪》,诏通为《四朝国史》,乃修诸《志》,未进而(李)焘去国。淳熙初《志》成,焘之力为多,召修《列传》,垂成而焘卒,命洪迈专典之。"是明李焘为《志》及《列传》之主要修撰者。《容斋随笔》:"神、哲各自为一史,绍兴初以其是非褒贬皆失实,废而不用。淳熙乙巳,迈承乏修史,尝奏云:若夫制作之事,已经先正名臣之手,是非褒贬皆有据依,不容妄加笔削,乞下史院无或辄将成书擅行删改。上曰:如有未稳处,改削无害。"是高宗、孝宗皆不满《四朝实录》及《正史》,始有重修之事。晁公武将朱胜非《哲宗实录》附录高宗与昭慈皇后对话记于《读书志》中:昭慈言:因奸臣快其私愤,肆加诬谤,史录所载,未经删改,岂足传信。朱胜非亦以神宗、哲宗二史议论不公,《两朝史》修改之由即在此。

苏子由《元祐会计录·序》言:"唐李吉甫始簿录国计,并包巨细,无所不具。国朝三司使丁谓等因之,为景德(真宗)、皇祐(仁宗)、治平(英宗)、熙宁(神宗)四书,网罗一时出纳之计,首尾八十余年,本末相授。"此时宋王朝各代皆有会计录。《通考》有《景德会计录》6卷,丁谓撰。《玉海》引此《录》言:"赋入之数总六千三百七十三万一千二百二十九贯石匹斤。"此数与《续通鉴长编》相符。又言"增咸平六年二百四十六万"。《长编》言:"咸平岁入六千二十六万六千二十。"两者亦相符。《玉海》又言:《祥符会计录》,林特上,凡30卷,计入两税钱帛粮斛二千二百七十六万四一百三十三,绵丝鞋草二千二百八十三万六千六百三十六,茶盐酒税榷利金银二千八百万二千,《长编》亦符此数,是真宗时有二录。《玉海》又有《庆历会计录》2卷,不言岁入。《包拯奏议》言:庆历八年(《会计录》为三年),天下财赋等岁入一万三百五十九万六千四百匹贯石两,在京岁入一千八百九十九万六千五百匹贯石两。此当据《庆历会计录》。《通考》

有《皇祐会计录》6卷,田况撰。《玉海》载此《录》言:皇祐元年入一亿二千六百二十五万一千九百六十四,而所出无余,《长编》亦符此数。《玉海》又有《治平会计录》6卷,韩绛撰,内外岁入一亿一千余万,出一亿二千余万,诸路积一亿万,而京师不与焉。《宋史·食货志》与《通考》皆言一亿一千六百一十三万八千四百五。是北宋一代会计录颇为完整,故宋人言财计数字皆明白异常,显然皆有根据。

欲知一代政治得失,典章制度为最客观最科学之根据。因一定之政治措施必有一定之社会实效,法度之条文及其实际效果,皆非史官所可任意改变者,此"会要"之所以最为重要也。宋代首部会要为《三朝会要》,王洙、章得象等所修,庆历四年成书,故又名《庆历国朝会要》,见《玉海》,盖就王朝典章制度故事因革编次为书。第二部为《六朝会要》,神宗因前书止于庆历,命王珪续编,起于建隆初年,终于熙宁十年,通旧书增损作成。后徽宗又诏王觌、蔡攸等编元丰至元符段,后又改为起治平四年至崇宁五年。政和间所编《帝系》、《后妃》、《吉礼》三类,系据章得象、王珪书增熙丰以后事。然三次皆未成书,至南渡后,绍兴九年诏馆职续编,乾道六年书成,称《续会要》,又称《乾道续四朝会要》,此为第三部,起元丰元年,至靖康末年。李焘《序》略言:"阙简破牍,掇拾匪易。"又言:"今兹缀集于零落散亡之余,十仅得其六七,诚不足允符神旨。"是此书亦出于李焘之手。《容斋随笔》云:"《会要》自元丰三百卷之后,至崇宁、政和间复置局修纂。宣和中,王黼秉政,罢修书所,时《会要》已进一百十卷,余四百卷亦成,但未及上,官吏既散,文书皆为弃物。建炎三年,张渊道为太常博士,时京师未陷,公言宜遣官往访故府,

【五】 北宋变法之史料问题

取现存图籍而来,以备掌故,宰相不能用。其后刘豫窃据,鞠为煨烬。"是《会要》不如《实录》、《正史》所存较完。然陈振孙言:程俱请就知桂州许中家中抄《政和会要》,则亦尚有传本。且亦同为李焘所编定。是当皆有根据。是宋历代制度可于《会要》见其情实。《李心传传》载心传尝修《十三朝会要》,端平三年成书。《传》又称《嘉定国朝会要》五百八十八卷,盖合三书为一。

《朱墨史》原委及宋修《三朝国史》原委,前已并详。凡参与修书诸人,皆与理学家无关。《朱墨史》南宋犹存,并未毁灭。纵有部分毁佚,亦当为温公一派史料,无损于荆公也。且《朱墨史》之异同,于《续资治通鉴长编》及扬仲良《长编纪事本末》中一一可考,非不可见也。《朱》、《墨》之不同,多皆好恶之辞,至于一代朝章大事,尤其制度方面,二派皆不能变乱。宋代前后《会要》皆官书,修书人亦与理学家无关,岂不为更为客观之史料。究与元修《宋史》有何不同?元修书于北宋一段系根据《九朝国史》,事亦显然。此即宋人所称之正史,不仅宋人著作中常有征引,今所传北宋人文集之类前端常有整篇列传,用与《宋史》对校亦无大异。近世人惟知说《朱墨史》,而不知《九朝国史》与元修《宋史》之关系更为重要,斯可叹也。蔡上翔于《朱墨史》与新、旧史尚不知其区别,曾布、蔡卞之《朱史》对范冲之新史则又称旧史。元是朱笔添、黄笔抹,近人竟有谓"以朱笔抹之"者,是于朱、墨、黄亦未明其所指。又于程俱之论正史,不知所论为"国史"而误以所论为"实录",则尤为笑谈。而犹纷纷然侈论《宋史》所据之资料如何如何,实可哂也。

北宋各朝《会计录》,更为研究宋代经济最客观之资料,宋人著作及奏疏中所用各项数字,当皆依据此种官书。《会计录》

犹近世之国民经济统计,各项数字并皆有据,不能加入任何党派主观私见。修书人亦皆与理学无关。清人常谓《宋史》以表彰道学为宗,随声附和者更以元修《宋史》全据道学家言。元修宋、辽、金三史,为时不及三年,迫促如此,何能多参考私家著作,自必取资于宋代官书。北宋神、哲、徽、钦《四朝国史》皆成于南渡高宗、孝宗两代。不仅修书者与理学无关,即宋代之史论家如浙东叶水心、陈止斋等人,以及《文献通考》所引大批著作,亦皆无出理学家者。且南宋初年,荆公父子皆从祀孔庙,秦桧、王淮执政,皆排道学而推重荆公。淳熙时始黜王雱,至理宗时始罢荆公从祀,而亦此时始以周、张、二程从祀孔庙,度宗时司马光、邵雍又始从祀。是高、孝两朝皆尊王禁程,秦桧崇信王氏明见于《宋会要》。述论北宋神、哲各朝史事之官私诸书,皆成于高、孝两朝,何得谓此时诸书内有道学家之成见羼入。一时修书诸人皆与元祐无关,只范冲乃范祖禹之子,召其重修《神宗、哲宗实录》时,即表示推辞,谓"两书出蔡京、蔡卞之意,重修不能无删改,恐其党未能厌服"。其意甚为慎重,故作《考异》"明示去取之意"。此宋人所以鲜短之者也。

乙、道学家对熙丰、元祐两派之评论

道学家对熙丰、元祐两派之评论,与《宋史》之是非好恶显有不同,此颇有可考见者。朱晦庵为理学大家,可以为代表人物,其议论甚多,亦颇鲜明,兹选录若干以见一斑。晦庵言:"自来立法建事不肯光明正大,只是委屈回护,其弊至于今日,略欲触动一事,则议者纷然以为坏祖宗法,故神宗愤然欲一新之,要改者便改。"又言:"熙宁更法,亦是势当如此。自荆公以改法致天下之乱,人遂以因循为当然,天下之弊所以未知所终耳。"又言:"熙宁变法亦是当苟且废弛之余欲振而起之,但变之不得其中耳。"又言:"仁宗朝是甚次第时节,国势却如此缓弱,事多不理。英宗已自要改作,但以多病,不久晏驾。神宗继之,性气越紧,便是天下事难得恰好,却又撞着介甫出来承当,所以做坏得如此。"又言:"元祐诸贤议论,大率凡事有据见定底意思,盖矫熙丰更张之失,而不知其堕于因循。"又言:"元祐诸贤多是闭着门说道理底,后来见诸行事如赵元镇意思,是其源流大略可睹矣。"又言:"介甫变法固有以召乱,后来又却不别整理,一向放倒,亦无缘治安。"又对弃地西夏事言:"诸公所见恨不得纳诸其怀,其意待西夏倔强时只欲卑巽请和耳。"皆可见朱晦庵对熙宁、元祐两派之评论并无偏袒,其认识相当深刻,其持论甚为公允,何尝与《宋史》相同。朱子作《名臣言行录》,所取私家著作颇多,对北宋一代是非得失看得非常透彻,所表现之宋代面貌全与《宋史》不同,对诸人之评骘亦显与《宋史》迥别。是岂非朱晦庵与《宋史》好恶不同之明据。《语类》一书对熙丰、元祐诸人之评论亦明白非常:如言:"温公忠直而于事不甚通晓,如争役法,七八年间直是争此一事,他只说不合令民出钱,其实不知民自便之。"(朱是南人,邵伯温言免役法宜于南而不宜于北)又言:"温公亦只见荆公不是,便倒一边。"是对温公并不全认为好。又言:"神宗真不世出之主,王介甫亦是不世出之资,只缘学术不正当,遂误天下。"又言:"东坡德行那里得似荆公,东坡初年若得用,未必其患不甚于荆公,但后来见得荆公狼狈,所以都自改了。"又言:"老苏《辨奸》,初间只是私意如此,后来荆公做不著,遂中他说。老苏之出,当时甚敬崇之,惟荆公不以为然,故其父子皆切齿之。然老苏诗云:老态尽从愁里过,壮心偏傍醉中来。如此无所守,岂不如他荆公所笑。如上韩公书求官职,如此所为,又岂不如他荆公所薄。至如坡公,从其游者皆一时轻薄辈,无少行检。但用之不久,故许多败坏之事未出,故觉得他个好。"是明称荆公之善,而于苏氏父子则皆薄之。此与《宋史》之好恶相出更远。朱氏又言:"张安道(方平)过失更多,但以东坡父子怀其汲引之恩,文字中十分说他好,今人好看苏文,所以例皆称之。介甫文字中有说他不好处,人既不看,看又不信。"宋人原有"苏文生,吃菜根,苏文熟,吃羊肉"之谚,一时苏文盛行,受其议论影响者众,然未必尽情实也。朱子又言:"张安道为人不好,托人买妾,不偿其值,其所为皆此类,是个秦不收、魏不管底人,为正人所恶。介甫是个修饬廉隅孝谨之人,他甚样资质,这几个如何及得他。"《宋史》于此颇近苏氏,显离朱氏太远。《老学庵笔记》言:"张文定(方平)甚恶石徂徕,诋之甚力,目为狂士。东坡《议学校贡举》云:使孙复、石介尚在,则迂阔矫诞士也,可施之于政事间乎? 其言亦有自来。"然《宋史》于此与东坡颇又不同。东坡极力诋毁伊洛,晦庵甚恶东坡,皆与《宋史》不同。是南宋初之范冲、李焘、洪迈等人自有一种见解,与"洛党"、"蜀党"之好恶皆不同。《龟山语录》言:"苏明允《权书》、《衡论》,观其著书之名已非,岂有山林逸民立言垂世,乃汲汲于用兵,如此所见,安得不为荆公所薄。"《元城语录》言:"金陵(荆公)亦非常人,其操行与老先生(温公)略同,但学有邪正。"此辈理学家之议论皆与朱晦庵一致。类此者尚多,皆与《宋史》不同。叶氏《避暑录话》之论三苏及张方平、王荆公,其

【五】 北宋变法之史料问题

意旨皆与朱子一般。且言:"后学至今莫不党元祐而薄王氏,宁不可笑。"叶本蔡京门客,议论显党王氏,而晦庵所说正与叶同,是岂程氏门人造为已甚之辞以厚诬荆公者耶?

  吾友双江刘鉴泉先生深于宋史,尝据宋人笔记小说作《北宋政变考》(载《推十书》之《右书》卷五),颇见北宋政风治术演变之迹,启迪良殷。余此论道学家对熙丰、元祐之评论,取材于该文者颇多,而旨意则不尽相同,幸读者参阅。

名师讲义
蒙文通中国古代史讲义

整理《古史甄微》主要参考书目

《十三经注疏》　中华书局1980年出版影印阮刻本
《二十五史》　开明书店民国二十三年据殿本缩印本
《清经解》　上海书局1988年影印出版学海堂本
《清经解续编》　上海书局1988年影印出版南菁书院本
《经典集林》　洪颐煊撰录　丙寅慎初堂影印本
《纬书集成》　上海古籍出版社1994年出版
　　　　　　（凡收入上六丛书者下不另出）
《史记会注考证》　泷川资言撰　新世界出版社2009年影印本
《汉书补注》　王先谦撰　中华书局1983年缩本影印虚受堂本
《后汉书集解》　王先谦撰　中华书局1984年缩本影印虚受堂本

《三国志集解》　卢弼撰　中华书局1982年缩本影印古籍出版社排印本

《路史》　罗泌著　上海中华书局民国二十五年《四部备要》排印本

《竹书纪年义证》　雷学淇撰　民国时排印本

《古本竹书纪年辑校订补》　范祥雍著　新知识出版社1956年出版

《世本》（两种）　孙冯翼、雷学淇两家辑校本　商务印书馆民国二十六年《丛书集成初编》本

《今文尚书考证》　皮锡瑞撰　中华书局1989年点校本

《尚书大传疏证》　皮锡瑞撰　光绪丙午师伏堂刊本

《春秋左传注》　杨伯峻编著　中华书局1981年出版

《国语》（附黄丕烈《札记》）　嘉庆庚申读未见书斋重刊明道本

《战国策》（附黄丕烈《札记》）　嘉庆癸亥读未见书斋重刻剡川姚氏本

《资治通鉴外纪》　刘恕撰　涵芬楼民国十五年《四部丛刊初编》影明刻本

《山海经笺疏》　郝懿行撰　嘉庆阮刻本

《吴越春秋》　徐天祐音注　涵芬楼《四部丛刊初编》影明刻本

《绎史》　马骕撰　齐鲁书社校点本2001年出版

《墨子校注》　吴毓江撰　民国三十三年独立出版社出版

《庄子集解》　王先谦撰　宣统乙酉思贤堂刊本

《荀子集解》　王先谦撰　光绪辛卯刊本

《商君书锥指》　蒋礼鸿撰　中华书局1986年出版

《韩非子集解》　王先慎撰　光绪丙申刊本

名师讲义
蒙文通中国古代史讲义

《吕氏春秋校释》 陈奇猷校释 学林出版社1984年出版
《管子》 房玄龄注 光绪二年浙江书局刊本
《尸子》 汪继培辑校 上海古籍出版社1989年缩影湖海楼刊本
《水经注疏》 杨守敬撰 江苏古籍出版社1989年排印本
《太平寰宇记》 乐史撰 光绪八年金陵书局刊本
《盐铁论》 张敦仁考证 光绪乙卯思贤讲舍刊本
《淮南鸿烈集解》 刘文典撰 商务印书馆民国二十年《万有文库》本
《大戴礼记补注》 孔广森撰 同治甲戌淮南书局重刊本
《经典释文》 陆德明撰 涵芬楼《四部丛刊初编》影通志堂本
《风俗通义校释》 吴树平校释 天津人民出版社1980年出版

整理后记

《古史甄微》为先君早年作品，其写作习惯径承清人。清儒于先秦两书之书类皆耳熟能详，故引用之际常只称书名不举篇名，又或但举篇名不冠书名，甚或径称人名而于书名篇名皆不举。其引文也，又恒以行文之便但作意取摘引，不仅省文摘句，且于句中又或增文、减字，甚或改易倒乙、错综原文，此类陋习，存于《甄微》中者不可以屈指数，有清二百余年习以为常者，在今日皆以为不合引书规范。出版社以这套"名师讲义"的读者多为大学生及研究生，希望改从今日规范，这无疑是合理的。但若尽依今日之式一一而改之，不仅原作将被改得面目全非，而上下文也常将因此难于贯通，而读者也或将因前后文气不属而理解为难。在这种两难的情况下，于整理时，除少数在不影响原作面貌的前提下略增减二三字以资补苴外，多数都保留原文不动而另加脚注予以说明，同时根据具体情况注文或详或略各随所需。这样作，是希望既能保存作品原貌，又能有助于读者对作品的理解，至于能否达到鄙愿，则非敢逆知，惟竭驽钝之力而已耳。这次整理，几乎把本书所用史料全部核查了一遍，也改正了个别从前没有发现的讹误，私心亦感欣慰，然其中仍

> 名师讲义
> 蒙文通中国古代史讲义

有少数因学力水平及藏书所限，没能查出出处而无法复核，这就只能留待异日了。

在整理本稿时（特别是《古史甄微》增脚注工作），默已年逾八十又四，且体弱多病，行动不便，幸获拙荆张祥龙、小儿蒙怀敬多予协助，乃得完成，亦足慰也。

蒙默、张祥龙、蒙怀敬

2010年10月整理于川大竹林村